京都大学史料叢書 7

京都雑色記録 一

小島氏留書 一

思文閣出版

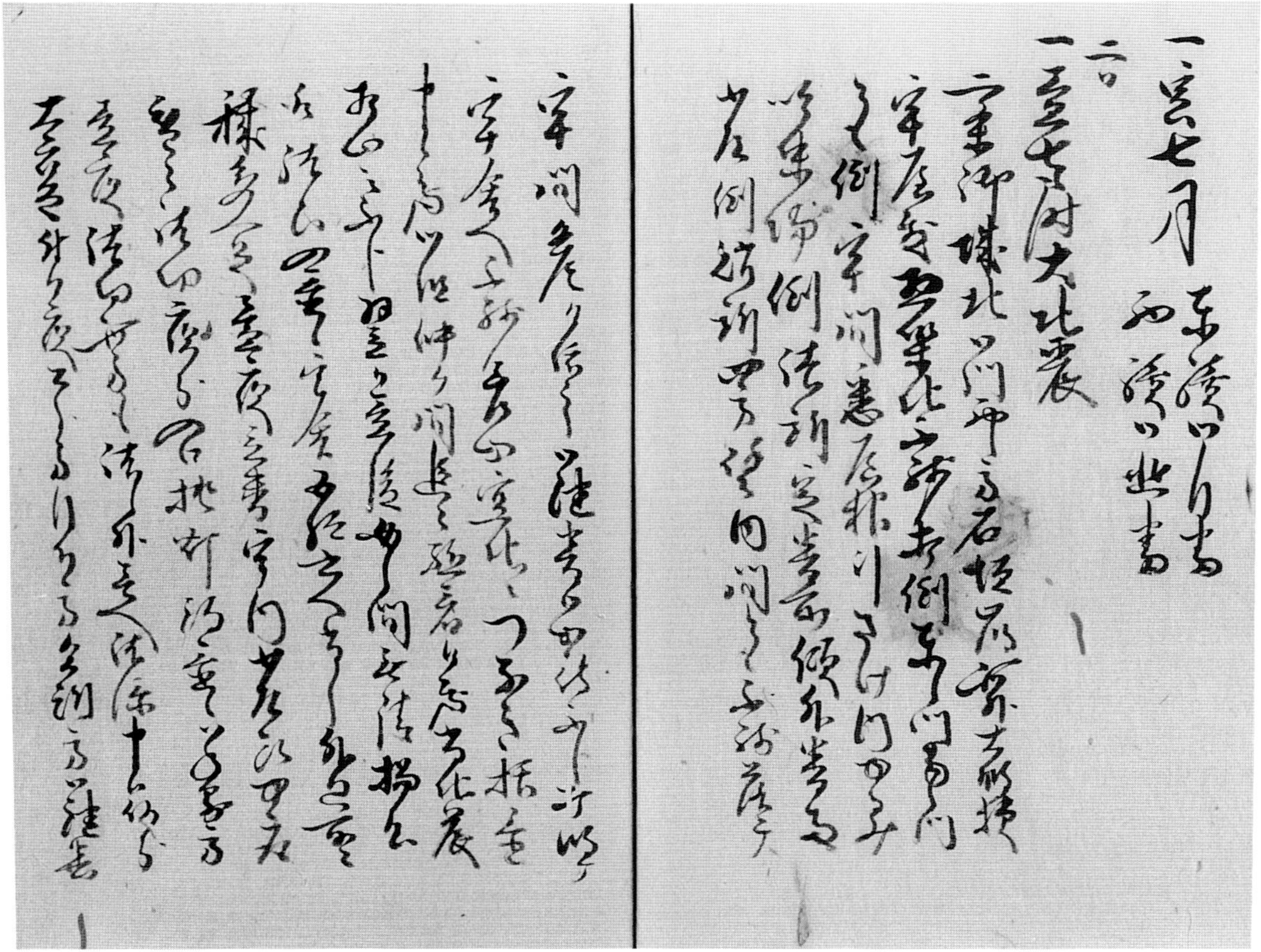

「小島氏留書」文政13年７月２日条（本文72頁）

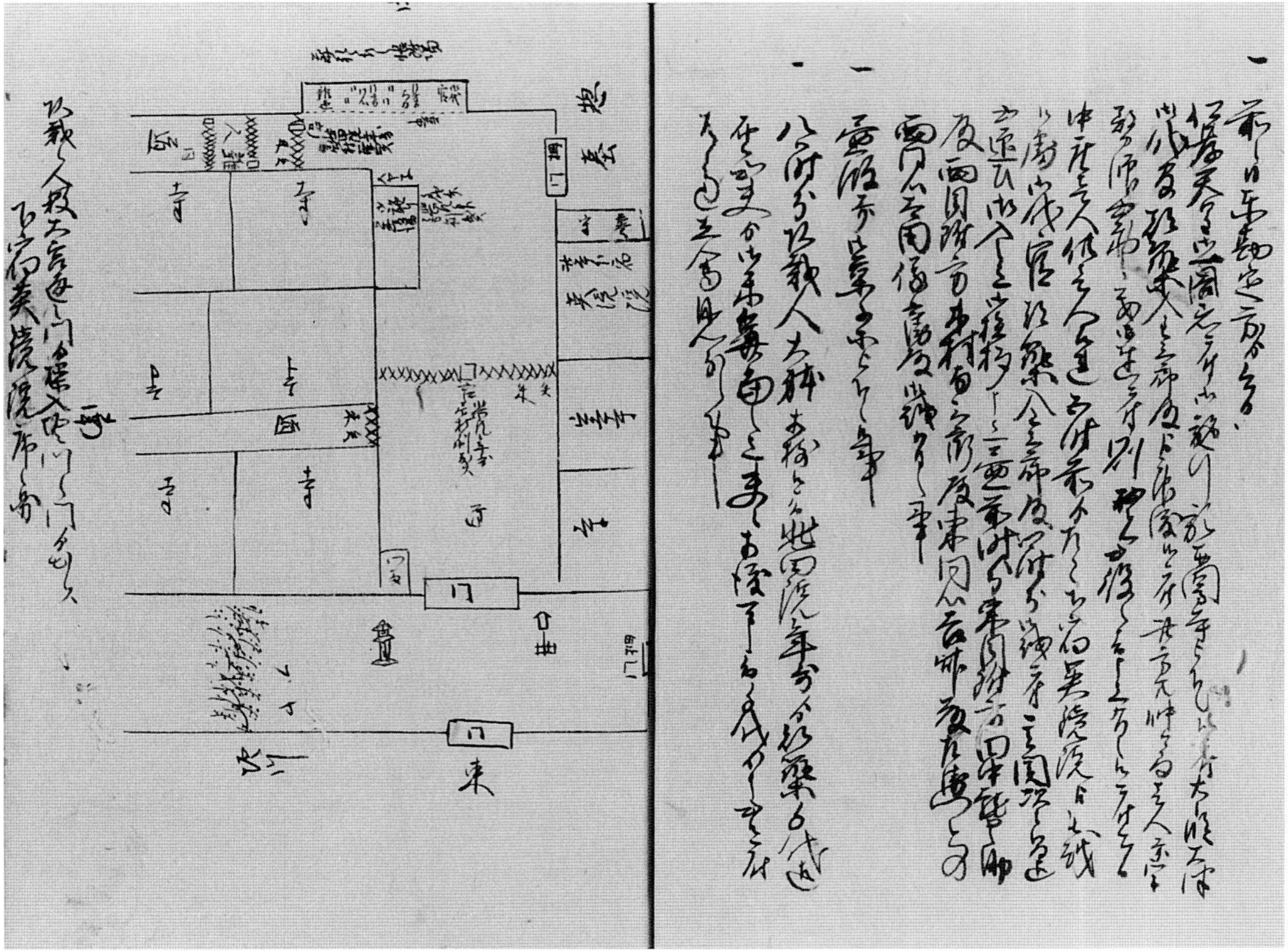

「小島氏留書」弘化４年２月７日条（本文217〜218頁）

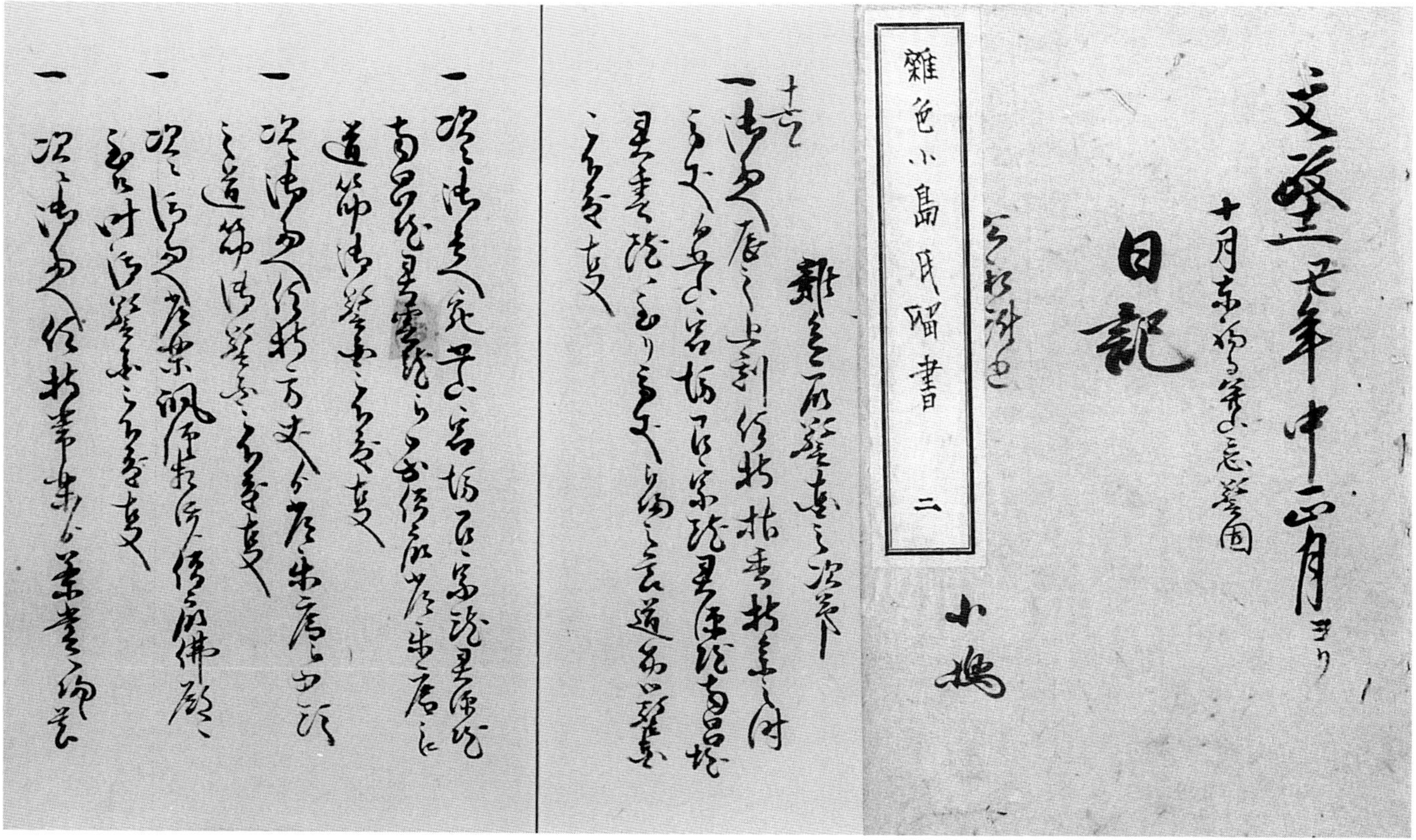

「小島氏留書」文政12年表紙・同年10月16日条（本文20・44頁）

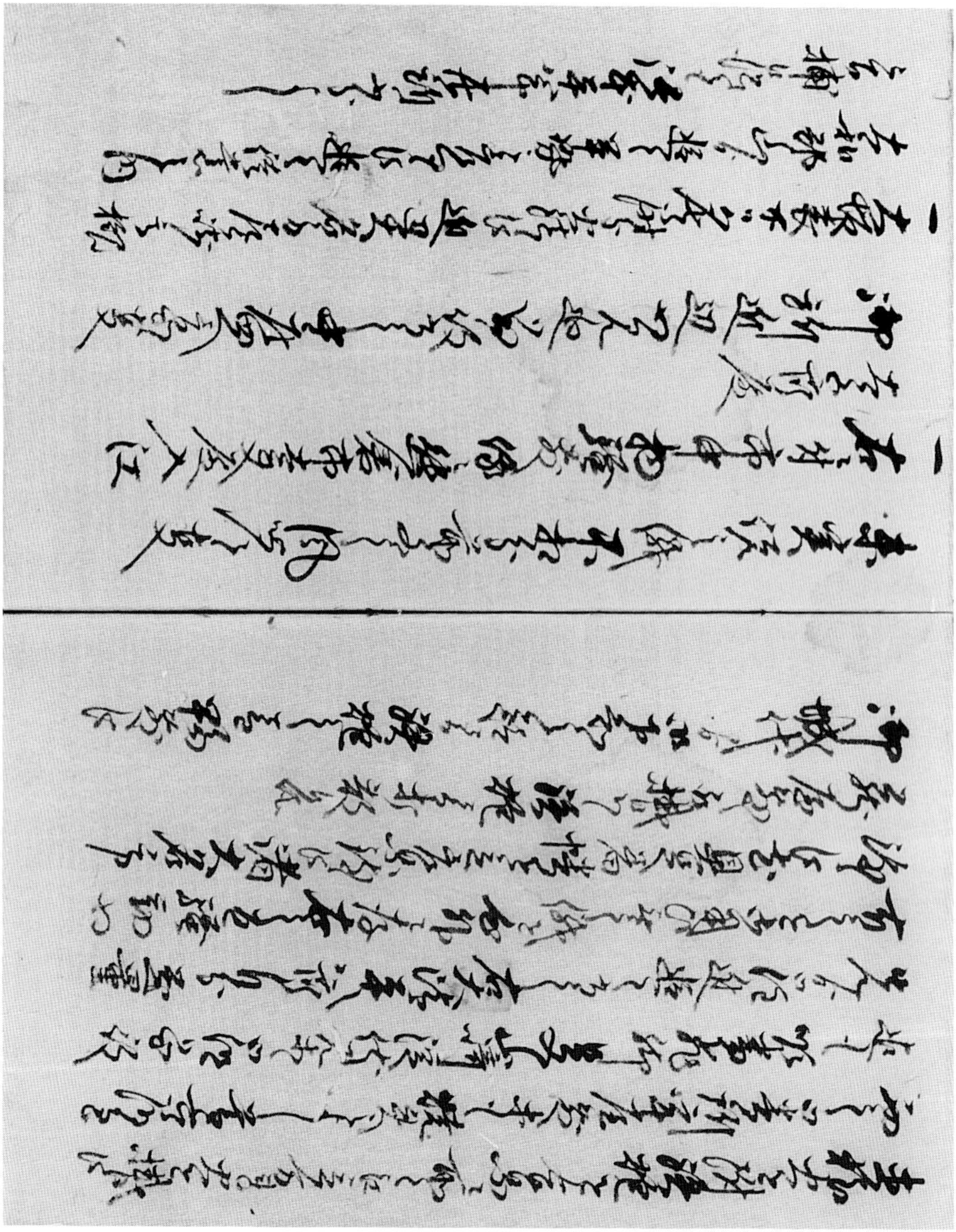

「小島氏留書」天保８年２月20日条（本文96頁）

はじめに

本書は四座雑色《しざぞうしき》のうち、上《うわ》雑色五十嵐氏と下《した》雑色小島氏の家に伝えられた記録集である。四座雑色は近世京都に固有の職制であった。歴史的遺産に囲まれた京都には、歴史のうえでしかみることのできない名辞が、生きて活動していた例がすくなくない。雑色もそのひとつであった。もともと、雑色とは古代令制官司の下級役人や、中世の院・禁裏・公家・武家等のもとで、公私にわたり雑役に従事した人々をさした用語である。本書でいう雑色はこれらと異り、徳川将軍家のもと、京都支配の組織の末端に編成された職制であり、所司代、ついで町奉行所の配下にあって触頭《ふれがしら》を務め、被差別民を指揮統轄し、牢屋を管理するなどして、治安警察や行刑の現場を担当した集団である。どちらかといえば、検非違使の伝統の流れに位置するといえよう。

本書に収めた「雑色要録稿本」には、雑色の源流を「小舎人《こどねり》・雑色四座中」にもとめ、もと禁裏警衛の職分であったが、その後武家に付属し、数代連綿ののち徳川将軍家に召し出されたとしている。この「四座中」は室町幕府侍所に属した小舎人と雑色が、それぞれ南方と北方に分かれ、合わせて四座公人《くにん》を構成した事実によっている。大永三年（一五二三）の年紀をもつ「小舎人雑色御役事」によると、その役は将軍の御成道《おなりみち》中付・遺教経会《ゆいきょうぎょうえ》に柳枝を参らす・祇園会警固・御寺御成の時盛砂《もりすな》など中付・召人搦捕・河原沙汰・諸国御使以下・籠番・拷問のこと、となっていた（『中世法制史料集』第二巻）。御成は将軍家の外出・来訪を意味する。将軍と大名等との主従関係を確認する儀礼でもあった。その儀礼空間（場）を調え、清める仕事が四座公人に期待されていた。役目の内容が共通している点から、四座雑色が四座公人の延長線上にあり、職務を継承する存在であったことはすでに明らかにされている（辻ミチ子「京都における四座雑色」、『部落問題研究』四）。

さらに、山科言継《ときつぐ》の日記には永禄九年（一五六六）九月、御厨子所供御人《みずしどころくごにん》と野口河原者とが猪皮商買の公事《くじ》銭をめぐって争論となり、「雑色五十嵐」なる者が派遣され、御厨子所別当であった言継にいろいろ説明した事実が記され、五十嵐は「公人」とも記録されている。また、天正十五年（一五八七）二月から三月にかけ、西洞院時慶《にしのとういんときよし》は「下ノ雑色松村」に対し、知行地百姓衆への触を申渡し、年貢上納の催促をさせている（『時慶記』第一巻）。五十嵐も松村も近世に上雑色とされた家であり、これらによって、四座雑色が由緒とするうち、武家＝足利将軍家の侍所（所司代）に属し、豊臣関白政権期まで活動していたことはほぼ疑いを容れない。

しかし、足利将軍家の四座公人がそのまま徳川将軍家の四座雑色になったわけではなかった。関ケ原の戦いの後、慶長六年（一六〇一）六月、板倉四郎右衛門勝重によって、四条通と室町通の辻を基点に、北西・北東・南東・南西の四つの方内《ほうだい》（区域）を定め、それぞれ五十嵐・荻野・松村・松尾の四氏をして、触頭以下の職務を分担せしめ、その支配をゆだねた（「雑色要録稿本」）。この四家を上雑色と呼んでいる。詳細は第三巻所掲の解題にゆずるとして、上雑色は下雑色を各二家ずつ配下に置き、階層的には上から下まで諸身分の関わる行事、さまざまな役務の無事遂行に奉仕した。

ここで注意しておきたいのは祇園会との関わりである。京都は伝統をもつ年中行事が四季をとおして催される。それらを警固したのが雑色であった。なかでも、祇園会は山鉾巡行の順番を決める六角堂での鬮取《くじ》り、地ノ口米の収取など、祭礼の要所々々で雑色が重要な役割を果たした。雑色設置が六月となっているのも、おそらく祇園会の行事と結びついていたのではないか、と推測される。慶長六年といえば、板倉勝重はまだ叙爵しておらず、所司代の組織も確立していない時期で、盗賊が横行し、京都の治安が乱れた時期であった。近世の雑色は板倉所司代の主導というよりは、現場での対応として、下から登場したとも考えられる。つまり、祇園会の遂行を前提に雑色の再編が実現したとも推論できるのである。

憶測はそこまでとして、近世京都の歴史にきわめて関係の深い、というよりは歴史の当事者であり、証人ともいうべき職制の記録をようやく公刊に付することができた。素直に喜こんでいる。近世の京都を知りたい人が熟読して下されば、それにふさわしい成果を得られると信じている。

二〇〇三年四月

朝尾直弘

凡　例

一　本書は近世京都に固有の警察行刑組織であった雑色仲間の記録である。全三巻の構成で、索引をとる便宜から通しページ数を付した。第一巻には下雑色小島氏の留書（日記）を飜刻した。収録したのは、文政五年（一八二二）・同十二年・同十三年（天保元）・天保八年（一八三七）・弘化三年（一八四六）・同四年の六年分である。

一　底本は京都大学総合博物館所蔵の原本「雑色小島氏留書」に拠った。

一　漢字は原則として常用字体を用い、それにないものは正字体を用いた。かなはすべて現行の字体に改めた。

但し、次の異体字・俗字・合体字・かなは残した。

刕(州)　燈(灯)　躰(体)　帋(紙)　忝(忝)　幷(並)　㝡(最)　叓(事)　灵(霊)　艮(銀)

夘(卯)　舩(船)　嶋(島)　侭(儘)　斗(計)

〆(しめて)　〆(貫)　〻(して)　ゟ(より)　江(え)　茂(も)　与(と)　而(て)　ゝ(々)

者(は)は、二字連続した場合のみ、第二の者を小さくした。

また、樣(様)のように、書札礼の上から区別されたものについては、その箇所のみ残したものがある。

一　飜刻に当っては原本の体裁を重んじたが、読解の便を考えて、読点をほどこしたほか、左記の諸点は改めた。

㈠　平出・台頭・欠字は、原則として一字あきとした。

㈡　虫損・汚損等で判読できない部分は、字数の推定できるものは字数分を□で、推定できないものはおよその字数分を▭で示した。

㈢ 抹消・改変については、原則として以下のように表記した。

① 墨書による抹消で、抹消した字が判読できるもの。

例　井伊兵部少輔《掃部頭》

② 墨書による抹消で、抹消した字が判読できないもの。

例　五味▨▨▨▨《金右衛門》

③ 貼紙により抹消された字は、原則として該当字は記載せず、貼紙に記された字を「　」内に示した。

例　小堀「遠江《（貼紙）》」守

㈣ 付箋・貼紙等については、記入された文字を「　」で囲み、右肩に（付箋）等と記載、またその位置を〔○此所ニ付箋貼付。等と注記した。

一 校訂者による注記は以下のように示した。

㈠ 後筆・朱書等は、文字を「　」で囲み、右肩に（後筆）などと注記した。

㈡ 明らかな誤字・脱字・当て字等は、その部分の右側に正しい字または現行の用字を6ポイント活字で（　）内に示すか、（マ、）等と記載した。但し、同じ文字が頻出する場合は、原則として見開き（二ページ）の初出箇所のみに記載した。

㈢ 原本の記載様式等、注記を要すると考えられた事項については、適宜○印を付し、小字（7ポイントないし8ポイント）で注記を加えた。

一 読者の便宜を考え、おもな記事や熟語について頭注を付した。但し、記事が輻湊するため、すべての事件をとりあげることはできず、採択の基準にも出入りのあることをご了解願いたい。

一　日記に言及または引用されている京都の町触については、とくに町触とことわらず、『京都町触集成』の巻数と触の番号を次のように略記し、頭注に示した。

例　『京都町触集成』第十巻四五〇号→（10―四五〇）

一　日記の法量は、縦×横の長さを各冊表紙部分の下にセンチメートル単位で示した。

一　挿図は、原図の特色を損わないていどに作図した。一部、原図から複写したものがある。

一　本書には、現在において人権を侵害する恐れのある史料・用語が含まれているが、正確な歴史事実の解明と認識のうえに、差別問題を克服する立場から、原文どおり掲載した。読者がその趣旨を理解されるよう望んでいる。

目次

第二巻　目次

第三巻　目次

小島氏留書一

（表紙）

文政五壬午年中

日記

小嶋甚左衛門

23.2×16.5

年頭礼

元日　一年頭御礼、両御役所例年之通扇子料差上、仲ヶ間幷牢賄十三郎罷出、相済候事

年寄衆

同　一二条表御礼、年寄衆四人幷儀三郎・幸次罷出候叓

土御門家へ礼

二日　一宮門跡方幷土御門家江御礼申上候叓

三日　一牢屋敷御番初相勤候事

五日　一松村殿節付、津田清左衛門・同役貞之進・拙者罷出候、貞五郎病中不参候事

六日　一松尾殿節付、清左衛門・平多・州吉・此方罷出候事

北野社参拝

但、昼後北野御宮拝参、其辺出礼候叓

七日　一牢屋詰相勤候事

白馬節会警固

八日　一白馬警固、津田・永田出勤之事

年番

九日　一当午年中井十右衛門・山村幸次年番ニ付、近例之通、牢屋敷ニおゐて集会致候、尤夕七ツ時分罷出、
夜五ツ時過相済候事

東西本願寺へ年頭礼

一十一日西本願寺御礼　十二日東本願寺御礼
右両日仲ヶ間惣代出礼相済候叓

年番

十五日
一荻野殿年番渡、五十嵐殿御請取有之候叓
十九日
一舞御覧付、村上・此方出役、中座半次郎、年行事両人召連、六ッ半時出宅、三御門幷二条表弐ヶ所御休息所ニも手札差出、及挨拶、清和院御門番ニ扣居、九ッ時警固立、夕七ッ半時過相済引取候、尤例之通頂戴もの有之、請取書差上申候事
但、夜之内ゟ大雪有之、九ッ時分晴天ニ相成申候

牢屋敷ニ詰ル

廿一日
東目
一於牢屋敷皆詰　悲田院年寄吉左衛門抱　友蔵　二十七
但、生国下総国千葉郡千葉町百性六郎平忰之由
右一昨十九日夜吉左衛門留主中、同人之脇差取出し、吉左衛門妻むめ及殺害、同人亡忰弁蔵妻うた江手疵為負、自分自害いたし相果候付、及見御出之上、左（マヽ）之通被仰付候事

雑色部屋ニテ取調、貸附会所、御前帳

一午閏正月　西御月番　東御悲番（マヽ）
朔日
一今朝松尾殿・清左衛門・拙者、西公叓方江被召出、是迄貸附会所宮西九郎兵衛取立もの取調、町代部屋ニ而取調来候処、向後此方部屋ニ而取調、御前帳面万端可取斗旨、尤三人江調懸被仰付候段、飯室助左衛門殿・広瀬佐野右衛門殿被仰渡候、依之公事方御一同御宅へ御礼罷出候、幷御広間江別段御請申上ニ不及段、被仰渡候事
但、後刻会所幷町代江も右之段被仰渡候、依之掛帳面箱等町代林伊右衛門此方へ持参、引渡候事

六日
一貸附会所初而之取調付、清左衛門・此方出勤取斗候事

一右掛ニ付飯室殿・広瀬殿御両所江懸三人連名ニ而肴一折差送候事

御藪方老年御免

八日
一御藪方中井十右衛門、老年付御免相願候付、御聞済有之、右代り津田清左衛門被召出、御土居藪見廻被仰付候段、神沢条之介殿被仰渡候、詰合年寄衆御付添、東御次ニおゐて入江吉兵衛殿御立会有之候、則御広間江御請被申上候事

洛中町人ニ貸付金

廿七日
一今朝西公事方江松尾殿・十右衛門・此方被召出、此度御金利附町人共へ御貸附有之付、取扱掛被仰付候

掛り
飯室助左衛門殿　上田八蔵殿
不破伊左衛門殿　浅賀伝兵衛殿
此方右三人　町代 梅村七左衛門　松本弥兵衛
奥田左兵衛　岸惣八
石垣甚内

一洛中町人百拾七人御前へ被召出、此度江戸表ゟ御金年壱割利附ニ而御貸渡、右之趣付尚御取締之上、御沙汰可有之間、銘々引受高一両日中取極可申上旨、一札被仰渡候

身上ノ調査

一右名前之内、存外ニ身上柄不宜もの有之哉、此度名被仰渡候付而者、世上風聞之様子、且又相洩候強家承合候儀、情々被仰渡候付、年行事并悲田院年寄・中座等へ追々申付候事

一右ニ付承合、定遣ひ伊助・新介、悲田院年寄丈五郎、頭年行事庄介・忠兵衛・米吉・喜八江申付、夫々名所書相認遣候、年行事者一同へ割合、寅前承合候様申付、返し次第追々申上候積候叓

一午二月　東御月番
　　　　　西御悲番（マヽ）

朔日
一御金貸渡之もの共身元承合、悲田院・中座等手を離承合候様、松尾殿ゟ伊室（飯）助左衛門殿御沙汰之旨、厳敷被仰聞候付、今朔日ゟ隔日十右衛門代ゝ出役いたし候事

東山火事

十一日
一今十一日上当番出勤致居候処、昼九ッ時分出火有之、二条表江駈付候処、消火付ニ御取次和田勝兵衛殿を以、引取被仰出候付罷帰、御当番草間房之助殿へ御届申上候

　但、火之元東山光雲寺門前五軒焼失

東奉行出馬

一御奉行備後守（牧義珍）様御出馬、火元幷金地院江御出有之、加番貞之進御先相勤候支

所司代仁和寺ニ赴ク

廿四日
一松平和泉守様明廿五日仁和寺へ御越有之付、御道筋混雑可致間、仲ヶ間壱人御先払出役可致旨、二条御組従御案内方、栗坂小文太宛書面参候付、詰合松村殿、公事方上田弥右衛門殿江御伺有之候処、仲ヶ間限心得を以罷出候様被仰渡候、依之方内中井十右衛門出役取極候事

廿六日
一昨廿五日御所司代御先払、十右衛門出役無滞相済、其段同人ゟ東公事方江被相届候事

上使上京

晦日
一近ゝ　御上使松平讃岐守殿御上京、河原町三条下ル町松平土佐守殿屋敷、酒井左衛門殿（尉脱カ）、錦小路東洞院東へ入町松平豊後守殿屋敷ニ御逗留、御上京中諸向ゟ送物無用之旨、東証文方ゟ御触出候事

一午三月　西御月番
　　　　　東御悲番

上巳ノ礼

一上巳御礼、六ッ時前揃ニ而御請有之、東西相済候後、二条表惣代ニ而例之通、上下罷出候事

四日出立
江戸表
一石川左近将監殿
　江御差下シ
　　　　　　　　　　　　　　江戸本所弐町目
　　　　　　　　　　　　　　新義真言宗触頭
　　　　　　　　　　　　　　弥勒寺ニ去十二月迄役僧相勤罷在候
　　　　　　　　　　　　　　下総国葛飾郡名都供村
　　　　　　　　　　　　　　新義真言宗　清滝院住持
　　　　　　　　　　　　　　　　　　　　　　大俊

右西与力飯室助左衛門殿、同心浅賀伝兵衛殿、東同心飯田惣三郎殿差添、御下り有之候事

将軍家斉・家慶父子ノ叙任

一当月朔日

一御転任

一御任槐

御叙位被為済候段、西公事方ゟ御達、依之明七日二条表幷両御役所江恐悦伺相済候

公方様左大臣

右大将様内大臣

御台様従二位

御簾中様従三位

右之通　勅許有之候事

三月六日　承之

叔父ノ病死届

一江戸表御家人叔父沼間五郎太夫儀、当月三日病死之段、忰五郎三郎ゟ急状を以申越候付、左之通御届申上候

一叔父 半切ニ而

沼間五郎太夫
死

忌二十日　三月三日ゟ 同月廿二日迄

服九十日　三月三日ゟ 六月五日迄

右之通御座候、以上

午三月十日　小嶋甚左衛門

下雑色小嶋甚左衛門叔父沼間五郎太夫義、江戸表ニ罷在候処、当月三日病死仕候旨申来候付、甚左衛門義忌中ニ相成、別紙之通忌書差出候付、此段御届申上候、以上

半切

忌書

午三月十日　松村三郎右衛門

国栖帳

右弐通、東西公事方へ松村殿御差出、尤東公事方者別段御部や留書国栖帳へ認、差上候

西御月番　真野八郎兵衛殿

東御悲《(マヽ)》番　石嶋五三郎殿

下雑色小嶋甚左衛門叔父沼間五郎太夫義、江戸表罷有、当月三日相果候旨申越候付、其段御届申上忌中引籠罷有候処、此節御用多御座候付、出勤之儀御勘弁可被成下様仕度、此段申上候、以上

忌中引籠ノ処、御用多ク半減ニテ出勤

午三月十二日　松村三郎右衛門

右西公事方真野八郎兵衛殿へ被差出候処、今日ニ而半減相済候儀ニ付、明十三日ゟ出勤可仕旨被仰出候付、東公事方江茂同様差出有之候事

右翌日出勤、両公事方御部やへ罷出御請申上、手札ヲ以与力衆御一同幷下役一老・二老迄、御宅へ罷出候事

今日忌明出勤 被仰下難有御礼 参上仕候　小嶋甚左衛門

松尾社出輿
十六日
一松尾出輿付、松村殿・此方、九ッ時見座藤右衛門、中座音吉召連出役、暮六ッ時帰宅いたし、無滞相済候事

阿蘭陀人
唐人宿
十七日
一今日上当番罷在候処、阿蘭陀人罷越候付、御門際江中座召連罷出、雑人政道為致候事
尚又明日東山辺見物ニ付、中座壱人四ッ時唐人宿河原町村上専八方へ差出候様、御沙汰付、詰合之ものへ申付候

稲荷社出輿
十九日
一稲荷出輿付、松村殿・貞五郎・此方、五ッ時前出宅、中座藤介・音吉召連出候、九ッ時出輿、夜四ッ時前引取候、万𠮷無滞相済候事

目附方　松橋長三郎殿　渡辺庄左衛門殿
　　　　石崎勇蔵殿　中川定右衛門殿
御番所廻　上田騎馬蔵殿
　　　　　四方田重蔵殿　御同心方
御定役　吉田鳥三郎殿　見座藤右衛門
　　　　森義左衛門殿

土御門殿帰京、御悦参殿
廿六日
一土御門殿江戸表ゟ帰京付、弐本入扇子台ニ乗、麻上下着、御悦参殿致候𠮷

一午四月　東御月番
　　　　　西御悲番

西奉行巡見
三日
一西御奉行曽我豊後守殿、今三日八幡幷山崎所〻御巡見有之、同役貞之進出役有之候事

五日
一近〻御上使　松平讃岐守様・酒井左衛門尉様御上京付、先例之申通書等、追〻御調方ゟ御渡候𠮷

松尾社神事
一松尾神𠮷付見廻、松村殿・貞五郎出役有之候事

同
一今朝牢内ニ而下手人両人并西公事死罪三人有之候事、内下手人壱人、揚屋入もの也

丹後縮緬抜買
縮緬帳面

十日
一加番付出勤仕居候処、東公事方山田□次郎殿被仰付、一条大宮西へ入町笹屋甚兵衛、此下鳥弐ヶ所、丹後縮緬抜買致候付召捕、町預申付、縮緬帳面取上帰候様御沙汰付、出役夫々町預申付、品取上帰、翌日差上候、尤三人とも翌日御前へ被召出、町預改被仰付候并六角油小路西へ入町米屋次右衛門方、品紛敷分預置帰、其段申上候、不残御取寄被相成候叓

稲荷社神事

十一日
一稲荷神叓付、松尾殿・平多・州吉出役有之事

向日明神祭礼

十二日
一向日明神祭礼付此方并同役貞五郎出役、見座藤右衛門、中座乙吉召連、五ッ時過ゟ罷出、夜九ッ時帰宅

向日町上之町
豆腐屋武右衛門悴
直市
十四歳

祭礼之内、寺戸村神役人之馬ニ
行当相怪(カ)候付、翌日貞五郎
出勤、為心得西目付方へ申上候、尤
絶命致候程之儀ニ者無之候

一向日町上之町松葉や利八、林之垣神輿舁踏倒ニ付、同町富永屋太助与申三拾四五歳之もの頼、番ニ附置候処、又々踏荒候付相咎候処、上植野村平兵衛悴新次郎与(申脱カ)三拾六歳之もの重立、此外之もの太助江疵附、其上上植野村神輿舁多人数太助宅へ罷越、手荒之儀有之付、新次郎召捕、双方へ理解申聞候処、内談相済、勘弁致呉候様申出候付、其儘差戻遣候、尤別段御届不申上候事

紀州公帰国、千宗左方へ立寄

十三日
一紀伊様御帰国、今十三日当地へ御廻、三条東東(衍カ)川端北へ今出川橋御渡、鞍馬口ゟ千宗佐(左)方江御立寄、夫ゟ元之道伏見海道へ御出有之、御立入五十嵐殿一組、御先払之方荻野殿御出、番付一緒ニ御出役有之、并御部屋御供付見座池本藤右衛門、袴羽織ニ而差出、御先へ相立候事
右御道筋取極之談有之、御屋敷留主居木村紋右衛門殿ゟ呼参、仲ヶ間前以追々談合ニ罷越候叓

上使上京先払

一近〻御上使御上京付、先格之通、御先払出勤可仕哉、東御調懸江伺書差出候処、例之通出勤可致段、木村小左衛門御達有之候叓

右留主居幷用達等江引合方、荻野殿御出有之候事

山科千本松ヨリ河原町迄先払

十八日
一今朝松平讃岐守殿御上京、昨夜ヨリ松尾殿・松村殿・湯浅・津田・中井・拙者、山科千本松江罷越、朝五ッ時御越付、手札差出、御先御鉄炮御弓御長柄、次ニ御印鳥毛猩〻毛之御鑓、此間江御先払ニ相立、此方跡ニ熊之皮投鞘御鑓弐本相立候、蹴揚弓屋東之方北側江相除、名披露有之、御休息之上、自是者御長柄跡ニ騎馬之士有之、其次御用御長持之前江相立、川原町御旅館迄御先払いたし、川原通土佐屋敷入口北之方西手江相除、御入相済候後、直様御玄関江恐悦申上、蛸薬師之図子妙心寺ニ而休息、引取御届書差上候、尤中座両人召連、遠見前夜ゟ大津江差出、外ニ茶番召連候、万事無滞相済候事　但、九ッ時前帰宅

遠見

酒井氏ハ薩摩屋敷へ

十九日
一今十九日酒井左衛門尉殿御上京、錦小路東洞院薩摩屋敷へ御入有之、荻野殿・五十嵐殿・村上・山村・栗坂・永田出役有之叓

但、九ッ時過帰宅之由

見座両人ニ仲間ヨリ夏羽織ヲ下ス

一見座両人、夏火事羽織無之、是迄欠所方江申立来候得共、夏羽織之例無之付、此度仲ケ間上下ゟ貰受遣候事

上使参内

廿五日
一御上使、今廿五日御参　内有之候事

廿六日
一御所司代中条河内守殿、今日御参　内有之候事

廿七日
一酒井左衛門尉殿、金地院・知恩院江御参詣有之事

一午五月　西御月番
　　　　　東御悲番（マヽ）

再度上使参内

朔日
一御上使御二方、尚又今日御参　内有之候事

三日
一松平讃岐守殿、今三日御城入之上、直様嵯峨天龍寺此外御巡見有之、曽我豊後守殿御越有之候事

上使出立先払

七日
一松平讃岐守様
一酒井左衛門尉様今七日御出立、仲ヶ間四組とも出役、御月番方当番貞之進、下詰清左衛門、加番悲番懸十右衛門相残、右三人者見習有之、讃岐守様九ッ時過御出立、左衛門尉様夕七ッ時前御出立有之候、一組河原町休息所、一組者蛸薬師東洞院東へ入町植田清三郎方ニ罷在候

讃岐守様
御先払
荻野
五十嵐
平多
小文太
幸次
貞五郎

左衛門尉様
御先払
松尾
松村
甚左衛門
義三郎
州吉
藤十郎

先払ノ位置

河原町方前夜ゟ出役、蛸薬師之方当日七日九ッ時出役、御旅宿御玄関へ罷出、御出候節之通、可為心得旨申置帰候叓、錦小路東洞院辻ゟ御餝馬之先ニ騎馬之方壱人有之、其前へ相立、蹴揚御小休所ゟ御印先へ相立、弓屋ゟ弐町程東之方北側へ相除、披露有之、夜四ッ時引取候事

一相済候届書、讃岐守様之方即刻御届申上候、左衛門尉様之方翌朝相届候事

十日
一松平讃岐守様ゟ御銀壱枚被下之、則御留主居北原氏ゟ書面差添、直ニ御使参候付、別段翌日書面御

請申上候事

弟ノ死
十七日
一丹州赤熊村ニ罷在候弟、相果候旨申来候得共、別段表向御届不申上、病気引之体ニ而暫遠慮いたし
候事

鋸引三日肆磔
廿七日東目懸
一悲田院年寄吉左衛門抱友蔵死骸、三条橋詰ニ而鋸引三日肆之上、磔被仰付候

廿七日
廿八日
六月二日三日目

但、先達而主人妻へ手疵負、嫁へも手疵負、
妻無程相果候、自分自殺いたし候もの也

地口米相場
廿八日
一祇園会地之口相場六拾七匁三分之段、五十嵐殿ゟ廻状到来いたし候事

祇園会吉符入
前ニ入替候
一当廿日吉符入、差支有之、不参いたし候叓

一午六月　東御月番
　　　　　西御悲番

朔日
一酒井左衛門尉様ゟ金三百疋被下候与五十嵐殿ゟ御渡、頂戴仕候事

磔検使
二日
一磔検使有之、松尾殿、義三郎・此方罷出候叓

但、右者悲田院年寄吉左衛門抱友蔵死骸、先達而ゟ塩漬被仰付置候処、先月廿七日廿八日肆、廿
九日朔日御除、二日磔被仰付候事

祇園会山鉾鬮触
一朝例年之通、明朝六角堂ニおゐて山鉾鬮触いたし、長刀鉾町幷石いつゝ(井筒)町祝盃相済、昼後松村殿江
罷出候事

新調ノ山鉾
但、此間中新調錺もの届有之候、鶏鉾、山伏山、白楽天山、芦刈山江聞済申渡候

祇園会出役
七日
一祇園会六ッ時出役、朝夕とも無滞相済候、尤松村殿鬮番之事

一昼後祇園江罷越候儀、此方腹当候付、津田州吉壱人へ頼、不参いたし候、其段松村殿申入置候事
一東公事方へ可相納利足、閏月分とも弐拾壱匁六分、今七日昼後四条道場休息所ニ而年番幸次へ相渡候事
人数改
一七年目人数改、当月廿六日洛外町方在々小寺小庵、廿八日洛外寺社書附、東御役所へ可相納被仰出候事
十四日
松村氏急病ニ付手当
一祇園朝夕祭礼無滞相済候叓
但、松村殿暑中ニ而急病付、差当壱人闕ニ相成候、依之常例之通、松村殿供立道具類相揃、若党持鑓御除、同役貞五郎・此方出役、朝夕とも常之通ニ候、尤差懸候儀付、朝出役之目付衆御出役先へ、為心得見座藤右衛門六角堂差遣候、尚又朝祭礼引取後、直様貞之進出勤、東公事方石嶋五三郎殿、西公事方不破伝右衛門殿へ口上ニ而被申上、御聞置有之候
十七日
東本願寺へ暑中伺
一東本願寺暑中御機嫌伺、貞之進・此方両人罷出候、松村殿病気付不参、例之通粽拾把、弐重撰台ニ乗献上致候、尤御用多付申置帰候、御家中坊官・御家老・町役并福岡佐右衛門へも罷越候事
但、献上もの番此方ニ而調進致候叓
廿三日
一　字壬生辻壱ヶ所　壱軒
右母死後、娘かのへ相譲候ニ而村方へ書付差出置候処、かの相果候付改死後孫英之助へ相譲候段、譲状庄屋四郎八方へ差出置候事
但、庄屋四郎八、年寄久左衛門宛　四手井雅吉母みか事　ゆか
廿六日
方内ノ人数改ニ一同出勤
一七年目人数改付、今日四方内在方町方共一同罷出、東証文方御請取有之候叓

但、寺社方者、来ル廿八日納候事

年行事ニ町ヨリ暇出ス

晦日
一中立売新町頭年行支市郎兵衛、不埒有之、暇差出候旨、右町年寄彦兵衛、年番中井十右衛門迄届出
候段、廻状差越候事

但、代人体早ゝ取極、差出候与申立候

一午七月　西御月番　東御悲番(マヽ)

将軍家ノ祝儀

朔日
一喜代姫君様、酒井雅楽頭様へ御縁組被仰出候付、恐悦申上候事

五日
一松平徳之祐様、松平近近(マヽ)将監様へ御聟養子被仰出候付、恐悦申上候支

鳴物停止（10—三六四）

五日
一治宮御方御誓(逝)去付、今日ゟ明後七日迄、鳴物停止被仰出候支

但、右之日附ニ候得共、六日朝御触出候支

盆中ノ伺

六日
一盆中諸伺、例年之通、両公事方御聞済有之候事

七夕ノ礼

一七夕御礼、東西二条表とも申上候事

但、御穏便中ニ候得共、いつも之通御礼有之事

地口米銀受取

十日
一地之口、例年之通受取候事

但、相場祇園会之通、六拾七匁三分也

十二日
一御払銀御渡付、牢屋敷ニ而寄合勘定致候事

丹波へ出役

十四日
一丹州氷上郡田中村百姓悉右衛門、庄屋栄蔵病気見改被仰付候、今十四日八ツ時過出立、沓掛村泊り、
翌十五日丹州福住宿泊り、十六日夜五ッ時過村方へ着、翌十七日逗留、旅宿百姓数右衛門宅、両人
とも格別之様子とも無之付、両人幷年寄喜兵衛、組頭茂右衛門召連帰候、例之通村役人医師書付取

之候、十八日出立、八上泊り、十九日樫原泊り、九ツ時過帰宅致候、右之もの共宿大宮木屋茂介方へ中座差添預置、翌廿一日帰届致候処、宿屋江御預被仰付、翌廿二日勢州山田御奉行所へ罷出候様、被仰渡候

西公　飯室助左衛門殿
　　　上田八蔵殿　御掛　（中座　庄吉
　　　　　　　　　　　　物書　利介
　　　　　　　　　　　　供　乙吉）
　　往来四拾八里　日数八日也

柏原織田出雲守殿御領分

（後筆）「右出役為雑用、十二月廿七日伊室（飯）殿・上田殿ゟ金三百疋被下之、御礼罷出候事」

御霊社出輿

一留主中盆中諸事例年之通、引ヶ番、十六日四人月代摘幷御燈籠警固、十八日御灵出輿警固等、毎之通ニ候事

一午八月　東御月番
　　　　　西御悲（マヽ）番

西本願寺へ礼

一西本願寺御礼、此方為惣代罷出、三本入献上致候、御家中左之通廻礼

御玄関前
坊官　下間大進
同　下間民部卿
三哲大宮東へ入町
家老　鈴木外記
鎰屋町
同　嶋田主膳
油小路魚店下ル町
同　上田織部
西中筋魚店下ル町
町役　池永主税

右之通罷出候事

松尾神事相撲

一松尾神叓相撲ニ付、佐伯九郎右衛門殿・太田勇三郎殿御出役、此方罷出候、九ツ半時出宅、物書庄次郎・中座藤介召連候、夜五ツ時引取候事

但、目付衆之方へ、中座庄吉罷出候事

六日
一御所司代松平和泉守様、昨夜御奉書御到来之由、承候事

但、来ル十三日頃、御出立之由

大坂城代ニ松平康任新任

一大坂御城代松平周坊（防）守様被為蒙仰候由ニ候事

八日
一 石州浜田領主 小川今出川上ル町 久世殿御殿

右此度松村殿・此方御立入被仰付候付、今日参殿、御目録金百疋幷御菓子被下之候事

但、御扇子三本入、足附台ニ乗献上

所司代出立見送リ

一御所司代参府御発駕、来ル十四日暁七ツ時御出立、御治定ニ候事

十四日
一松平和泉守様、今朝御出立、御見送として荻野殿・五十嵐殿・貞之進・幸次・藤十郎・此方罷出候、蹴揚御通六ツ時過ニ相成候叓

一午九月 西御月番 東御月番（マヽ）

大通寺鎮守出輿（10—二七八）

三日
一大通寺鎮守御出輿付、一組九ツ半時ヨリ出役、無滞相済、五ツ時過引取候叓

七日
一江戸表御男子様被遊御誕生、松平富八郎様与奉称旨、御触出候叓

六孫王神事

十一日
一六孫王神叓付、五ツ時ゟ出役、六ツ時前引取候叓

但、二条表御堅、例之通御警固有之候

同日
一御所司代内藤紀伊守様江被為仰付候段、御触出候事　新所司代（10―六八）
但、昨夜被仰越候趣ニ候得共、今日六孫王警固者、二条表ゟ御出役有之候
一当月御上京御目附　片桐新烝殿　揖斐与右衛門殿
一午十月　東御月番　西御悲番（マヽ）
三日
一仲ヶ間知行初納付、西院村江年番中井氏并牢賄重三郎、見座蔵三郎罷出候叓　仲間知行年貢初納
十二日十三日
一本圀寺会式付、見座・中座とも召連、両日とも一組出役、無滞相済候事　本圀寺会式
一午十一月　西御月番　東御悲番
三日
一西院村蔵付付（衍）、米壱石相納候叓
六日
一近ゝ所司代・御老中御上京付、例之通御触、西公事方・証文方ゟ追ゝ御渡有之候叓　所司代・老中上京ノ触（10―元一・元五・元六・元八）
七日
一近ゝ御老中・御所司代御上京付、御迎・御見送、此方伺之通可相心得旨、飯室助左衛門殿被仰渡候事
八日
一当月朔日ヨリ、毎夜五ツ時分ゟ夜廻被仰付、西目付方与力同心・新家方仲ヶ間、都合六組出役、夜毎ニ市中弐ヶ所日ゝ取極、休息所申付、夜九ツ時右休息所ニ而支度被下候、右ニ付今八日此方廻り出役、五条間之町東へ入町会所ニ而支度致候叓　市中夜廻
右ニ付悲田院年寄、居村中座・年行叓并穢多人足召連、六ツ時前迄相廻候叓
十日
一今夜伏見稲荷迁宮見廻、津田・村上両人出役候叓　稲荷社遷宮
十六日
一御老中松平和泉守様御上京ニ付、両　御奉行御出、仲ヶ間荻野殿・松村殿・貞之進・小文太・幸

風廻・駈付

次・藤十郎御先払御出迎、昨日夜ゟ出勤有之候事

但、今日ゟ御旅館風廻并欠（駈）附初候

一今十六日公事、御延引ニ相成候叓

訴訟者、前日御聞被成候叓

所司代出迎

茶屋四郎次郎

十九日

一御所司代内藤紀伊守様御上京付、昨夜ゟ荻野殿・松村殿・小文太・貞五郎・藤十郎・此方、山科安朱村迄罷出、十八日夜五ッ時荻野殿・拙者両人、茶屋四郎次郎旅宿へ為引合罷出候処、御目見へ場所ゟ御屋敷迄、御鼻馬之先江相立候様、駈抜等之儀もいさゐ申上有之旨被聞候、相渡手代中罷出、酒肴差出、先払を取斗引取、暁八ッ半時安朱村へ御出有之、無滞御屋敷迄御先払いたし、四ッ時分帰宅いたし候

但、前夜支度并酒肴、翌暁支度、年番五十嵐殿ゟ申付有之、此外大津迄遠見、茶番等之儀、例之通取斗有之候叓

三条檀王門前

一西御奉行并地役衆御一同、三条檀王門前迄、御出迎有之候事

一同日迄諸公事役人中御聞被成候叓

但、訴訟者、前日直様御聞被成候

朱印ヲ返上ス

一御役所へ御預之　御朱印、二条表へ御返上、依之仲ヶ間欠附御免被仰渡候叓

十八日

一御老中御参　内

老中・所司代参内

廿三日

一御老中
御所司代御参　内

廿四日
一御二方とも尚又御参　内
　右之通御座候事

老中発駕

一明日廿四〔五〕日御老中御発駕、伏見街道大坂表江御越被遊候付、御先払御見立、伺書差出候叓
廿五日
一今廿五日、松平和泉守様御発駕、伏見海道大坂表へ御出被成候付、御先払一組大仏迄、御見立一組
罷出候、尤西　御奉行豊後守様（曽我助弼）、伏見船場迄御出被成候付、東　御奉行備後守様、火叓番御持被成
候叓、但、今朝五ッ時御旅立之御出立之由、尤風廻昨日限ニ而、今朝者御出役無之候叓

上賀茂臨時祭

廿七日
一今廿七日、上加茂臨時祭付、荻野殿五十嵐代・松村殿・茂三郎・幸次・小文太・藤十郎出役、夜八ッ
半時被引取候叓

一午十二月　東御月番
　　　　　　西御悲番（マヽ）

西奉行息ノ番入ヲ祝ウ

朔日
一今朔、西詰罷在候処、豊後守様御子息様、御番入被成候付、為御祝儀赤飯壱重、御肴一重、御酒弐
升被下之、御広間江御礼申上、頂戴致候事
三日
一西院村皆済付、年寄此外罷出なと候叓

精宮大覚寺入寺

一精宮御方、来ル五日大覚寺へ御入寺付、今日三条道嵯峨迄、道見分有之、此方西院村前へ相懸候付、
山村氏へ出役兼帯相頼、遣候事
　御道筋、御所ゟ室町三条嵯峨へ、尤当日仲ケ間一組、警固被仰立候

節分警固

五日
一来ル廿五日節分付、五条天神社警固見廻り出勤可仕段、山田□次郎殿被仰渡候叓
十一日
一普請見分なく、朱雀村野中稲荷社引直、西七条村焼跡普請、大通寺外繁場、下鳥羽天王社、横大路
氏神拝殿幷百姓家焼跡御見分、東目付方関根中五郎殿・斉藤甚兵衛殿、西目付方下田菅五郎殿・吉

田勘次郎殿、此方幷中座与八、筆耕庄次郎罷出候叓

但、昼支度朱雀村、夕支度横大路村、引取夜四ッ時ニ候事

前

新所司代へ目見

九日

一御所司様御初入ニ付御目見へ被仰付、則仲ヶ間として罷出、相済候叓

廿八日

一牢勘定、当廿一日ゟ取懸、今廿八日御月番東御役所ニおゐて、森善右衛門殿・上田八蔵殿・此方立会、取調相済候事

（表紙）

文政十二丑年中正月ヨリ
十月東福寺開山忌警固
日　記
公私附込
小嶋

23.6×16.5

西松平伊勢守殿継キ御月番
東神尾備中守殿継御悲(マヽ)番
東様御叓
日光宮近日関東江御帰御用付、御悲番

年頭礼

一丑正月元日、暁七ツ時、揃ニ而御礼御請被成下候付、一統御扇子料差上、無滞相済候、二条表者、
御在府中ニ付不罷出候叓
一例年之通、日〻廻礼いたし候叓
五日
一松村殿節ニ付、津田・永田父子・此方父子罷出候叓
但、忰甚之介初而之義付、肴一折、昨日相送置候叓
六日
一松尾殿御節付、例之通罷出候叓
帰宅供之もの、嶋原年礼代りニ遣候

牢屋敷年番渡

九日
一此方中年番渡付、八ッ時ゟ牢屋敷江寄合、勘定書残銀等、湯浅・栗坂江渡、祝盃いたし候叓
　但、悴甚之介初而之年番渡ニ付、先格之通、南鐐一片差出候叓

十一日
一牢屋敷初番付、例年之通、酒肴餅差出候事

東西本願寺へ礼

一十日西本願寺御礼、十二日東本願寺御礼、相済候付、夫ゝ例年通御目録、鳥目百疋ツ、、被下之候叓

十五日
一松村殿ゟ年番渡付、八ッ時ゟ同役此方とも、悴召連罷出、御朱印貞之進悴貞五郎・甚之介幷見座中座弐人、此外人足召連、荻野殿江持参、湯浅多三郎受取候、松村殿ゟ一同綾小路室町東江入町料理屋山与方江罷越、酒飯出、夜九ツ半時引取候叓

料理屋

禁裏舞御覧

十九日
一禁裏舞御覧付、栗坂・此方、悴召連、明六ツ時ゟ罷出、例之通頂戴もの有之、夜五ツ時前、帰宅いたし候叓
　但、朝出懸昼弁当持参いたし候、中座壱人供壱人ツ、、年行叓壱人ツ、相合、両掛持壱人召連候、中立売御門番、清和院御門番、御台所御門内川那辺三軒江年玉扇子様之もの、見繕ひ差遣候、休息所清和院御門番江者、銀一両年番ゟ受取、差遣候、炭一俵前日為持遣し、及挨拶置候叓

日光宮江戸へ帰リ

廿二日
一日光御宮当地御発駕、江戸表江御帰付、御奉行神尾備中守様、御差添御下向有之、右ニ付為御見送、松村殿・貞之進・平多・牢賄十三郎、蹴揚迄御出有之候叓

老中上京ノ触
(10—九七九)

同日
一近ゝ御老中水野越前守様、御上京有之付、自身番其外之儀付、例之通御触四通、西公事方ゟ追ゝ御渡有之候叓

一丑二月　西御月番
　　　　　東御悲番
　　　　　東様御参府中

老中・所司代上京出迎

二日
一御老中水野越前守様、御上京ニ付蹴揚迄御出迎、荻野殿・村上・此方、山科四宮村迄、御先払、松村殿・栗坂・ゆ(湯)浅御出、無滞相済候叓

但、蹴揚江朝五ッ時過御着有之、御旅館江四ッ時分御入有之候叓

五日
一所司代松平伯耆守様、今朝御上京有之、荻野殿・五十嵐殿・十右衛門・多三郎・辰次郎・定次、御出勤有之候叓

七日
一御老中・御所司代、御参　内有之候叓

牢舎人布子御用取上ゲ

八日
一　新シ町蛸薬師下ル町
　　米屋作右衛門

右、是迄牢舎人江被遣候布子御用、被仰付有之候処、如何敷達御聞候ニ付、右御用御取上有之、跡人躰早ゝ取極可申上段、買所方前田勇五郎殿、被仰渡候段、荻野殿ゟ廻状出候叓

一右作右衛門、翌九日牢屋敷江呼出し、年番栗坂・湯浅・此方立会、雇入請負取上候段、申渡候叓

但、右ニ付暫代申付候迄、雇入帳面等取扱方、見座両人へ申付、尤右ニ付如何敷取斗無之様、正路ニ勘定等取斗候様、請書申付候叓

老中・所司代参内

十一日
一御老中様
　御所司様御参　内有之候叓

老中発駕見送

十二日
一御老中様御発駕ニ付御見送、御先払松尾殿・五十嵐殿・平多・小文太・州吉・十右衛門、昨夜ゟ御越有之、明正六ッ時、御出立有之候叓

十一日　前ニ可入
一　大宮六角下ル町
　　桝屋嘉七

右先達而暇差遣候定遣新介代ニ召抱候段、荻野殿・小文太・拙者立会、申渡候叓

但、右之段、連名一同江廻状差出候事

重病ノ百姓手錠御免

十九日
一家質銀滞ニ付手錠　西九条村 百性十兵衛 三十九

右重病付、手錠御免願出候付、見改之上、相違無之候ハヽ、手錠抜遣、明朝村役召連出候様、石嶋五三郎殿被仰渡候段、暮六ッ時前申来候付、物書庄次郎・利介并中座惣吉召連罷出、重病ニ相違無之付、手錠抜遣、村役・医師申口書付取之、翌朝五ッ時ニ庄屋・年寄罷出候様申渡、翌廿日覚書并御封印差上候、尤御参府中付、西江御伺之上、猶又是迄之通、村預病気快候ハヽ、可申上段、受書被仰付候叓

随龍寺富興行

廿六日
一随龍寺殿富興行有之、錦小路寺町天神境内ニ而有之、四方田重蔵殿御出役有之、夕七ッ時ゟ出宅、夜四ッ時過、引取候叓

金百疋支度料　南鐐一片、供分六百文被相送候

一丑三月　西御月番 御参府中御継キ 東御悲番(マヽ)

重罪仕置ニ出役

二日
一重罪御仕置、左之通被仰付候付、首掛検使之方、此方伜見習ニ召連、出役いたし候叓

目付代　嶋田亮吉殿 福田武右衛門殿　御出役

獄門

西目
一獄門 塩詰死骸西公事ニ而刎首　神織部知行所(郡脱カ) 濃州不破梅谷村 百性政助伜専蔵叓 先達而牢死無宿嘉右衛門 三十二

右者養母みの心底不叶、離縁候段、みの并妻きくニ出会、途中ニ而両人共及殺害候付、如此被仰付候

一同西土手ニ而刎首 獄門　伏見三栖六町目 百性甚兵衛後家 もん勘当仕候 無宿寅吉 二十四

一同西土手死罪　東川端三条上ル 南孫橋町 三文し屋金六伜与吉事 無宿亀吉 二十七

一同西土手死罪　紙屋川 小屋頭吉兵衛下 伊之介伜 無宿伊三郎 二十四

一東目西土手死罪　鞘町五条下ル三町目 市兵衛勘当伜 無宿市松 拾九

一同西土手死罪　江州愛知郡中宿村 喜左衛門伜 無宿松兵衛 二十七

〆六人

右之通被仰付候、例之通蹴揚ニ而支度いたし、九ツ時帰宅之亊

上巳ノ礼

一三日上巳御礼、上下仲ヶ間、牢賄方とも罷出候事

一同御所司代松平伯耆守様江御礼参上之義、未御初入御目見へ不相済内ニ付罷出不申亊

但、去ミ亥年二月、水野越前守様御上京、三月三日前同様ニ而其節罷出不申、近例之亊

石清水臨時祭

一十二日来ル廿四日、石清水八幡宮臨時祭付、警固出勤可致段、西公御掛松原作十郎殿ゟ御達有之、則廻状

稲荷出輿
花山院愛徳没、鳴物停止（10—九六）
光格上皇修学院御幸（10—九八・九九）
松尾出輿ニ出役
石清水警固
稲荷社出輿

到来候㕝

一来ル廿四日、稲荷出輿、来月十六日還幸、警固見廻願書、出役可致旨被仰渡候段、廻状到来之㕝

十八日
一花山院大臣殿薨去付、昨十七日ゟ明十九日迄、鳴もの停止、御触出候㕝

同日
一来ル廿六日、雨天ニ候ハヽ、翌廿七日、　仙洞御所修学院御茶屋江　御幸有之段、御触出候㕝

十九日
一来廿一日、松尾出輿、四月十日還幸ニ付見廻出勤可致段、西御番所ゟ被仰渡候㕝

廿三日
一明廿四日、稲荷出輿、松尾殿一組出役番之処、松尾殿痛所有之、松村殿江御頼、村上用向有之、貞之進江被相頼、州吉八幡へ出役付、此方へ頼来候付、左之通出方

松尾殿
頼合

松　村　三　吾
五　十　嵐　源　吉
津　田　州　吉
永　田　貞　五　郎
村　上　辰　次　郎
小　嶋　甚　之　介

石清水八幡宮
臨時祭警固

稲荷出輿付
警固見廻

松村三郎左衛門
永　田　貞　之　進
小　嶋　甚　左　衛　門

右之通、出役いたし候㕝

但、御所表為引合、今日松村殿御出有之候

勅使
御奉行
伝奏　広橋殿

石清水八幡臨時祭
廿四日
一石清水臨時祭、無滞相済、廿五日八ッ時帰宅之叓
但、中座千八、定遣卯八罷出候
同日
一稲荷出輿、無滞相済、夜四ッ時過帰宅候事
但、中座伊兵衛、定遣藤吉罷出候

仙洞修学院茶屋御幸
廿六日
一仙洞御所修学院御茶屋江　御幸ニ付仲ケ間一統供　奉、前夜九ッ時出宅、廿六日夜七ッ時帰宅候事
松尾左兵衛
松村三吾
五十嵐源吉
荻野礒五郎
小嶋甚左衛門
津田州吉
中井十右衛門
永田貞五郎
湯浅多三郎
村上辰次郎

栗坂作之丞
山村定次
年寄中

右之通出勤、朝飯一ヶ度弁当持参、修学院ニ而弁当弐度、夜分手当之握飯、年寄中ゟ御賄有之、茶番三人召連、休息所幕挑灯持参候㕝

但、小嶌甚之介見習召連、栗坂小文太芝居方引取後出勤、作之丞交代有之候

残番

蛤御門欠附兼　御月番詰　荻野七郎左衛門
出火之節二条御馬先　同当番　村上平多
同節御奉行御馬先　同加番　山村幸次
牢屋廻兼　御悲（マヽ）番詰　松村三郎左衛門
牢屋詰　永田貞之進
二条表欠附　五十嵐市郎左衛門
芝居方　栗坂小文太
病気引　湯浅義三郎

右之通ニ候、尤東御奉行御参府中、御馬先無之候㕝

会釈

一稲荷(社脱カ)ゟ為会釈、此方分銀一枚・鳥目一〆文被相送候
外ニ金弐百疋松村殿、百疋ツ、永田・此方町廻、見座へ銀一両、此方へ一緒ニ到来、夫々為持遣候事

稲荷社臨時祭ニ出役依頼

稲荷社中ゟ当年臨時祭、出役頼合付
一金三百疋　一包
同弐百疋　弐包
右此方へ差出候処、割方津田氏案内付、為持遣候処
金百疋　甚之助
南鐐一片　甚左衛門
右之通、配当いたし参候𠀋
一丑四月　西御継月番
東御継悲番（マヽ）
但、御参府中

花山院愛徳葬送

三日
一花山院故前右府殿、来ル七日酉刻、小塩山十輪寺江葬送ニ付警固、壱組出勤可致段、西公事方飯室助左衛門殿被仰渡候旨、詰合ゟ申来候
御道筋
下立売御門ゟ烏丸三条、油小路松原、一貫町、丹波口、朱雀村、四ッ塚、吉祥院村、上久世村、大藪村、寺戸村、向日町、夫ゟ順路小塩山十輪寺
右御道筋、松明被相用候付、為火之用心、申通出候𠀋
五日
一花山院殿江警固、為引合此方壱人、次上下ニ而罷出、内玄関ニ而御家来堀数馬与申仁罷出候、上下とも御殿内ニ而休息、御支度被下候付、七ッ時着候積、御殿門前ゟ警固立、此方両人大先松村殿、惣跡押御立有之様、被申聞候
七日
一松村三吾殿・貞五郎・此方、中座与八、定遣吉郎兵衛、外ニ供十壱人召連出、七ッ時参着、内玄関

ゟ刀を抜ケ、使者之間ニ而御飯御酒等被下候、暮六ツ時過御出棺、此方両人大先跡押、松村殿、三門番両人鉄棒引、御棺先〻江相立候、朱雀村ニ而御大名方名代此外引取、向日町江夜七ツ時分着、冨永屋ニ而休息、御膳御酒被下、此所ゟ引取候、翌八日五ツ時半時、帰宅いたし候叓

鉄棒ヲ曳ク

但、小塩山迄可罷出処、山中ニ而支度等も調不申、寺内狭、休息所も無之ニ付、向日町ニ而引取候、

尤小塩山迄罷出候体ニ候叓

流死人

八日
一郡村ニ流死人有之、御検使有之、八ツ時ゟ罷出、太田義兵衛殿・中川半之介殿御出役、中座与八、物書庄次郎・清次郎罷出、年来廿八歳斗之女ニ而人主不相知、三日肆被仰付、夜五ツ時引取候叓

地之口米相場

十日
一稲荷神叓前ニ而、地之口取集候叓

但、相場九拾五匁

松尾社神事

十日
一松尾神叓付、見廻松村殿・此方九ツ時出宅、朱雀村ニ而待合、罷出、夜五ツ時帰宅候叓

但、中座与八、見座常次郎召連候、弁当一ヶ度分用立、松尾ニ而相用ひ候、外ニ年行叓十兵へ、

白鞭

白鞭為持参候

向日明神神事

十七日
一向日町神叓付、同役貞五郎幷見座藤右衛門、定遣ひ吉兵衛召連、五ツ時ゟ出宅、夜九ツ時帰宅、無滞相済候叓

貞操院宮長州下向

廿二日
一貞操院宮長州江御下向付、伏見海道黒門迄、弐組警固、有栖川宮ゟ被仰立、荻野殿・松村殿・村上平多・此方・栗坂・山村罷出候、尤長州御屋敷ニ而朝御支度被下、幷稲荷前玉鍵屋ニ而昼御支度被下之、九ツ半時相済候叓

但、右者荻野殿・松村殿弐組出勤之儀、御頼被仰入候由、当十九日御首途之節、弐組警固差懸候

葵神事

儀付、松村殿御出勤、此外上組御出勤有之、今廿二日葵御神事付、上組出方差支候付、御頼合可有之処、右被仰立有之付、御頼ニ不拘、此方壱人差加り候、此段松村殿ゟ五十嵐殿へ御引合相済候段、被仰付候事

鉄棒ヲ除ク

但、弐組とも大先中座両人召連申候、尤黒門ゟ鉄棒相除、稲荷前御小休所迄罷出、御入掛平伏いたし候、黒門ゟ伏見御組同心衆両人、御立有之候事

廿三日
一金三百疋

右者花山院殿御葬送警固付被下之、則石川出雲守・本庄土佐守ゟ書状差添、侍壱人被参候、留主中付家内ゟ請取書相渡置候、当御請之儀、同役貞五郎連名手札を以御請、参殿いたし被呉候事

逮捕ノ盗賊ヲ請取

廿三日
一久我殿御拘屋敷ニ盗賊体之もの、取留有之ニ付為請取、今井本次郎殿・森義左衛門殿・此方罷出、中座弐人、悲田院年寄浅次郎儀も罷出、則御附御両組同心衆御立会

越前国丹生郡
菅並村弥助
廿七

右請取帰り候刻、御吟味之上、入牢被仰付候事

新建見分

廿九日
一壬生寺中竹之坊并西往寺前町八幡や源介新建出来、御見分有之、松村三吾殿・甚之介出勤候事

同日
一来月七日八日、於養源院　厳有院様百五十回御忌御法事付、勤番出勤之儀、西公飯室助左衛門殿被仰渡候段、詰合ゟ村上・津田・此方宛、廻状到来いたし候事

但、右寺役人江刻限承合、并支度頼遣候儀、幕三ッ道具為持遣候節、連名手紙遣候筈

一丑五月御参府中（マヽ）　西継御月番　東継御悲番

徳川家綱百五十回忌

七日
一養源院ニ而　厳有院様百五十回御忌御法事ニ付、勤番被仰付、正六ッ時村上・津田・此方三人罷出

候、中座壱人供壱人ッ、相合、両掛一荷持参、朝支度其外寺ゟ被差出候㕝

一（八日）暁七ッ半時出宅、同様九ッ時過相済、引取候㕝

但、前日幕三ッ道具為持遣、其節以書面、寺役人江支度頼遣候、尚又九日、以書面及道具取ニ遣
候、支度礼分遣候㕝

一吉祥院天満宮神主石原播磨、此度依願筑前守被免候、西証文方御掛候事

六日、右之段此方へ届来候㕝

右神主地所、御代官其外地頭入込等無之候、此儀も此間中御紀有之候

牢賄見習願

牢賄見習願

奉願口上書

片折紙

一（片折紙）私倅貞次郎義、牢賄役為見習置申度、奉願上候、何卒御聞届被成下候様、宜被仰上被下候様奉願候、

以上

文政十二丑五月

牢賄
伊東十三郎　印

荻野七郎左衛門殿
松尾左兵衛殿
松村三郎左衛門殿
五十嵐勇左衛門殿

口上書

添書

一（添書）別紙之通、倅貞次郎見習之儀、御願奉申上度、何卒御聞届之上、宜被仰上被下候様奉願上候、以上

日向半切

丑五月　　　伊東十三郎　印

八人中様

口上書

日向半切
牢賄伊東十三郎伜貞次郎義、牢賄諸御用向為見習申度与、私共迄願出候ニ付、承置可申哉、各様迄
此段奉伺候、以上

丑五月　　　上雑色

例書　　　牢賄　古瀬源右衛門

右養伜新十郎与申者、享保十四酉年十二月見習御聞届、同月廿八日、両　御奉行様江御目見仕
候趣ニ御座候、以上

丑五月

年番

右書附類、五月七日西公事真野八郎兵衛殿へ、年番荻野殿御差出、東江も同様差置有之候処、翌八
日伺之通、御聞届之段被仰渡、其段東公事方江も被仰上候事
但、十三郎被下由、其段
荻野殿御申渡有之候事

牢賄伊東十三郎伜
貞次郎義、見習出勤
願之通御聞届被成下
難有奉存候　　荻野七郎左衛門

伜貞次郎見習
出勤、願之通御聞届
被成下難有奉存候　　伊東十(三脱カ)郎

手札、下役一老

右手札持参、東西公事方与力衆一同并御下役一老、取扱御掛下役衆丈ヶ廻礼之事
一御目見へ願書、此方共宛添書いたし、前同様振合を以差出候付、年番荻野殿江差出候

日向半切
御目見ヲ願ウ

一右貞次郎御目見江願書付、十九日荻野殿左之通差出被成候処、飯室助左衛門殿御取斗ニ而、来月朔日明六ツ時被仰付候段、即刻被仰渡候叓

日向半切ニ而(マヽ)
牢賄伊東重三郎伜貞次郎儀、御序之節　御目見へ被仰付被下候様奉願候、以上

丑五月　　　　上雑色

右十九日飯室助左衛門殿へ差出候処、後刻、来月朔日明六ツ時
御目見へ被仰付候段、被仰渡候事

六月朔日無滞御目見相済候、尤弐本入扇子献上

町奉行転任

十一日　東者公事方迄罷出候斗ニ候事
一東御奉行神尾備中守様、御作事奉行被為仰付候旨御沙汰付、詰合ゟ恐悦申上候叓

此度、関東表左之通御役替

西丸御側ゟ
駿府御城代　　諏訪若狭守殿
大目付　　佐野肥後守殿
御作事奉行　　神尾備中守殿
御鑓奉行　　岩瀬伊予守殿

右

物書

一此方一組物書松屋勝次郎伜勝太郎、書もの為見習差出置候処、病気付為引退候段、永田・此方宛書付差出候付、松村殿へ申上、承置尚其段同役中江廻状差出候叓

船鉾困窮ニ付
出サズ

六月五日
一船鉾　　新町四条下ル町　北四条町 南四条町 隔年

右南四条町当丑年年番之処、困窮付三ヶ年之間、北四条町へ及入魂候得共、承知不致候付、無拠当年并来ゝ卯年難差出旨断書付差出、則津田氏ゟ書付被相廻、年寄衆江差出置候㕝

四月十四日 右西公事方へ申上候処、御理解有之、則当年北四条町ゟ差出候様相成候

粟田口札建

十六日
一西目付方御調ニ而今十六日粟田口ニ而左之もの札建有之候

一 肥後国熊本金屋町嘉次郎事 了山

右先達而上京逗留中、主人同様之俊十郎及殺害逃去、当正月肥後国下横辺田村ニおいて、俊十郎倅平左衛門父之敵ニ付討留候、右死骸晒之上磔可被行処、久ゝ仮埋ニ付御仕置難申付候付、取捨之旨

列書

鉄棒引捨札

一中座壱人 鉄棒引 科書 捨札持之 穢多弐人 穢多年寄 同心衆 同心衆 供

右之通ニ而、此方仲ヶ間出役無之候㕝

但、右番穢多昼弐人夜三人、五日之内付置、五日目夕方取払

村雲御所富廻

廿日
一村雲御所富廻、加納繁三郎殿出役、此方夕七ッ時過ゟ錦小路天神境内へ向罷出、夜四ッ半時引取候

祇園会吉符入

同日
一吉符入ニ付六ッ半時出宅、例之通神㕝□等いたし候、尤納涼無之段、請負人申之付、年寄衆ゟ御届㕝

被仰上候㕝

新京都町奉行

廿三日
一御高三千五百石 拾人御目付ゟ 小田切土佐守様

但、津田氏遠嶌調、今朝出帆ニ付神㕝用不参候事

右当十五日京都町奉行被為　仰付候段、順番飛脚注進承之候㕝

地口米相場

廿九日 祇園会地之口相場
一米壱石ニ付　百五匁

右之通五十嵐殿ゟ廻状出候㕝

一丑六月　西継御月番 東継御悲番（マヽ）
御在府中

朔日
一石井筒町行事両人罷出、四ッ時松村殿へ同道、盃いたし候㕝

但、津田州吉病気不参候㕝

所司代山鉾見物

三日
一来ル七日山鉾為御覧　御所司代四条寺町大雲院江御出ニ付、西御役所江長刀鉾町之もの共被召出、明正六ッ時迄ニ四条御幸町辻迄曳付候様、例之通被仰渡、此方江右之段被仰渡候、尤当日御先払壱人御屋敷江罷出候様、是又御付方ゟ被仰渡候㕝

桐木座

但、例之通、長刀鉾町江桐木座四人ゟ以書面、右之段順達之儀申遣候㕝

祇園会鬮取

五日
一明朝六角堂ニ而鬮取ニ付町々津田氏同道申触、長刀鉾町祝盃并石井筒町同様、尚又昼後隣家江罷出候㕝

仲間出役

七日
一祇園会ニ付例年之通、仲ケ間一同御出役、尤御所司代御出ニ付七ッ時過出宅、四条着座場所へ直様罷出候、尚又桐木座四人銘々場所へ、直様長刀鉾町へ先江罷出候㕝

但、御所司御先村上平多御出勤有之、直様祇園辺ゟ南江御巡見有之、村上氏引継右之方へ出役候積候処、御巡見之方者御延引相成候㕝

地口米取集

五日 前江入
一例年之通地之口取集、牢屋敷へ頼遣候、中座罷越候㕝

家財・雑物改

八日

家財改　城州淀納所壱番町
　　　　　近江屋六兵衛
雑物改　右六兵衛方日雇ニ差置候
　　　　　兵助

大坂三郷幷淀一番丁御構御払

○上欄ニ朱筆横書ス。
「右両人共、大坂表ニ而御吟味筋付、改出役明朝帳面弐通り可差出旨、西公事方飯室助左衛門殿被仰渡候段申来、昼九ッ半時物書庄次郎・清次郎幷供壱人召連出役、六兵衛家や(屋)敷絵図一通、諸道具改帳一冊、妻子雑物帳一冊、兵助雑物帳一冊共、都合四通りを五通り相認させ候、尤従町奉行下役国枝庫右衛門・黒川輪多蔵足軽両人召連、旅宿納所会所へ為挨拶被相越候、翌九日四ッ時帰宅、直様御返𠀋出勤いたし候事

但、帳面幷袋とも、方内小嶋甚左衛門改与定例認候得共、他所御役所へ被遣候義ニ付不相認候

出張ノ費用

一三里以上ニ付往来六里二日与雑用覚書牢屋詰所ニ留置、月勘定ニ牢賄方ゟ為書出候

一供弐日、是又御入用ニ為書出候

(朱筆)
「右六兵衛・兵助とも、大坂三郷幷淀一番丁御構御払被仰付候段、七月廿三日届出候、家や(屋)敷諸道具欠所ニ被仰付候、其段淀御領主家来江ロ達有之、御役所ゟ者欠所廻御出無之候𠀋、妻子雑物者御構無之候」

相対死ノ死骸取捨

十日
一宿村領桂川筋相対死有之、松村三吾殿検使方出役有之候𠀋

但、人之相知有之、翌日御検使帰罷出候𠀋、右死骸難被下、取捨被仰付、悲田院年寄忠三郎承帰候𠀋

六角堂鬮取

十三日
一暁七ッ時ゟ六角堂江鬮取罷出候𠀋
　七日荻野殿、十四日松村殿鬮番之𠀋

加茂川洪水ニテ浮橋掛ヶ難シ、祭礼三条廻

十四日
一祇園会、朝夕とも無滞相済候事
但、一昨十二日夜之掛、加茂川供（洪）水ニ付浮橋難掛ヶ、依之祭礼三条廻之義社代願出、西目付方ゟ
中返書御渡被成候㕝
右出水ニ付道替近例、文化四卯年六月七日三条廻之㕝

一東公事方御利足銀年番銀子有合付、差出有之候㕝

徳川重倫死去、鳴物停止（10─1023）

十五日
一徳川大真殿御誓（逝）去付、今十五日ゟ来ル廿一日迄鳴物停止、普請者不苦候旨、夜九ツ時御触出候事
右紀伊様御隠居也

神輿洗延期

廿二日
一祇園神輿洗、御停止中延引、今廿二日ニ相成候事

所司代西山筋巡見

廿三日
一
西証文方御調有之
西山筋
向日明神社
光明寺
善峯寺
三鈷寺
金蔵寺
右之箇所、御所司代　松平伯耆守様御巡見有之候、尤　御奉行御越無之候、同役貞五郎罷出候㕝

両本願寺へ暑中伺

廿六日
一両本願寺江暑中為伺三人同道参　殿、粽拾把宛献上、御家中江も相廻候事
但、永田氏献上もの、番ニ而調進有之候

廿七日
一東本願（寺脱カ）ゟ銀三両被下之、松村殿ゟ御渡候事

知恩院宮等へ暑中伺

一知恩院宮、安井宮、土御門家等へ、暑中伺罷出候㕝

一道場町、那波、井筒や、尼ヶ崎留主居へ暑中見舞、畠もの遣候㕝

筆耕転宅

松尾殿筆耕
鎰屋勘三郎

一此度諏訪町松原下ル町江変宅

右為心得村上氏ゟ廻状到来候㕝

一丑七月小田切土佐守様 西継御月番 東継御悲番(マヽ) 御在府中

七夕御礼

一七夕御礼、暁七ツ半時揃ニ而、六ツ半時御逢有之候㕝

一衡梅院、乗願寺、長徳寺銀弐匁持参拝参、尤各下男へ三拾弐銅ツヽ遣之、西之方江銀弐匁弐包小嶌四手井、墓守六介へ三拾弐銅遣幷壬生方丈へ壱包、右例年之通盆祝義相送候㕝、乗願寺小僧へ壱包別段遣候事

地口米取集

十日
一地之口取集遣候、各銀納付、祇園会之相場相用ひ候㕝

一小田切土佐守殿当月廿八日江戸表御発駕、来月十四日御当着(到)候段承知候付、松山御屋敷下役迄為知進候事

南鐐銀ノ通用

一是度南鐐上銀を以壱朱吹立被仰付候ニ付、是迄之壱朱金取交通用可致段御触出候㕝

刺鯖

一松村殿・松尾殿江為祝義酒一升、刺鯖弐刺、塩一升、こも包ニいたし差送候㕝

十一日
一西御役所ゟ御払銀御渡有之、則牢や之地ニおゐて寄合、算用いたし候㕝

牢舎人髪結月代摘

十六日
一牢舎人髪結月代摘被仰付、例年之通仲ヶ間一統立会、無滞相済候㕝

郡山屋敷普請

廿日
一和州郡山松平甲斐守殿御屋敷、此度普請付、取斗方不相知候付、西目付方へ留主居樋口与兵衛ゟ内尋有之、則外振合之左之書付御渡御伝言付、承之、与兵衛方へ罷出、伝達いたし候

大名屋敷普請届書ノ様式

(切紙)〇コノ所袋綴ノ内ニアリ。
「大名屋敷普請届書振リ合書」

細川越中守屋

知恩院古門前西町、越中守屋敷表側少ヽ普請仕候付、右普請中表口五間之間仮囲仕候、尤軒下葛

敷ノ普請

石際ニ而門前町幅四間有之、諸往来差支不申候、此段御届申上候、以上
細川越中守留主居
落合仙助
申十二月
須田大隅守様
御役人中

乍恐口上書

一当町細川越中守様御屋敷表側御普請ニ付、表口五間之間仮囲被仰付候付、其段右御屋敷ゟ御届可被成旨、町分江被申出候付、此段御届奉申上候、尤御屋敷軒下葛石限ニ而町幅有之、諸往来何之差支無御座候、以上
知恩院古門前西町
年寄　安兵衛　印
五人組　太兵衛　印
細川越中守様御屋敷
町名代
家原治三郎　印

御奉行様

半切

右例書、半切ニ而下田定平殿御渡付、直様御伝言之趣、直達いたし候𠀋

尼崎屋敷普請ノ例

一帰命院前町尼ヶ崎御屋敷普請之節、左之通振合ニ候、是者郡山屋敷普請与者新規付、取斗違ひ候得共、為見合留置候

国栖帳

国栖帳ニ認
普請御願
松平遠江守様用達
野田栄助

絵図朱引　例之通

右者、壬生境内帰命院前町和泉や小兵衛所持有来之借屋取払候屋敷地一ヶ所、私名代を以借受、遠江守用屋敷ニ被致度旨、当十六日被及御届候処、御聞済御座候付、此度右屋敷地へ表通長屋二階建、開キ門ニ仕、内廻玄関座敷等夫〻朱引絵図面之通、普請仕度、此段御願奉申上候、尤右之趣町中江も引合、何之差障無御座候間、御許容被成下様奉願上候、以上

朱引絵図面

町中ニ引合

文政元寅年九月廿一日

松平遠江守用達
御池通間之町西入町
野田栄助　印
煩ニ付代
吉兵衛　印

右野田栄助御願申上候趣、承知仕、右普請之儀付、地主小兵衛并於町中ニ何之差障無御座候間、此段連印を以御願奉申上候、以上

仏光寺大宮西入
壬生境内帰命院前町
地主
和泉や小兵衛　印
年寄　新五郎　印
五人組　安兵衛　印

御奉行様

松平甲斐守屋敷ノ普請

廿二日
一松平甲斐守殿御屋敷普請付、今廿二日則留主居樋口与兵衛御届被罷出候、右町寺之前町年寄、五人組并御屋敷名代連印、是又御断罷出候事

西目付方下田定平殿、御聞届有之候

一丑八月　西御継月番　東御継悲（マヽ）番

八朔ノ礼
八朔　一今朝七ツ時御礼一同罷出候叓

松尾社相撲
同　一松尾角力廻、永田氏出役并西本願寺へ惣代出礼、同人御出有之候叓

同　一尼ヶ崎留主居野田栄助、帰命院前丁前ミ之屋敷立戻候由、為風聴被参候付、為挨拶今日罷出候叓

同　一小田切土佐守様、七月廿八日江戸表御発足、八月十四日京着御治定之由、承之候叓

一永田氏松尾角力廻、方内用付候ハヽ、八朔下詰頼合ニ候得共、此方勝手付介迄打置候叓

十一日承　一松山屋敷留主居金子範太夫病死、松山半之丞与申仁跡役、上京有之候叓

欠所廻
十四日　一吉祥院村欠所廻有之、三浦栄吉殿・加納繁三郎殿、御下役菊池門次郎殿・田村九郎介殿御出役、此方罷出候叓

町奉行小田切土佐守初入
十八日　一小田切土佐守様今朝御上着有之、五十嵐殿・小文太・多三郎并牢賄十三郎、御出迎罷出候事

十九日　一土佐守様御初入、御目見へ被仰付、一同扇子料差上、無滞相済候叓

母一周忌
廿九日　一母一周忌法事相勤候、宿坊中坊并新徳寺請待いたし、金一朱ツヽ、茶差出候、此外山賀・宇野、同役村上其外相招、酒飯差出候叓

一丑九月　西継御月番　東継御悲番

大通寺警固
三日　十一日　一大通寺警固、例年之通出役、両日とも甚之介罷出候叓

十四日　東御年番　一方内宗門帳納有之、貞之進・拙者罷出候叓

仙洞修学院御幸供奉
十四日　一今十四日修学院村御山荘江　仙洞御幸有之、奉　供左之通

松尾左兵衛

松村三吾
五十嵐源吉
荻野礒五郎
津田州吉
中井十右衛門
山村幸次
永田貞五郎
湯浅多三郎
村上辰次郎
小嶋甚之助
栗坂小文太（作之丞ノ誤リカ）
御月番詰 荻野七郎左衛門
当番 栗坂小文太
加番 村上平多
二条欠兼帯 御悲（マヽ）番詰 五十嵐三郎左衛門
同詰 永田貞之進
牢屋詰 小嶋甚左衛門
病気引 松村三郎左衛門

右之通ニ候㕝

湯浅義三郎

縊死人ノ処置

十五日
一紀伊郡横大路村薮中嶋畑ニ縊死人有之、検使広瀬佐野右衛門殿・井上定次郎殿御出役、拙者罷出候、
尤人者不相知候付、三日肆被仰付候事
但、中座代宇八、物書庄次郎・忠三罷出候㕝
右人者不相知候付、十八日断出、検使衆被遣候事

方内ノ軒役

一此方方内町継軒役
当丑年七月改　五百七拾軒

見座後継

廿日
一見座池本藤右衛門及老年多病付、此度倅常次郎江相願候、此方手付キ之ものニ候得共、先例取調候処、松村殿取斗ニも無之、時々年番取斗ニ付年番此方共へ願書差出候様申聞、尤松村殿へ一応入御覧候上、差返し遣候㕝
但、先様此方共八人中宛願書也

所司代八幡表巡見

廿八日
一御所司代伯耆守様、八幡表御巡見有之、西様幷御附衆御両方御出有之、此方出役、暁八ツ時ゟ夜五ツ半時帰宅候事
但、方内物書壱人、中座壱人、此外供召連候事
前日松村殿ゟ別船一艘御申付有之候

一丑十月　東小田切土佐守殿西御月番
　　　　　西松平伊勢守殿御悲番

聖一国師年忌警固

四日
一来ル十六日十七日東福寺聖一国師年忌ニ付、上雑色壱人、下雑色四人、先例之通警固願出、御聞済

有之、則松尾殿ゟも此方幷同役出役候様、松村殿へ御引合有之候事

上之衆

但、右者九月廿日西江願出候処、此度者上之衆壱人、此方共弐人ニ被仰付候処、先例ニも振れ、
手支候段再願致、十月四日改、西御役所ゟ先例之通被仰渡候

年貢初納

六日
一西院村初納ニ付例之通、年番幷甚之介・貞之進罷出候事、米五斗持参
但、三日之処差支有之、今日ニ成候事

七日
一松尾旅所物置小屋為見分、目付衆御出、甚之介罷出候叓

聖一国師五百五十年忌警固

十六日
一東福寺開山聖一国師五百五拾年遠忌警固、松尾殿、津田・村上・永田・此方、暁七ッ時、中座弐人、年行叓、此方共壱人ツヽ、都合四人、別段松尾殿壱人御召連幷銘々供壱人、両掛持壱人ツヽ、召連、塔頭旅宿同聚院江着、茶番等寺ゟ附有之、直様役者中追々為挨拶被罷出、左之通手継書被差出候

奉書二ッ折
雑色衆警固ノ次第

奉書弐ッ折閉
雑色衆警固之次第

十六日
一御両人、辰之上刻住持拈香持参之時、方丈ゟ五山宿坊即宗院、灵源院、南昌院、灵雲院へ至り、方丈御帰之節、道筋御警固被下度叓
一次ニ御壱人宛、五山宿坊即宗院・灵源院・南昌院・灵雲院江御出、僧衆常楽庵江道筋御警固被下度叓
一次ニ御両人、住持、方丈ゟ常楽庵江出頭之道筋、御警固被下度叓
一次ニ御両人、常楽諷経相済、僧衆仏殿へ至候時、御警固被下度叓
一次ニ御両人、住持常楽ゟ茶堂へ帰候節、道筋御警固被下度叓
一次ニ御両人、仏殿江出頭道筋、御警固被下度叓

一次ニ御両人、一条殿芬陀院ゟ法堂へ御成、道筋御警固被下度支
一次ニ御両人、開山遷座之先へ、御警固被下度支
一次ニ御両人、一条殿法堂ゟ常楽江御成、直ニ芬陀院へ還御、道筋御警固被下度支

警固ノ次第

十七日　御警固之次第

一御壱人宛、夘之上刻、即宗院・灵源院・南昌院・灵雲院江御出、僧衆常楽江出頭道筋、御警固被下度支
一次ニ九条殿大機軒ゟ法堂へ御成道筋、御警固被下度支
一次ニ御両人、住持常楽ゟ法堂ニ至ル道筋、御警固被下度支
一次ニ僧衆法堂ゟ方丈至ル道筋、御警固被下度支
一次ニ御両人、九条殿法堂ゟ常楽江御成、直ニ大機軒へ還御道筋、御警固被下度支
一此外之時者、仏殿東芝ニ御詰所設置候間、是ニ而御休息可被下候、以上

法事ノ次第

開山国師五百五十年忌法事之次第

十六日

一五山宿坊へ住持拈香持参
一已之上刻常楽諷経、大覚五山衆出頭
一仏殿尊像諷経、大覚五山衆出頭
一遷座行列、法堂迄供九拝諷経
一棱(楞)厳咒行、五山衆出頭

一一条殿法堂御成、御焼香相済、常楽庵御成御焼香

十七日

一子之上刻大開静
一丑之上刻献粥諷経
一卯之上刻常楽諷経、楞（楞）厳咒行導、五山衆出頭
一辰之上刻法堂半斎拈香諷経、五山衆出頭
一卯之上刻九条殿御成

十六日

常楽庵　　宿忌
法堂　　宿忌

十七日

常楽庵　　諷経
法堂　　諷経
方丈　　斎座

宿坊

一条殿　　芬陀院
九条殿　　大機軒
南禅寺　　即宗院

天龍寺　灵源院
相国寺　南昌院
建仁寺　灵雲院
右　宿坊
役者

右之通、勤書被差出候叓

右之通書附被差出候得共、少しツヽ手違ひ儀も有之候

一一条殿、九条殿御出候節、北惣門ゟ両人ツヽ御先払ニ而罷出候積之処、御二方とも両日共御代参ニ而相済候、尤御代参之衆旅宿ゟ方丈へ被参候節、中座壱人ツヽ差出候叓

一九条殿及臨期、御不例之由ニ候叓

一住持幷五山衆進退之節々、案候もの差出、此方先へ地引いたし参候叓

中座・年行事ニ鉄棒曳カス

一遷座之節幷住持・五山衆とも、此方共鉄棒携不申、中座・年行叓ニ鉄棒為引候迄之叓
　但、五山衆先此方共壱人ツヽ、住持先　同　弐人ツヽ也

一十六日暮六ツ時過相済引取、同聚院ニ而一宿いたし、十七日暁七ツ時ゟ緩ゝ支度いたし、六ツ半時津田・村上惣門ゟ御先払之積ニ而、役者中ゟも被罷出候処、差懸り御病気之由御延引、依之五山宿坊へ四人とも相廻、開山堂へ先払いたし候叓

一十七日七ツ半時相済、役者案内ニ而方丈ニ而御膳被下候叓

弁当

一此度此方中支度者入魂有之付、則方内取斗ニ而門前当町へ頼、壱人前八歩ツヽ之弁当取寄候、尤か

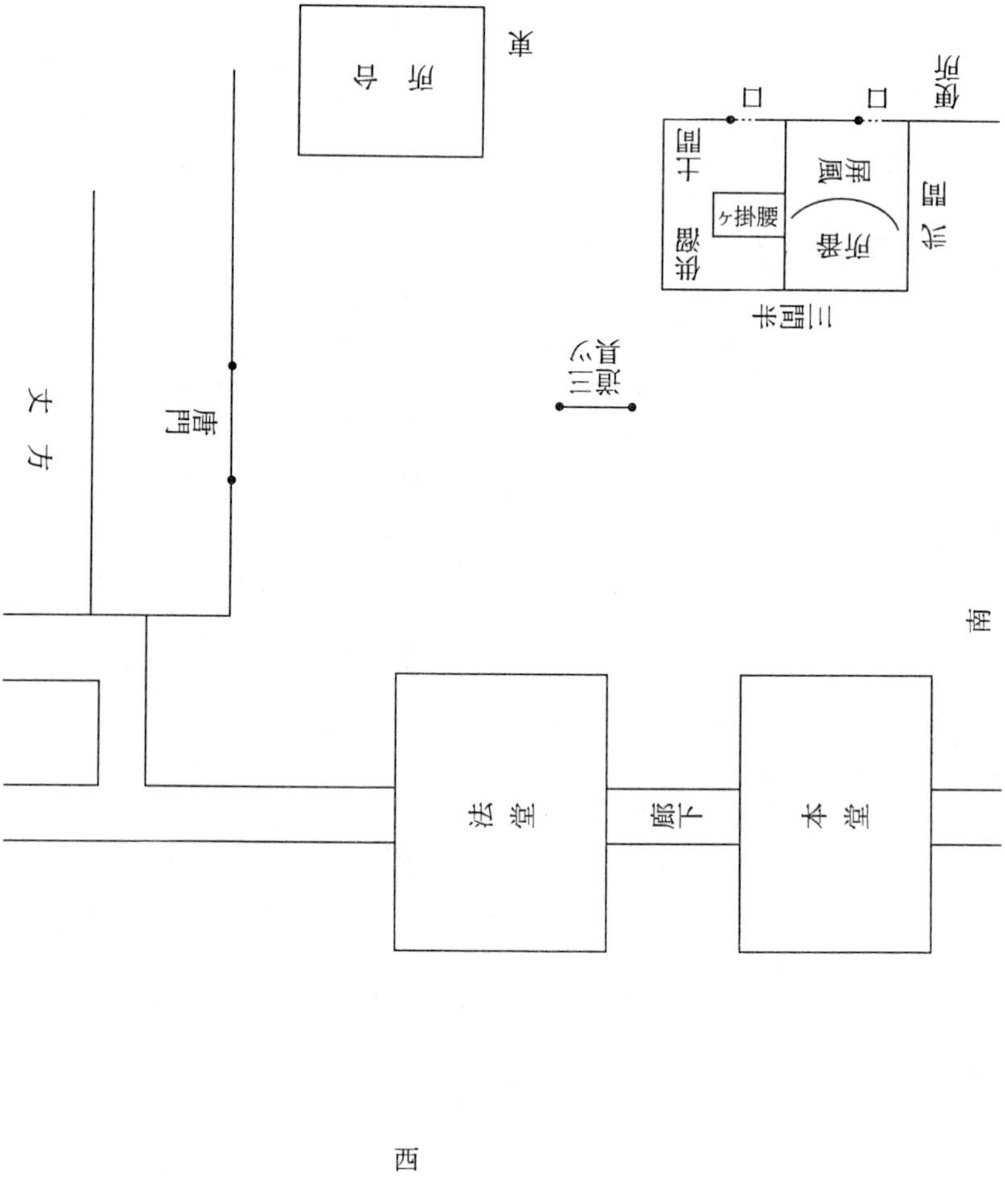
東
西
唐門
方丈
三間半
屏風
腰掛ケ

通天橋

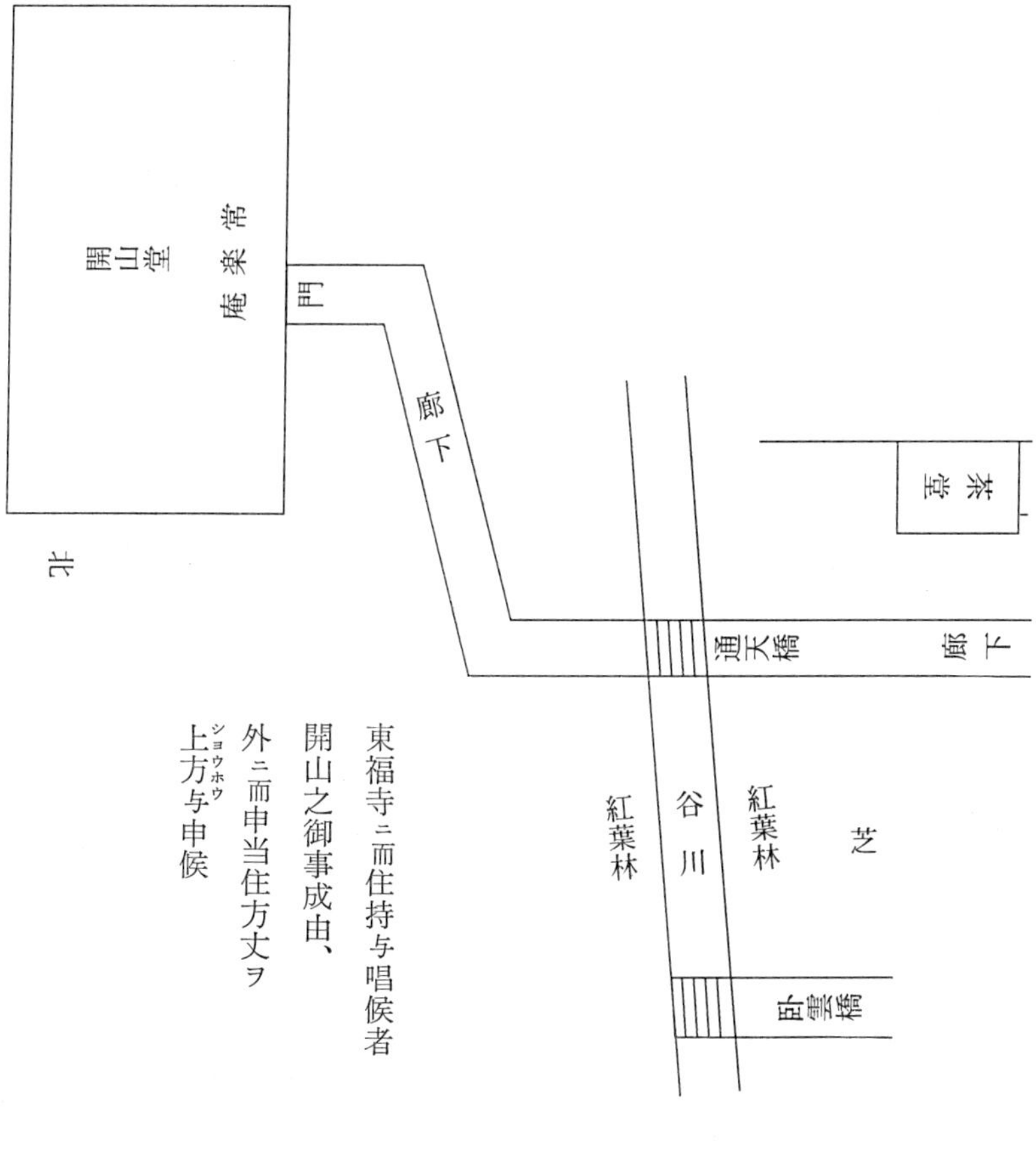

東福寺ニ而住持与唱候者
開山之御事成由、
外ニ而申当住方丈ヲ
上方《ショウホウ》与申候

ら弁当人数ニ応し持参為詰候叓

粽

一寺ゟ粽三拾把被相送、配当いたし候叓

惣跡押

一開山遷座之節、惣跡押松尾殿御立可有之先例之由、混雑案内手違ひ幷勤書ニも相洩有之差懸候付、此方共ゟ壱人跡へ廻相勤候叓

堂上・宮門跡ハ参詣ナシ

一堂上方、宮門跡方とも御参詣等無之事

○挿図ハ別掲四八・四九頁。

一十七日方丈ニ而御膳御菓子被下申候、旅宿寺へ引取候処、直様役者中為挨拶被罷越候ニ付直様引取、夜五ツ時帰宅いたし候事

東福寺ヨリノ会釈

東福寺ゟ之会釈もの

一銀弐枚　松尾氏

一同壱枚ツ、　下雑色衆四人へ

右附物

一金弐百疋宛上雑色下雑色五人賄料

一同弐百疋　松尾氏若党弐人賄料

一同弐百疋　同御召連(事脱カ)年行弐人同断

一同三百疋　中座六人賄料　中座幷此方共壱人召連年行叓也

一同壱両三歩弐朱　下役拾五人賄料　雑供人也

〆

見座ノ跡目

十八日
一見座池本藤右衛門、及老年奉公難相勤候付暇願、跡目伜常次郎江申付呉候様、先頃願書差出候付、今日年番荻野殿公事方江被仰上、相済候付、其段被仰渡候事

鳴物停止（10—10(三)）

廿四日
一水戸中納言殿御誓（逝）去ニ付来月朔日迄、鳴物御停止、御触被仰出候事

一丑十一月　西御月番　東御悲（マヽ）番

年貢中納

四日
一西院村中納ニ付栗坂・此方幷牢賄方貞次郎、見座蔵三郎、中座弐人罷出候事

一雇人請負人幷無宿布（カ）請負　堀川三条下ル町　米屋茂介
右此度源八跡役ニ抱入候、尤当分先達而親方相勤居候升屋嘉兵衛、代人ニ頼置候段申立候付、是又年番承届有之候事

尼崎家督相続ニ付恐悦

四日
一尼ヶ崎殿様御家督御相続ニ付、三本入持参、恐悦罷出候、尤先月以来御忌中ニ付今日迄見合居、罷出候事

切支丹磔刑建札

六日
一　八坂上町　陰陽師　豊田　女　貢
右切支丹宗門ニ付大坂表ニ而先達而ゟ御吟味之処、此度彼地ニ而磔被仰付、料（科）書参候付、於粟田口建札被仰付、同心目付衆御立会御出有之、行列等当五月十六日肥後熊本弓山札建之通ニ候事
但、右貢娘拾三ヶ年以前相果、二条川東頂妙寺江葬有之、同心目付衆立会、方内荻野殿立会御出役、石塔打割、土埋有之所掘返し被仰付候

中座見習

十一日
一中座亀松・同武介伜とも、見習差出し度段書付差出候付、承届候事

年玉

十三日
一年玉筆弐百拾対、取寄候事

同
一年礼扇子箱三本入・弐本入、不足之分幷足付台とも、姉小路淡路へ申付候事

十八日
一寒中見舞罷出候処、土州留主居北村五助与申仁、交代上京有之候㕝

歳暮祝儀

同
一御留主居方其外歳暮御祝儀被為書状認置候㕝

地口米相場

廿四日
一地之口取集〆（メ）遣候、尤不残銀納候㕝

但、当年祇園会地之口相場百五匁ニ候得共、八拾五匁ニ減少致遣候㕝

一松村殿・松尾殿へ祝儀もの遣候㕝

牢勘定

一廿一日ゟ例年之通、牢勘定取調候㕝

一御救米掛付、例年之通銀壱枚、東公㕝方ゟ被下候、外ニ銀五両当年籾米引立ニ付被下之事

一新金御貸下一件取扱付、東公㕝方ゟ金一歩弐朱、西公㕝方ゟ金百疋被下之候㕝

町奉行所ヨリ下賜金

一金拾両

右両御役所ゟ例年之通、仲ケ間一統江被下候㕝

一廿八日、松村殿、同役村上・津田へ歳暮祝義罷出候㕝

（表紙）

文政十三庚寅年正月
同十二月天保与改元

日記

一二月松村殿御婚姻有之送りもの書留
一弟十三郎病死一件諸願其外心得之留書
一七月大地震牢屋大破

小嶋甚左衛門

23.5×16.5

一寅正月　西御月番　松平伊勢守殿
　　　　　東御悲番（ママ）　小田切土佐守殿

年頭ノ礼

元日
一今暁八ッ半時、揃ニ而両御役所御礼請有之、一同扇子料差上、相済候叓

一年礼松村殿三本入扇子箱、外御年寄方三軒弐本入同、其外例之通廻礼いたし候叓

五日
一松村殿節ニ付、津田・永田同道、四ッ時分ゟ罷出候叓

六日
一松尾殿節ニ付、村上・津田同道、五ッ半時ゟ罷出候叓

初寄合

九日
一近例之通、牢屋敷ニ而初寄合、一同罷出、年番山村・中井取斗有之候叓

西本願寺へ礼

十日
一西本願寺年礼ニ付、五ッ時村上ニ而待合、五十嵐源吉殿・荻野勝之介殿・平多父子・作之丞・定次・拙者罷出候、尤途中ニ而昼支度いたし罷帰候事

八日　前ニ可入書
一女御　御産ニ付風廻山田省三郎殿御出役有之、拙者罷出候、尤八ッ時ゟ罷出、夜五ッ半時引取候叓

西新屋敷差配所

一西新屋敷差配所幷六町年寄江弐本入扇子箱都合七、端書差添手札付、同所会所江頼遣候叓

十九日
一禁裏舞御覧付、栗坂・此方明六ツ時過、中座卯八此外年行叓供召連出役、無滞相済六ツ半時引取候
叓、但、頂戴もの例之通被下之候事

丹後縮緬直買取締

廿二日
一加納万五郎殿被仰渡、西洞院錦小路上ル町丹後や伊三郎、此外七人召捕、家内改、本人町預、幷丹
後縮緬直買聞合被仰付候付、中座幷物書庄次郎召連出役、翌朝直様出勤、銘ミ承合被仰付候叓

一寅二月　東御月番　西御悲番（マヽ）

牢問

五日
一正月五日牢問ニ如何敷企候儀及露顕候付、重罪之もの落着候迄手当之儀、西公事方目付方ゟ御沙汰
有之、依之此節会所番有之、小屋頭弐人有之上、居村之もの壱人幷小屋頭今壱人相増、幷門番穢多
共小頭三人相増、牢問入口ニ半刻替立番為致、別段□取候手当起番を定罷在候処、今五日夫ミ御仕
置被仰付候付、定式之通被仰付候叓

高家衆通行

六日
一高家衆御出立御通行付、獄門莚を掛ケ鑓・捨札取除置候様、西目付方ゟ被仰渡候、則穢多年寄共
昨夜ゟ出張いたし、常之通取斗、御通行相済候後、元之通直し置候段届出、其段目付方へ申上候
叓

尼崎家督相続ノ祝儀下賜

一金百疋
右尼ヶ崎御領主松平遠江守殿、御家督御相続ニ付為御祝儀被下之、則御請罷出候事
　但、右者先達而為恐悦扇子箱持参、参上いたし置候叓

松村氏婚礼

十九日
一松村三吾殿、今十九日御婚礼相済候叓

廿日
一糸紅《もみ》一反　鰹節拾本　三升樽

扇子箱三本入　　熨斗杉原紙九巻大のし也

右為悦差送候叓

一同日永田氏・此方両人御招、御膳御酒被下之候事

廿三日
一蒸もの一重　肴大鯛一尾 蛤　延紙一束

右松村殿ゟ御送有之、翌日御礼罷出候事

一寅三月　西御月番 東御悲番

上巳ノ礼
一上巳御礼、明六ッ時御請有之、一同罷出候叓

与力ノ相続
十一日
一東公叓方与力加納万五郎殿、今十一日永ゝ御暇被下候段、廻状披見いたし候叓

但、子息繁三郎殿、同十三日御抱入被仰付候儀ニ候事

松尾社出輿
十五日
一松尾出輿付、松村殿・甚之介出役、見座壱人・中座壱人・年行叓壱人此外召連、九ッ時出宅、夜六ッ半時引取候叓

稲荷社出輿出役振替
十八日
一稲荷出輿、此方一組出役番之処、松尾殿神叓御継ニ付松村殿へ振変御頼有之、此方者出役可致処少し不快、甚之介代勤致候付可差出処、大業之神叓故障等有之候而者、同役も困可申候付、振変候儀村上氏・津田氏へ以書面頼遣候処、津田氏出役いたし被呉候段、依之松尾殿・州吉・貞五郎御出役候叓

尼崎城主初入
十九日
一尼ヶ崎御城主初而御入国被遊候旨、御留守居ゟ御状差添御目禄百疋被下之候付、使之衆へ請取書相渡置、追御請罷出候叓

手札

手札

大守様初而御入国被為
遊候付、為御祝儀御目録
奉頂戴、難有仕合奉存候
右御礼参上仕候
小嶋甚左衛門

扇子箱へ
付ヶ候
手札

大守様無滞御入国
被為遊候付、恐悦奉申上候
小嶋甚左衛門

右手札弐枚、上下着用、三本入扇子箱持参、恐悦傍〻御請罷出候叓

貸附会所

十九日
一貸附会所宮西九郎兵衛病気ニ付難勤、弟江名跡相続願之通被仰付候段、金百疋相送候付、為祝儀扇子箱小杉原一束、弐升樽相送候叓

東奉行見分

廿一日
一東御奉行土佐守様、今日上廻御土居藪御見分之上、直様嵐山其外御巡見御出被成候事

廿五日
一城州紀伊郡横大路村家出跡家屋敷改有之候処、此節松村殿父子、永田父子とも病気引無人中、此方日勤難罷出、依之倅甚之介出役いたし候叓

中座欠席ノ処置

同
一中座ニも御用出役無之節者、病気引いたし、牢屋敷ニ壱人も不相詰儀度〻有之付、今朝一同呼出し厳敷申渡候上、以来病気引之節、病気之様子書付、仲ヶ間壱人連印を以、相届可申段申付候、併銘〻無拠内用も可有之ニ付、一日之儀者同役を以詰候もの迄申出候様、二日ニ相成候ハヽ、書付出候様、尤病中聊も他行無之様申達候事

年行事ノ風儀悪シ

同
一手頭年行叓共風儀悪敷、如何敷儀ニ携り候儀も有之趣、頭年行叓不残呼寄、右昨夜一同寄合之上、夫〻申渡候叓

牢賄ノ弟病死ヲ内聞ニスル

一廿六日弟伊東十三郎今夜病死ニ付、内分ニ致置、左之通願書差上候

奉願口上書

一片折紙私義病気ニ付先達而ゟ引籠、養生仕罷在候処、病気次第相重り、存命之程難斗奉存候間、牢賄役見相習出勤罷在候伜貞次郎義、御抱入被仰付被下候様奉願候、此段御聞届被成下候様、宜被仰上可被下奉願候、以上

文政十三年寅三月廿七日　牢賄 伊東十三郎 印

荻野七郎左衛門殿

松　尾　左　兵　衛殿

松村三郎左衛門殿

五十嵐勇左衛門殿

伜ノ抱入ヲ願ウ

一同紙別紙之通、伜貞次郎江御抱入被仰付被下候様、御願奉申上度、何卒御聞届之上、宜被仰上被下候様奉願候、以上

寅三月廿七日　伊東十三郎 印

御八人中様

右願書弐通、年番山村・中井江持参ニ付、即刻五十嵐殿へ被差出、写書廻状被為回候、右御月番西公事方不破伊左衛門殿、御下役浅賀伝兵衛殿御掛ニ而、明朝御沙汰可有之旨被仰渡候段、其段申達置候

一翌廿八日九ツ時伊東十三郎・同貞次郎西部屋ゟ呼ニ参、依之十三郎名代見座池本常次郎并貞次郎罷

出候処、年番五十嵐殿・荻野殿立会ニ而、貞次郎御抱入願之通御聞済被仰渡候、依之左之通廻礼

手札

牢賄伊東貞次郎御抱入 願之通被仰付難有奉存候 右御礼参上仕候 上雑色惣代 荻野七郎左衛門 五十嵐勇左衛門

牢賄役御抱入願通 被仰付難有仕合奉存候 右御礼参上仕候 牢賄 伊東貞次郎

右、東西公事方与力衆、御下役一臈二臈、同御取扱之下役衆丈ケ廻礼いたし候叓

一御広間江者先格不罷出候叓

一年寄衆ゟ公事方江御差出書付左之通

片折上雑色ヨリノ願書

片折
奉願口上書

牢賄伊東十三郎義、先達而ゟ病気ニ付養生罷在候処、病気次第ニ相重、存命之程難斗候付、牢賄役見習相勤罷在候伜貞次郎義、御抱入被仰付被下候様、私共迄願出候、尤貞次郎義、当寅拾六歳ニ相成、人柄等も宜御座候付、願之通右貞次郎御抱入、牢賄役被仰付被下候ハヽ、拙者共も難有仕合奉存候、此段宜御沙汰被成下候様奉願候、以上

寅三月

上雑色
五十嵐勇左衛門
松村三郎左衛門
松尾左兵衛

荻野七郎左衛門

公事方与力衆宛

右同様今一通東公事方へ差出候処、平塚真十郎殿・田村此右衛門殿御取扱之叓

忌服書
半切

一廿八日八ツ時分、伊東十三郎病死之段、忌服書ニ左之通端書差添差出候

半切
口上書

一父十三郎義、先達而ゟ病気ニ御座候処、養生不相叶前刻病死仕候付、別紙忌服書奉差上候、

宜御取斗被成下候様奉願候、以上

寅三月廿八日

牢廻
伊東貞次郎　無印

右早速年寄衆御差出候処、直様御聞置被仰渡候付、其段貞次郎へ書面ニ而御達有之候

忌服書

一弟十三郎廿六日夜九ツ半時病死いたし候処、内分ニいたし置、願御聞済左之通忌服書差出候

半切

小嶋甚左衛門弟
十三郎　死

忌二十日　三月廿八日ゟ 閏三月十七日迄

服九十日　三月廿八日ゟ 五月廿八日迄

右之通御座候、以上

寅三月廿八日　小嶋甚左衛門

小嶋甚之介叔父
十三郎　死

前同断日数ニ候叓

半切

下雑色小嶋甚左衛門弟十三郎義、病死仕候ニ付甚左衛門幷倅

甚之介忌中相成、別紙忌服書差出候付、此段御届申上候、以
上

寅三月廿八日　松村三郎左衛門

添書

右松村殿添書とも此方ニ而認、弐通り差出、同役ゟ松村殿へ取次、直様前同様御懸へ御出候処、御聞済有之、右ニ付暫頼合同役貞五郎ゟ廻状差出候事

右西相済候上、東同様御差出之叓

忌明ノ手札

一忌明候節手札

忌明出勤被仰付
難有御礼参上仕候　小嶋甚左衛門
同　甚之介

右東西公叓方与力衆、下役一臈二臈幷此度御取扱有之方斗、廻礼之事

但、仲ヶ間其外者手札之上ニ忌明御礼与斗認候叓

一御扶持手配勘定方ニ而御取扱有之付、牢賄品替可相届候処、先格別段御届無之

牢賄十三郎抱入ノ願書

一牢賄十三郎先年御抱入被仰付候節、願書為心得書留置候

奉願口上書

牢賄仙十郎義、此度不届之義有之、牢賄御取放被仰付、於私共茂奉恐入、右仙十郎跡伊東重三郎与申当巳拾五歳ニ相成候、右御抱入被仰付被下候様奉願候、尤重三郎身元相糺候処、人柄も宜御座候ニ付、願之通被仰付被下候ハヽ、難有仕合奉存候、此段宜御沙汰被成下候様奉願候、以上

〇上欄ニ横書ス。

「寛政九巳年也」

巳七月六日

五十嵐源五
松村三郎左衛門
荻野七郎左衛門
松尾左兵衛

西尾新太郎殿
真野嘉右衛門殿
四方田弥右衛門殿
上田弥右衛門殿

右同文言、西公事方宛

奉願口上書

牢賄ノ後見

此度伊東十三郎義、牢賄仙十郎跡之口御抱入之儀奉願候処、御聞届被成下、於私共も難有仕合奉存候、然ル処十三郎義、未若年者ニ而牢賄勤方不案内ニ御座候付、十三郎縁類伊東宇右衛門与申もの、先年牢賄相勤罷在候処、病身ニ而引退候得共、此節者病気全快仕罷在候ニ付、重三郎牢賄勤方手馴候迄、宇右衛門義後見為致候儀仕度奉存候、此段御聞届被下候様、宜御沙汰奉願候、以上

巳七月廿日
上雑色
四人

東公事方、前同様宛

同文言

西公事方同断

右之通ニ而先年相済有之候事

毎月牢扶持前以受取越有之付、定日米不受取候例

口上書

牢舎人扶持米過剰　一牢舎人御扶持方米、毎月廿三日右積を以請取申候処、追〻在牢人数無数相成候付、過上米ニ相成申候、依之当月御扶持米御渡被成下候御儀ニ不及候付、此段御届申上候、以上

○上欄ニ横書ス。「寛政九巳年也」

巳十一月十八日　牢賄　伊東重三郎

右西勘定方三浦小藤太殿へ差出候処、東御役所江者別段差出ニ不及候旨、御同人被仰渡候

一寅閏三月　東御月番　西御悲番(マヽ)

忌中半掛　七日　一忌中半掛相立候付、西公支方不破伊左衛門殿へ松村殿御伺被下候処、明日ゟ出勤被仰付候、依之東公事方へ茂被仰上候処、西尾新太郎殿御聞届有之段、同役ゟ達来候支

一翌八日併同道両公事方へ御礼申上候、夫ゟ両公事方与力衆、御下役一老・二老幷此間御取扱被下候下役衆弐軒へ罷出、次ニ中ケ間中廻礼いたし候支

仙洞修学院へ御幸　八日　一来ル十五日仙洞御所修学院御山荘江御幸之段、東ゟ被仰出候支

十五日　一御幸依雨儀御延引、御日限者追而可有御沙汰之旨、十五日朝五ツ半時被仰渡候、依之出役之方追〻引取候事

同　一明十六日修学院江　仙洞御幸ニ付供奉、此外之儀夕七ツ時過東御調懸ゟ御達、俄ニ用意致候事

縊死人検使
三日肆

十七日
一東梅津村領上野橋際首縊果居候男三拾五六歳、為御検使脇山助四郎殿・広瀬佐野右衛門殿御出役有之、此方罷出九ツ時出宅、夕七ツ時分相済候、筆耕利介・忠三罷出候、尤人者不相知、三日肆被仰付候㕝

不如法ノ僧召捕出役

廿三日
一諸寺院不如法之僧召捕、西目付方ゟ被仰付、諸方ニ付目付衆手分御出役有之、仲ケ間栗坂・津田・此方承、本圀寺壬生向寄渡部庄左衛門殿、此方承出役、夫ゝ召捕都合拾九人、揚屋入并入牢被仰付候、東目付方ニ茂御出役、六人御捕相成候事

但、今日中座ニも御召連無之㕝

一御捕候坊主申口紛敷もの、相手之女承合被仰付、日ゝ出役いたし候㕝

似セ役人ノ調査

一公事方飯室助左衛門殿ゟ被仰付、寺ゝ響之様子、本寺取締方出奔之僧徒并寺院鷲（マヽ）怖之折を見込、役人体ニ仕成、如何敷引合いたし、金銀掠取候類無之哉、追ゝ承合否申上候

廿七日西め付方
一引廻之上獄門有之、此方父子とも検使出役いたし候㕝

伊勢宮炎上

鳴物普請停止ノ際仕置晒者ノ先例（10—二三）

同夜
一西公㕝方目付方ゟ拙者被召出

去ル廿日
内宮別宮

荒祭宮以下炎上ニ付、昨廿六日ゟ来月朔日迄、鳴物普請停止之御触出候付、右様之節御仕置晒もの取片付候哉否之儀、急調被仰付候、依之左之通書出し候

覚

寛政元酉年九月廿二日

西御懸　獄門壱人

東御懸　獄門壱人

右開明門院様御薨去付、御停止中定例之通三日晒置、廿四日夕方取払申候

寛政五丑年八月廿七日

東御懸　大罪壱人

右松平和泉守様御誓（逝）去御停止中、定例之通七日晒置、九月三日夕方取払申候

文政十一子年二月五日

東御懸　獄門弐人

右酒井若狭守様御誓去付、御停止中定例之通三日晒置、同七日夕方取払申候

定例通リ晒置

右之通、三ヶ度共定例日限通晒置御座候付、此段申上候、以上

寅（閏）壬

三月廿七日

右之通書付三日出候付、今日獄門其儘晒置有之候叓

天部村年寄ヲ召連片付ケル

一廿九日朝此方罷出候処、粟田口獄門三日目付、今夕取払可申処、御奉行様御思召有之、昼迄ニ取払、場所ニ聊之ものも取散シ無之様見受帰候様、目付方鵜飼吉之丞殿被仰付、依之天部村年寄人足とも召連罷越、則入念為取片（付脱カ）、九ツ時過罷帰、其段申上候叓

但、右者定例夕方取片候御心得之由、別段訳合御沙汰無之候得共、明朔日日光例幣御（使脱カ）発足ニ付、被仰付候哉ニ奉存候叓

乍序書留置

先例六件

所司代坂本筋巡見、其儘

一三　文政四巳年十月廿八日
粟田口晒中獄門弐人（東壱人　西壱人）
御所司代松平和泉守様坂本筋御巡見、御帰懸ヶ常仕置もの其儘差置候事
但、右之節取払候哉、例御調有之候得共難相分候付、無子細御通行有之候

獄門ニ莚ヲ掛ケル

一六　文政十三寅年二月五日
粟田口晒中
西懸　獄門三人
右翌六日高家衆当地御出立ニ付、獄門ニ莚を懸、鑓・捨札取除置、御通行相済候上、元之通取斗置候叓

獄門ヲ取払ウ

一壱　享和三亥年五月十九日
西懸　獄門二人
右三日目廿一日　曼殊院宮御通行ニ付、獄門取払被仰付候

伝奏通行

一弐　文政三辰年二月五日
東懸二人　西同一人　獄門三人
右伝奏方御通行ニ付、獄門之儘莚を懸、御通行済之上、元之通

年内限取払

一四　文政四巳年十二月廿七日
火罪壱人
右七日肆定例之処、年越ニ付、年内限取払被仰付候

一五　一　文政十一子年二月五日

東懸　獄門弐人

其儘通行

右同七日伝奏衆御通行之節者、囲ひ包等も不仕、其儘御通行、何之御沙汰も無之

稲荷社神事

一寅四月　西御月番
　　　　　東御悲番（ママ）

四日
一稲荷神㕝付、松村殿、村上・此方出役、中座藤吉・佐介召連候事

但、此方出輿番之処、御頼合ニ而松村殿御振替、此方少し差支候付、頼合津田振変候㕝

地口米相場

四日
一地之口取集遣候、尤昨年祇園会相場余高直ニ付、当時之相場八拾五匁算用ニ而請取候㕝

向日明神祭礼

六日
一来ル十七日向日明神祭礼付、警固願出候間罷出候様、本多順之介殿被仰渡候事

公事方　北村栄介殿

勘定方　浅賀条右衛門殿
　　　　丹羽藤左衛門殿

右御役外ニ候得共、差懸手当捕もの御出役有之間、悲田院年寄其外へも為心得申遣置候様、深谷重次郎殿被仰渡候㕝

不如法僧ノ処置

十一日
一此中御召捕相成候不如法坊主、今日落着之上、住持之向弐拾壱人遠嶋、弟子僧四人三日肆被仰付候事

但、明日場所取立被仰付、津田氏出役之事

西目懸　肆日限

四月十一日　十三日　十五日

肆者

一十五日肆もの検使之方へ出役、五ツ時過牢屋敷罷出、九ツ半時引取、四人共直様御役所江被召出、則御番所本寺へ御引渡被成候叓

向日明神祭礼

一十七日向日明神祭礼ニ付、永田・此方出役無滞相済、夜九ツ時引取候叓

松村氏母病死

一廿日松村殿御老母おふき殿今暁御病死御届有之、依之御父子とも忌引相成候事

狐塚ニテ火葬

一廿一日松村殿葬送、八ツ半時同役此方とも乗物先へ相立罷越候叓

但、本圀寺ニ而式相済候後、狐塚ニ而火葬之叓

滞銀ノ為出奔ノ庄屋以下召捕

一廿三日西公事方飯室助左衛門殿御用丹州桑田郡柿花村庄屋万次、年寄次助外四人、去冬ゟ当春江向出奔いたし、此節宛寄村へ立帰居候ものも有之候、召捕被仰付、定遣佐七・居村作兵衛・幸十郎召連、夜ニ入出宅、樫原村ニ而一宿、翌廿四日亀山ニ而止宿いたし手配、同郡平松村幷園部辺此外当り吟味之上、周蔵・喜右衛門・夘兵衛召捕帰、廿六日其段申上候、残候もの共追ゝ手当、年寄江申付置候事

但、右者紀伊様御貸銀借受、六〆目相滞、家出いたし候もの也

西公御用
丹州桑田郡平松村此外村ゝ手当もの御用

往来十六里

日数四日

廿三日
廿四日
廿五日
廿六日

銀六匁

行倒人

一廿六日川勝寺村行倒人有之、御検使ニ相成、無人付仵甚之介罷出候叓

中座無之、定遣佐七ニ付、親方嘉兵衛ゟ付出し申付置候

但、物書嘉兵衛・才介両人之事

一同夜尚又丹州一件内、大宮仏光寺上ル町彦兵衛事与兵衛捕方被仰付候処、勢州表江罷越居候付、手配いたし置候叓

廿八日
一同一件、年寄次介丹州池尻村ニ而召捕候段ヒ(悲)田院ゟ申来、翌日西へ召連出、帳外ニ而御預被置候叓

一寅五月　東御月番
　　　　　西御悲番(マヽ)

朔日
一牢賄貞次郎継目御目見へ願書差出候処、翌二日御聞済有之、来ル五日端午御礼節被仰付候段、被仰渡候

牢賄継目御目見

御懸り　東　神沢条之介殿　吉岡紀和介殿
　　　　西　本多祐次郎殿　北村栄介殿

願書左之通差出候

奉願口上書

片折
一私義、重三郎跡牢賄役御召抱、願之通御聞届被成下、難有仕合奉存候、何卒御序之節、御目見へ被仰付被下候様、此段宜被仰上被下候様奉願候、以上

文政十三寅年四月　　　　牢賄
　　　　　　　　　　　　伊東貞次郎　印

年寄衆四人宛殿ツヶ

半切
牢賄伊東貞次郎義、御抱入被仰付候付、御序之節、御目見被仰付被下候様奉願候、以上

寅五月朔日　　　　上雑色

例書

寛政九巳年七月
一牢賄伊東重三郎義、御抱入御目見被仰付候事
但、東御懸り
寅五月
右願書年寄衆へ差出候節、八人中様与宛、宜敷奉願候段、口上書同紙ニ而差添、年番へ罷出候事

新建家見分出役
一二日
不動堂町新建家願所杭打御見分、深谷重次郎殿・塩津織之介殿御出役、此方罷出候吏

伊勢へ勅使発遣ニ付鐘鉦慎ミノ事(10—二三・二三)
来四日伊勢公卿　勅使発遣ニ付、三日夜九ツ時より四日夜九ツ時迄、洛中洛外寺院者勿論、町方共鐘鉦之音堅相慎可申候、尤法事執行候共可致穏便候
一諸勧進之僧尼等、鉦木候儀致間敷候
右之趣洛中洛外可相触者也
寅五月二日
明後四日伊勢江　勅使参向之道筋
一勅使　葉室家
清和院御門前、寺町三条通、蹴揚江通行、帰京之節も同様ニ候
一参役藤波家
石薬師通、寺町荒神口、吉田江参進相済、吉田ゟ荒神口寺町通、石薬師帰宅
伊勢参向、石薬師より寺町三条通
右道筋家之居宅表店先等江罷出、不作法無之様可致候、尤往来之もの辻ゝ并通り筋江罷出、拝見無

用之事

一火之元無油断入念可申事

一道筋通行之砌、葬礼其外不浄之輩通り申間敷事

一牛馬往来致間敷事

右之通可相触もの也

寅五月二日

石塔・石仏ニ葮簀・菰ヲ掛ケル

此度　勅使御通筋、石塔石仏類御目障不相成様、葮簀ニ而も菰ニ而茂掛ケ置可申事

寅五月二日

鷹司家姫君婚礼出役

七日
一鷹司殿姫君益姫君、九条殿ゟ西本願寺へ御入輿付、松村三吾殿、貞五郎・甚之介・松尾殿病気付代勤荻野勝之介殿・州吉・辰次郎出役、九ッ時過九条殿へ参着、御殿内継之間ニ而休息、赤飯被下之、八ッ半時御出門、堺町通四条油小路七条唐門ゟ御入、本願寺ニ而御膳御酒御菓子被下之、夜五ッ時過引取候㕝

但、本願寺へ前以引合貞五郎罷出候、九条殿江者荻野殿御出御引合有之候、中座弐人、年行㕝四人

右警固、先月廿八日西公事方棚橋長三郎殿被仰渡候㕝

右御道筋牛馬留被仰立候得とも、御聞届無之、出役之もの差心得取斗可申段、被仰渡候㕝

引廻検使

十六日東目懸り
一引廻検使有之、松村殿・甚之介・定次出役、西土手之方津田出役有之候㕝

祇園会吉符入

廿日
一吉符入付、明六ッ時過出宅罷出、祇園執行方ニ而祝盃相済候、後神㕝触いたし帰候㕝

但、津田氏大坂表御用出国、倅甚之介少し不快中ニ付、壱人罷出候叓

廿二日
一西本願寺御婚礼済恐悦、今日松村殿、村上為惣代御出ニ付、此方同役とも前日館入之方、三本入献
上、無人中付頼遣候叓

地口米相場

祇園会地之口相場

廿八日
一八拾七匁也

右五十嵐殿ゟ御廻状出候叓

桐木座

廿九日
一明日ゟ三日之間御停止付、山鉾からみ立差留メ、廻状を以丁々江申遣候、桐木座四人連名

一寅六月　東御継月番
　　　　　西御継悲番（マヽ）
　　　　　内侍所御修復御用付

両本願寺暑中伺

朔日
一両本願寺暑中御伺参殿、白粽拾把宛台之儘献上いたし、三吾殿・此方両人罷出、并坊官・家老・町
役・小頭・丁代へも罷出候、尤献上もの此方差出し番ニ付、相調候叓
　西本願寺者、松村殿斗別段拾把献上
　　　　　　此方両名拾把献上
　東本願寺者、三人連名拾把献上致候

二日
一東本願寺ゟ後刻直様御目録被下之、橋本伝左衛門ゟ書状差添参候付、御請返書遣候叓

五日
一御停止付、神輿祝今二日ニ相成候叓

一例年之通、地之口取集遣候事

同
一石井筒町行叓両人罷出、津田同道ニ而（并脱カ）隣家へ罷出候事

同
一鬮触いたし、直様長刀鉾町・石筒町へ罷出候事

祇園会鬮取

六日
一暁七ツ時鬮取付、六角堂へ罷出候事

七日
一祇園会ニ付、例之通罷出、朝夕とも無滞無滞(衍カ)相済候事
　但、七日松村殿鬮番之事

内侍所修復

同
一内侍所御修覆付、二条ゟ上、堀川ゟ東、出火之節新在家御門外へ仲ヶ間上下之内壱人欠(駈)附、被仰渡候事

十四日
一祇園会、朝山曳附之方幷夕祭礼とも、例之通一統出役之事

近江ノ百姓吟味ノ上入牢

廿三日
東目付方
一石嶋半之丞殿御掛
　　多羅尾靫負殿御代官所
　　江州野洲郡小桜村
　　百姓次左衛門
　　外五人
右御吟味筋付、入牢被仰付候付、家財改被仰付、村上平多出役有之候㕝

一寅七月　東続(マヽ)御月番　西続御悲(マヽ)番

大地震

二日
一昼七ツ時大地震

牢屋敷惣築地倒レル、他被害大

二条御城北御門西之方石垣崩、此外大破損牢屋敷惣築地不残相倒、東之門南之門とも倒、牢間悉屋根引さけ、内ゆるみ、吟味場倒、詰所・定番所傾、外番両小屋倒、賄所四方壁内間とも不残落チ、牢間危ク、依之御継番御出待不申打明ケ、牢舎人不残差出、空地ニつなき括置申候処、御組仲ヶ間追ゝ駈着候処、当地震相止ミ不申、翌日昼後女之間無請揚屋取結ひ入置候、牢舎五拾六人有之、外廻所ゝ穢多人足昼夜立番、牢内小屋頭・中座替ゝ詰切、夜分入口挑灯釣置候、御年寄方昼夜詰切、此方も詰之外壱人詰添申候、何分大変付、日夜公事方、目付方、会所方、御継番替ゝ御出有之候、

牢舎人ヲ空地ニツナグ

七十余人即死

此外所崩れ家土蔵多、いつれも損倒有之、怪我人即死凡翌日七拾人余有之由、追ゝ相聞へ申候

余震続キ町人等野宿ス

一地震朝ゟ止ミ不申、一時ニ拾ヶ度程ツヽゆり、七日ニ至ニ尚相止ミ不申、町方之もの大道ニ夜分臥、又者野へ罷出、毎夜野宿之もの多有之候、地震翌日尚一両日中少しつヽ度ヽ有之付、次ヽ追ヽ崩家怪我人有之候叓

七夕ノ礼、出火

一七夕御礼罷出、六ツ時下辺出火有之、御礼申置夫ヽ出役致候叓

一此節之儀付、東西ゟ替ヽ風廻御出役有之事

地口米相場

十日
一例年之通、地之口取集メ遣候叓

但、祇園会相場八十七匁ニ而勘定いたし、代銀ニ而受取候

十三日
一御払銀御渡勘定寄合有之、此方出役不参候事

雑物所

東目
一両人とも雑物所被仰付候

大坂表ゟ御引合もの

西八条村
重助借や
百姓入口同居倅
いし

久世玄蕃
妻ちよ

右十三日八ツ時被仰出、物書庄次郎・徳次郎召連罷出候、尤大坂表御引合もの付、帳面弐冊御部やへ差上候叓

御所表定式警固

一御所表定式警固

正月　七日　十六日　十九日　御節会

七月　十四日　十五日　御燈籠

弁当代

右是迄弁当持参候処、当七月ゟ左之通取極、年番ゟ払候積

上分弐人　一ヶ度壱匁

下分六人　一ヶ度八分

右之通人数直段取極、昼夕方両度とも向寄へ誂可申候、前日牢屋敷ゟ書付を以あつらへ遣候

但、是迄七月清和院御門番木村長左衛門へ銀一両遣候得とも、両日休息ニ付南鐐一片遣候筈ニ取極、正月者十九日一日付、是迄之通銀一両之積此度取極候㕝

東西囚人ノ遠島出帆勘定

一当月八日東西囚人十人遠島出帆被仰付、尤定式勘定目録書も差出候後与申、後半季へ入候積之処、十一日夜俄ニ西欠所方前田勇五郎殿被仰渡、依之翌十二日俄ニ勘定仕立差上候処、公利ハ御入用銀御渡有之候事

但、後半季出帆例、寛政十二申年十二月出帆有之

一当年西欠所方御年番之処、西様御㕝御普請御懸故歟、此度牢屋敷大破一件、東様ニ而御取斗有之旨被仰渡候、尤別段御懸役人被仰付候㕝

地口麦代

一祇園会地之口麦代、松村殿ゟ御渡有之候事

一西本願寺ゟ鳥目一〆（貫）匁被下候事

但、暑中献上もの御返し未無之事

一久世殿ゟ中元御祝儀、金五十疋被下之候事

一松村殿・松尾殿江祝儀、毎之通進候事

牢屋人行水・月代

十六日
一例年之通、牢屋人行水、髪月代被仰付候事

十二日（ママ）
一当四月西公㕝方捕もの御用、丹州表江出役日数四日、右ニ付金弐百疋代銀三拾弐匁五分被下之候㕝

但、飯室助左衛門殿・岩本儀七郎殿御懸、別段入用書不差出口上ニ而申上候

牢屋敷大破見分

廿二日
一牢屋敷大破付、為御見分中井岡次郎殿并取調役小堀泰三郎殿、御取締方与力大嶋五三郎殿、御修覆懸渡辺詳五郎殿并御下役棟梁方三人罷出、詰中井十右衛門・五十嵐勇左衛門殿・松村三吾殿・此方終日罷出候亊

但、岡次郎殿御出之節、大門開キ草履取壱人斗番所前迄差入、西部屋ニ為扣、中門内江者草履取も入不申、則其段棟梁江向申聞候、外供廻之儀者向ひ河内屋を借受差置遣候、五ツ時御出、八ツ半時相済候亊

鳴物停止（10─二四）

岡次郎殿、茶・多葉粉盆取次等、都而見座常次郎羽織着用、取次為致候亊

廿五日
一和《カツ》姫君様御誓（逝）去、今廿五日ゟ来月朔日迄、鳴もの停止御触出候亊

右者松平大膳太夫殿江御入御座候姫君

一寅八月　東御続（マヽ）月番　西御続悲（マヽ）番

八朔礼、先例ニヨリ祝詞ハ申上ゲズ

一八朔御礼、御停止中御広間江申置、尤御祝詞不申上、八朔付罷出候段申上候亊

但、二条表松尾殿・此方罷出、同様申上置引取候

例、西御月番

寛政五丑年七月

若君様御誓去付、七月朔日ゟ同十日迄、御停止七夕前付添申上置候事

一西本願寺当日一組為惣代罷出来候処、御穏便中付、中元御祝義御目録被下候御礼斗申上候、尤町役両家・小頭弐軒斗、常之礼申上置候亊

松尾社相撲

二日
一松尾社相撲今二日ニ相成、平尾藤之丞殿・真壁与兵衛殿御出役、此方倅召連罷出候処、無滞相済、

夜六ツ時過引取候叓
宝暦年中、触穢付十月朔日相撲興行仕候由
安永四未年八朔日、蝕付翌二日相撲興行仕候由
右例を以申上候叓

町奉行月番交代
一八日土佐守様御母公御死去ニ付、今八日八ツ時俄ニ西御月番ニ相成候事
御野送龍安寺、為惣代松村殿御出候事

下雑色栗坂氏解任
一十日今朝東御役所江松尾殿・松村殿被召出、左之通以御書附被仰渡候
下雑色
栗坂小文太

方内立入禁止
右之もの、品〻不束之趣相聞へ候付、雑色召放、御所向堂上方等、且所司代御屋敷、両御役所并両組屋敷江立入間敷、是迄之方内町在江も不立入様
右同人忰見習
栗坂作之丞
右之もの、父小文太儀品〻不束之趣相聞候付、作之丞義も見習差免
右之通夫〻可被申渡候
八月
上雑色
荻野七郎左衛門
右一通

上雑色荻野氏ハ退身
右之者義、下雑色栗坂小文太義品〻不束之仕第(マヽ)有之をも不心付等閑之義、七郎左衛門義も不正之風聞も有之、旁如何ニ思召此旨可申渡被仰出候

但、当時病気之趣ニ付退身相願可然候、以上

右一通

後任ノ選択

栗坂小文太義雑色召放、同人忰見習作之丞義も見習差免候旨、右跡之義者相応人躰相撰願立候様、
雑色共江可被申渡候

八月

右一通

中座
半兵衛

中座半兵衛ハ押込

右之もの、身分不相応之暮方ニ相聞、一体之風儀ニも拘候儀ニ付、押込可申渡旨被仰出候

八月

右一通

右之通、公事方与力神沢条之助殿・松橋長三郎殿東西御立会被仰渡候、依之御書付写置候事

右之通被仰渡候付、松村殿・荻野殿江御出、夫〻被仰渡、尚又御帰之上御届有之候

鉄棒取上ケ

一小文太方鉄棒等、仲ケ間江取上置候

十三日

地震時ノ囚人処理ニ褒美

一去月二日大地震付牢屋敷大破一件、追〻駈付出仕候付、今十三日一同西　御役所へ被召出、東公石

嶋五三郎殿、西公本多祐次郎殿御立会、左之通被仰渡候

下雑色
金三百疋　永田貞五郎

見座
同弐百疋　池本常次郎

七月二日牢屋敷当番ニ而地震之節囚人差引等速急之取斗、骨折付

鳥目五〆(貫)文　中座代定遣　宇八

芳松

次介

忠兵衛

乙次郎

源次郎

同弐〆文　定番小屋頭　伊之介

幸介

揚屋番小屋頭　甚蔵

庄兵衛

同三〆文　同断小屋頭代人足　拾人

右同断出仕相働候付

金百疋　牢医師　桂元佐

七月二日地震之節、宿元ゟ早速駈付、驚動囚人江丸薬等差遣、心付候付

鳥目五百文　中座無人之節定雇　喜助

同　七百文　佐七

伊八

右同断、宿元ゟ駈付相働、別而喜助義者早速駈付、相働候付

鳥目壱〆文
外ニ五〆文、居村并人足共江可割渡
悲田院年寄
浅次郎
右同断、駈付急人足差出候付
鳥目壱〆文
牢大工
又次郎
又吉
右同断、駈付出情相働候付
鳥目五〆文
六条村穢多年寄
与兵衛
北小路村同
直次郎
蓮台野村小頭
源四郎
川崎村
小頭共
天部村穢多年寄
儀兵衛
上雑色
松村三吾
松尾左兵衛
五十嵐勇左衛門
五十嵐源吉
七月二日地震之節、宿元ゟ駈付候付、一同被御褒置候、左兵衛義者牢屋敷取締方重モ立取斗、出情いたし候付、金弐百疋被下之

下雑色
村上辰次郎
村上平多
津田州吉
中井十右衛門
山村幸次
小嶋甚左衛門
湯浅多三郎

右同断、御役所詰幷宿元ゟ駈付候ニ付被御褒置

牢賄　伊東貞次郎
見座　田辺蔵三郎
見座常次郎父
乍退身　藤右衛門
牢医師　柳恕軒
中座　弥助

右同断、宿元ゟ駈付(候ニ脱カ)付被御褒置候

右之通、西御役所石嶋五三郎殿・本多祐次郎殿御立会、於御次被仰渡候付、両御広間へ御礼申上候、
尤見座・いし(医師)以下不罷出候

服装・座席

一医師両人者十徳着用下椽江罷出、見座者仕来通袴羽織無刀、土間江罷出候叓

十六日

荻野氏ノ相続

一荻野七郎左衛門殿病身付退身、子息勝之助殿江名跡相続、願之通御聞届有之、勝之助殿上下、五十

御土居藪御用

　嵐殿常服ニ而御請有之候叓

同日
一栗坂小文太此度雑色被召放御暇ニ相成、同人相勤居候御土居藪御用、今朝東　御役所津田州吉江被
仰付、同人麻上下、松尾殿常服ニ而御差添有之候叓

同日
一鳥目弐貫文
右西本願寺御婚姻付、仲ヶ間一同恐悦之方ニ而壱〆文、別段御館入之方ニ而壱〆文被下候、則御請御
礼、近日上下罷出候筈之叓

一今廿日五ツ時過、東公事方被召出、左之通被仰付候

御救米懸　五十嵐勇左衛門
唐物懸　松村三吾
□具会所懸　村上平多
御救米懸　山村幸次
手錠改懸　中井十右衛門
父貞之進病気付銀小貸調代り勤　永田貞五郎

右

五条天神出輿

晦日
一五条天神出輿付、八ッ半時供廻支度為致、出役無滞相済、夜五ッ時引取候叓

中座与惣吉
供　乙吉
年行事部六

一寅九月　西継御月番　東継御悲(マヽ)番

朔日
一荻野勝之介殿継目御目見、今朝西様無滞相済候事

但、東様御忌中付、是者追而御願之積也

六孫王社出輿

三日
一六孫王御出輿警固、例年之通出役之吏

東役所月番交代

一五日今日ゟ東御役所御月番ニ相成候吏

地震デ大破ノ牢屋敷ヲ修復

七日
一東公事方石嶋五郎(三脱カ)殿、御修復懸山田万右衛門殿御立会、此度地震ニ而牢屋敷大破付御修復被仰付候、依之明八日見廻御用被仰付候段御達有之、右ニ付御用掛御一同、東公事方与力衆不残、御下役一老二老方手札持参相廻候、西公事方江者御部屋へ向罷出、御届申上候吏

重陽ノ礼

一重陽御礼、乍御悲番西御役所へ罷出申上候後、御月番東へ罷出、御内ゝ者御忌中付、御広間へ罷出申上置と候事

但、例を以明日東公ゟ右之段御沙汰有之事

五条天神祭礼

十日
一五条天神祭礼付見廻被仰付、八ツ時過ゟ甚之介罷出、無滞相済五ツ時前引取候吏、中座惣吉

但、前日・翌日御届書差上候

六孫王神事

十一日
一大通寺六孫王御神吏ニ付、朝五ツ時例之通一組出役いたし候事

但、上分丈ヶ弁当持参、下分寺ニ而致候

栗坂氏後任

十一日
一亡津田清左衛門妻之弟　東寺候人　岡本一学忰　徳三郎　廿一歳

一栗坂小文太弟　西城文内　廿歳

右小文太跡出勤願度、文内差出度内願ニ候得とも、不相叶候ハヽ、徳三郎願呉候様親類ゟ申来、差支無之候ハヽ、此方とも老分ゟ年寄衆江申上呉候様、頼来候叓

老分・年寄衆

内侍所上棟ニ付出役

十八日
一内侍所御上棟ニ付、仲ヶ間松村三吾殿、湯浅多三郎御両人出役、中座両人御召連之叓

○上欄ニ横書ス。
「休息所年番ゟ金一朱遣候事」

右前日被仰渡候、公事方并御修復掛江名前書差出、御懸り江者刻限伺候事

右休息御花畑借用頼遣候処、使之もの心得違ニ而御舂屋借受帰候付、此所休息所ニ致、則壱封持参被遣候叓

蒔餅

一当日明六ツ時過出宅、御修復小屋御掛り之方へ手札差出、休息所ニ扣罷在、四ツ時比場所江六門番警固立有之付相詰、蒔餅相済候付、御小屋場所へ相届、九ツ時過引取候叓

○上欄ニ横書ス。
「前後届書無之、口上ニ而被仰渡候、公事方へ届置事」

但、支度向寄江誂置、年寄衆年番ゟ御払銀御渡有之候

覚

一御酒　三升

一御肴　一台

一御蒸物　同

右之通被下置、難有奉頂戴候、以上

寅九月十八日　〃〃

右受取書、中立売御門源左衛門方へ遣置候事

村送り者病死検使

十六日
一乙訓郡沓掛村送之もの病死、御検使有之、無人ニ付甚之介出勤いたし候叓
　但、往来六里、雑用銀七分八厘付出ス
　右丹州表ゟ送参候処、川勝寺村ゟ突戻し候処、病死ニ付、村〻御吟味ニ相成候事

松村氏退身願

廿九日
一松村三郎左衛門殿病気ニ付、退身願書御差出有之候叓

一寅十月　東御継月番　西御継悲番（マヽ）

上雑色荻野氏継嗣ノ目見

朔日
一荻野勝之介殿継目、今朝東　御奉行様目見江相済候叓

松村氏ニ飜意ヲ促ス

同
一松村殿退身願御差出有之候得共、未格別老年与申ニ茂無之、養生いたし相勤候様、平塚表十郎殿を以被仰渡候叓

三日
一稲荷旅所茶所出来見分有之、甚之介罷出候事

同
一荻野御継目相済候付、鰑弐連・扇子箱相送候事
　但、蒸もの并半切三百枚御返礼有之候叓

産穢引

七日
一松村三吾殿産穢引有之候叓
　但、昨夜男子出生有之

安楽御殿富興行

十一日
一安楽御殿冨興行付町廻、田中寅次郎殿御出役、甚之介罷出候事

本圀寺会式

十二日、十三日
一本圀寺会式付、例之通警固出役致候事

一寅十一月　東継御月番　西継御悲番
　但、御所表御普請御掛り

一牢屋敷御修復御用付、日〻相詰候、委細別段日記帳面ニ留有之候叓

方内宗門改勘定ノ処置

十八日
一四方内宗門勘定、近来牢賄へ御頼有之仕来候処、重三郎病死、忰貞次郎若年諸勘定向手廻不申、右者仕役ニ而も無之付、暫之間断申上、昨年荻野殿御年番ニ付御取斗有之、当年茂御年番五十嵐殿へ其段申上候叓

但、昨冬方内勘定番ニ而物書才介取斗、当年物書嘉兵衛ゟ帳面取ニ参候得とも、才介ゟ未差越不申預居候付、才介呼寄、夫ミ嘉兵衛へ伝達致候様、十八日昼後牢屋ニ而直ミ拙者ゟ申達之叓

八宗兼学ノ僧

但、右之内八宗兼学之僧者、浄土宗之内江入勘定致候事

病死ノ孫

廿一日
一同役貞之進孫病死候段申越、則松村殿東へ向御出勤有之、談合一同評儀有之候処、纔三歳之小児与申、殊ニ妾腹、其上出産之節届も有之もの付、届不及暫頼合ニ而可然旨決談付、其段申遣候事

但、表向届候而も、七歳未満ニ候ハヽ、父三日遠慮ニ而宜敷候

年行事二人召捕

一寅十二月　東続御月番　西続御悲番（マヽ）　三条新町東江入丁　鍔屋光徳　寅六十五

東目御掛
四日

一右両人とも昨夜御召捕
今四日入牢被仰付候　同町年寄　壺屋又兵衛　寅四十四

（朱筆）「翌卯年日記ニ落着様子認有之」

右両人重モ立年行叓、町ミ此外迄も語頼、追ミ方人を搾、年行叓共勤向之内四ヶ条之外、用向御組出入、仲ヶ間聞合用向出役召連来候分迄も夫ミ不差出与申出候、年行叓ゟ断申出候様相達候儀付、松尾殿御取調有之、右之内破談いたし、仕来通存寄無之段申聞候町分も有之、何分右両人内ミ色ミ之叓とも目論見、仲ヶ間誹謗いたし、身分之叓迄も悪敷書付いたし、町ミ江相廻候由、何分手ニ合不申、依之無是悲（非）御月番東公事方江申上、且又町代江も色ミ引合有之、町代ゟも同様申上候付、先

日以来被召出候儀有之処、右之通御召捕入牢被仰付候事

入牢

但、目付方上田鉄之助殿御懸り

一六日　右両人家財改、山村幸次出役有之候叓

但、町代罷出事

松尾・小嶋氏褒彰

一十日　今日松尾殿・此方両人四ッ時東　御役所江被召出、昨日御内意有之麻上下ニ而罷出候処、御礼席へ被召出、左之通被仰渡候、則御書付左之通

上雑色　松尾左兵衛

持場取締茂宜、御用筋精出相勤候付、褒置

下雑色　小嶋甚左衛門

家事向質素ニ相暮、持場取締茂宜、御用筋精出相勤候付、褒置

右之通可被申渡候

寅十二月

右公事方与力神沢条之助殿・棚橋長三郎殿、東西御立会ニ而被仰渡候付、両御広間并公事方御一同御宅へ廻礼いたし候事

改元大赦、大地震ニ由ル

一十一日　年号改元ニ付、大赦被行候付、御所役人方牢屋敷参向有之候叓

但、当七月大地震ニ付

一当年宗旨合帳、町代年番ニ候叓

御年番五十嵐殿ニ而物書嘉兵衛明候事

廿日
一例年之通牢勘定取調候ニ付、御月番東公事方江入用もの書付差出、請取候事

節分出役

廿三日
一節分付、天使日之内永田、夜分此方出役候事

廿四日
一例年之通御手当金五両、東公事方ゟ被下候事

同
一御救米懸付、銀一枚被下之、御貸下金一件付、金一歩弐朱被下之候事

天保改元ノ触
(10—一六四)

同日夕方
一年号改元天保たる之旨、御触出候事

地震ノ際ノ功績ニ慰労金

同日
一東江被召出、石嶋五三郎殿・棚橋長三郎殿両公事方御立会、左之通被仰渡候

金三両　上雑色

金弐両　下雑色

当七月二日之地震ニ而牢屋敷破損付、右以来壱人ツヽ、昼夜相詰、臨時骨折出情ニ付

右同断ニ付、定式当番之外壱人ツヽ、昼夜相詰、臨時骨折付

鳥目七拾貫文　年行叓

右同断付、右以来為手当昼夜代り合相詰、臨時骨折出情ニ付

鳥目五貫文　中座代り雇入候もの共

右同断付、御雇入之処、骨折付

鳥目三拾貫文　小屋頭共

右同断付、一昼夜相詰、臨時骨折出情付

鳥目拾貫文　悲田院年寄共

右同断付、為手当差出候人足共骨折候付、罷出候人足共江被下候間、割渡可遣

鳥目五〆(貫)文　悲田院
年寄共

右同断付、日ゝ見廻、骨折候付

鳥目七拾〆文　悲田院
年寄共

右同断付、為手当差出候人足賃、配下之ものへ割付候由付、配下之もの者(衍カ)共へ割渡可遣

天部村
六条村
川崎村
鳥目拾貫文　蓮台野村
北小路村
穢多
年寄共

右同断付、昼夜壱人ツヽ相詰、臨時骨折出情付

鳥目百五拾〆文　右五ヶ村
穢多
年寄共

右同断付、為手当差出候人足共骨折付、罷出候人足共被下候間、割渡可遣

右之通被仰渡候叓

寅十二月廿四日

右之通被仰渡候、為惣代五十嵐殿・甚左衛門一同召連罷出、両御広間御組廻礼致候事

同日
一例年之通、地之口取集メ遣候叓

地口米

上雑色松村氏退身

一廿三日松村三郎左衛門殿病気付、退身願差出有之候処、廿六日名代荻野殿・松村三吾殿付添、五十嵐殿御月番、東へ被召出、願之通退身、名跡三吾殿被仰付候

松村三郎左衛門
名代
荻野勝之助

三方立入停止

右三郎左衛門不束之儀有之、急度可被及御沙汰処、退身ニ付格別御憐愍を以、不被及御沙汰、御所方、武家方、堂上方立入申間敷旨被仰渡、右ニ付忰三吾差扣伺被差出候処、御憐愍を以不及其儀旨、両公事方与力衆御立会ニ而被仰渡、奉恐入候叓

一廿六日西御貸下金懸へ被召出、右取扱懸付、金百疋被下之、并松尾殿江も御同様被下置候処、御病中付此方代印御請書差上、御組廻礼いたし、金子共為持遣之叓

一廿七日例年之通、西御役所ゟ御手当被下置候事

松村氏継目見

一廿八日松村三吾殿今朝継目　御目見無滞相済候、御組廻礼貞五郎・甚之介差添罷出候事

例之通、祝儀鯣弐升・樽三本入扇子相送候事

栗坂氏跡目

一廿八日栗坂小文太跡、東寺候人岡本一学忰清三郎江被仰付被下度、此方一同連印願書差出、年寄衆奥印御差出之処、中上置候様被仰渡之事

但、右者同役津田州吉錫ニ当り候ものニ候事

一同日牢勘定東御次ニ而公事森孫六殿・杉原作十郎殿立会、引合相済之事

一同日歳暮為祝儀、松村殿・永田・村上江罷出候事

栗坂氏知行米配当ノ処置

一栗坂小文太知行米配当五石之内三石、此方とも仲ケ間江荻野殿御渡、永ミ同人欠中太義之段御礼御

挨拶有之、弐石親類津田・山村へ御渡、内〻小文太へ遣呉候様、被仰聞之𠀋

一明元日御礼、暁七ツ時揃、東公事方ゟ被仰渡候事

○以下、余白。

（表紙）

天保八丁酉年正月
一条殿薨去六月三日ゟ五日迄停止
祇園神事方取斗

日記

六月十四日中井氏忌中
祇園会代勤
御停止中ニ付六月公事触
廻状留有之

小嶋甚左衛門

父七回忌
祖母五十年
二月法事
尚又五月衡梅院ニ而法事

23.5×16.5

一酉正月　西佐橋長門守殿継御月番
　　　　　東梶野土佐守殿御在府中

年頭礼

元暁
一年頭御礼、暁七ツ時揃ニ而御請有之、年寄衆御扇子料三拾疋ツヽ、此方とも牢賄方ハ弐拾疋ツヽ、献上いたし候叓

一土佐守殿、旧臘廿六日江戸表、当九日御上京之由、御扇子料西同様、御広間江目録差添上置候叓

一諸向年礼例之通、父子手分いたし罷出候事

両本願寺へ年礼ノ日限ヲ伺ウ

一村上・岡本ゟ両本願寺仲ヶ間年頭御礼、参殿日限尋合書面認メ頼来候付、徳介ニて左之通認、牢屋敷ゟ為持進候

大杉原紙

大杉原
改年之御吉慶不可有際限御座候、各様弥御安泰奉賀候、随而　御門主様江私共仲ヶ間旧例之通、年頭御礼日限之儀、御伺之上御沙汰可被成下候、右之段御頼得貴意度、如斯御座候、恐

惶謹言

正月三日

（花押）○岡本察安ノ花押
（花押）○村上充武ノ花押

表
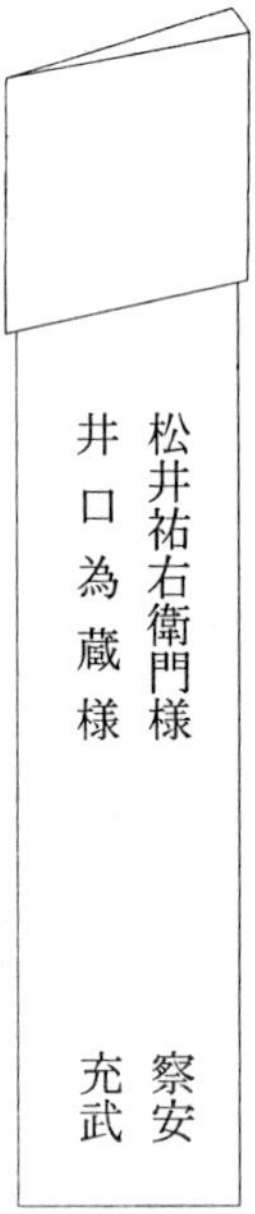

裏
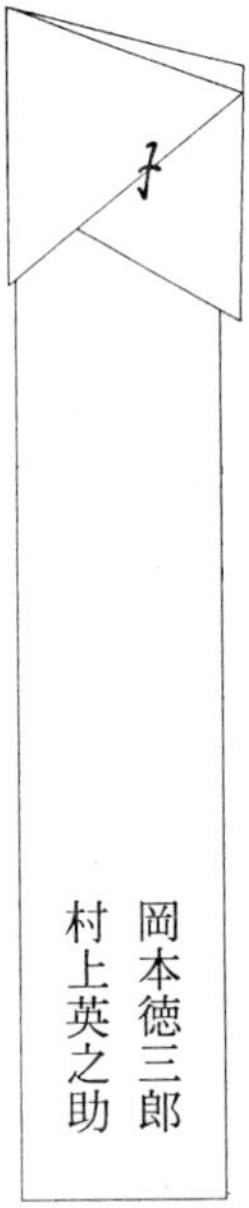

右西本願寺小頭

（松井祐右衛門
井口為蔵

東本願寺町代

（福岡平多
木村弥三右衛門

右両方とも文面同様

一年礼供乙吉江祝儀六匁

元日・二日供、川東代礼〆三日、一日弐匁ッ、

娘すへ死去内分ニテ野送

一四夜九ッ時娘すへ七歳病死いたし候処、折悪敷時節ニ付、表向御届不申上、内分ニ而野送いたし候

父母忌十日、服三十日

兄弟忌廿日、服九十日

一右ニ付、父子不快引、頼合いたし候

壬生寺墓所ニ埋葬スル

一宗門ニ候得共、火葬ニ不致、壬生寺墓所へ埋候付、長徳寺へも其段申遣、中之坊へも遂断、尤中坊茂諷経ニ相頼候、六日暮六ツ時葬式相勤申候

仏前調もの

末香并でんほう

竹花立　水向茶碗

餅拾五　しきみ

右不取敢調進いたし候

小児之儀、墓所手近故、棺之儘

棺　位牌　弐ツ

箱挑灯　弐張

竹蠟燭建　六本

忌中膳　一組

枕飯膳　一組

代銭壱〆百八拾文

龕前堂、中之坊

龕前堂錺り附、台盛もの・台花立、番人ゟ用意、中之坊ニ而借受、棺覆ひ服紗、中之坊ニ而借受、湯灌たらい、六介方ゟ借受候

盛もの餅拾五　菓子や

饅頭拾五　宝珠やニ而買受

墓所小蠟燭拾六挺
作り花四本代百文、祇園町へ調進候
右之分先へ遣、鎊附候
翌七日、左之通謝礼
一金百疋　長徳寺
一三匁　小僧
一弐匁五分　下男
外ニ銀五匁　是者七日〻、遠方ニ付寺ニて回向頼置候
仏器料
金一朱
諷経ニ付
一銀一両　中之坊
一弐匁　小増（僧）
外ニ道具借用料
弐匁
〆

穴掘墓守
穴掘墓守六介へ
五百文
酒代
三百文
花代拾弐文
草履拾足代

湯灌　一中屋為八雇料理一式、湯灌幷調もの万事取斗ニ付南鐐一片差送候

一箱挑灯持、近辺小とも（子供）両人頼候付、百文ツヽ遣ス

一出立宿坊幷中之坊親類膳差出候

一乍内ミ玄関番松尾勝次郎・同清次郎・柳恕軒・桂玄佐・池本恒次郎罷出候、存外ニ供多候ニ付、帳場へ勝次郎・清次郎罷出候叓

一五日松村殿節、六日松尾殿節、遂断不参之処、松尾殿ゟ者御料理一式取揃へ、為御持被遣被下候事

年番渡　十五日
一年番渡ニ付、八ツ半時分ゟ此方父子・同役貞五郎松村殿江罷出、年寄衆揃之上　御朱印荻野殿御請取、貞五郎・甚之助幷見座恒次郎、中座両人差添参候事

牢屋敷初番　一十七日牢屋敷初番ニ付、例年之通酒弐升、組重詰合之もの振舞候叓

禁裏舞御覧　十九日
一禁裏舞　御覧付、永田・此方熨斗目上下ニ而明ケ六ツ時出宅、夜五ツ時引取候、尤諸事例之通ニ而無滞相済候叓

廿三日
一泉州谷川村平次郎・金助、中川為仁褻意之もの付、旧冬以来近付ニ成、肴料金一封被為送候叓

一酉二月　西継御月番
　　　　　東継御悲番（マヽ）

法事　一三日法事

快空智慶禅尼　五拾回忌

釈一静　七回忌

釈香月禅尼　月忌　五十日取越候

右長徳寺幷頼寺新徳寺、此外親類相招候、委細別紙覚書袋入有之候叓

一祖母智慶禅尼五月廿日命日ニ付、其比妙心寺ニ而別段入用差出、法事頼候
六日
一松村殿昨年出生之小児今朝病死、夜ニ入本圀寺へ御葬送ニ付、上下ニ而罷出候吏
二月廿日
天満与力大塩平八郎蜂起
一昨十九日朝五ツ時分、大坂御奉行跡部山城守殿御組天満与力大塩平八郎宅ゟ出火、右者一揆起り所ゝ江火を附候由、今日九ツ時分追ゝ大坂表ゟ帰候ものへ相尋候処、六七ヶ所ゟ燃上り、中ゝ火鎮り不申由、鉄炮・石火矢車台ニ而家ゝ江打込候由、鎗・長刀・抜身を持居候由、右一揆者大塩平八郎発頭人ニ而河州辺之百性等弐三百人も加入致候よし、平八郎宅へ向寄集り、平八郎自分家内之ものを切殺、直様火を附、鉄炮を合図ニ所ゝ江立分れ火を掛候由、西之御番所牢屋敷等も焼失之よし、暮六ツ時過迄も順番飛脚、且又山崎・淀・伏見等へ御組御出役先ゟ御注進追ゝ有之、右大塩平八郎自分器量有之を御用ひ無之儀を心外ニ存、右之通騒動為致候由、尤具足着、幡を立差図致候由、諸
鉄砲ノ音夥シ
大名方蔵屋敷へ取掛候ハヽ、鉄炮ニ而打散候様、御城代ゟ御下知之趣ニ而鉄炮之音夥敷由、未実説之儀不相分、前文之風聞ニ候吏
京都市中騒然
一右ニ付市中物騒敷、俄ニ熊倉市太夫殿・入江太五郎殿　御所近辺為見廻御出役有之、中座四人差出候吏
近辺大名軍勢発向
平八郎居所不明
一大坂表廿日夕七ツ時分火鎮候由、近辺大名方尼ヶ崎・高槻・大和郡山ゟ追ゝ軍勢被差向候由、追ゝ徒党之内被召捕候得とも、張本平八郎居所不分よし
市中見廻
一廿一日ゟ市中見廻、御組与力衆・同心衆并仲ヶ間上下とも出役被仰付、甚之介出役いたし候
順番飛脚ノ注進状
順番飛脚ゟ注進
大坂出火

一今辰刻天満権現様北与力町出火いたし候処、御役屋敷故人足壱人も近寄事難出来、右之通午ノ刻出を申越候得共、京橋毛馬村渡し場往来止候処、延着、右天満出火之儀ハ一揆之如く、町家へ鉄炮打掛焼失故、上町南ニ而大手筋限船渡場ニ而、西者今橋通ニ而中橋筋、道修町ニ而堺筋限、西ニ而瓦町南入所迄、酉之刻未鎮不申候ニ付、此段御注進奉申上候、以上

卯刻出

東天満過半焼失

東天満過半焼失ニ相見へ申候、上町者南大手筋辺ゟ北者八軒家迄、焼失与相見へ申候、舟場ニ而北者北浜限、南者安土町高麗橋通、西ハ中橋東側限、道修町・平野町辺限、本橋筋東側限、備後町辺ニ而ハ堺筋限、火鎮申候得とも、中ロ之儀往来自由難相成、委細者跡ゟ奉申上候、以上

大坂順番飛脚
仲ヶ間

二月廿日

四番仕立巳ノ刻出

上町牢屋敷焼失

先刻奉申上候後、上町牢屋敷焼失仕候旨申来候ニ付、此段御訴奉申上候、以上

大坂順番飛脚
仲ヶ間

廿日巳刻

所司代ヨリノ下知

御所司代ゟ左之通御書附御渡し

町奉行江

跡部山城守組大塩格次郎父隠居大塩平八郎、同組与力同心五六人、外ニ百姓共徒党いたし候風聞ニ而

棒火矢

昨十九日巳刻比、右平八郎天満居宅近所同組与力宅へ火を懸ヶ、其後棒火矢、又者鉄炮等打放、所ゝ江火を付、燃上り候ニ付、町奉行御目付へ申渡、打払・切捨ニいたし候様申渡候、依之右徒党之

打払・切捨

者共、若当表江逃去候儀も難斗候ニ付、万一怪敷者相越候ハヽ、召捕有之様、土井大炊頭ゟ申越候間、

得御意候手当可被申付候、右之趣石原清左衛門江も申達候様可被致候、以上

松　伊豆守

右之通廿一日御下知有之付、夫ゝ出役被仰付候叓

当正月四日
豊前小倉大火之御書附左之趣ニ承候

小笠原大膳太夫
使者
生駒杢右衛門

豊前小倉城火災、本丸大半ヲ焼失ス

口上覚

住居焼失ノ届

私在所豊前国小倉城本丸台所ゟ今四日戌刻後出火之処、風烈ニ而住居向焼失仕候、火事鎮不申候得共、先此段御届申達候、以上

正月四日　　小笠原大膳太夫

口上覚

私在所豊前国小倉城火災之儀、御届申達候通、昨四日城下則本丸内台所出火、住居向焼失仕候処、不一方風烈ニ而天守櫓塀門等火移申候、消留候場所御座候得共、本丸内大半焼失之儀ハ取調追而可申上候得とも、火消候ニ付先此段御届申達候、以上

正月五日　　小笠原大膳太夫

口上覚

焼失ノ個所

私在所豊前国小倉城火災之儀、昨四日御届申達置候処、焼失ヶ所左之通

一本丸内　　壱ヶ所

一天守　　同

一二重櫓　二
一平櫓　二
一多門　三
一升形門　一
一切抜門　二
一住居向　一
一本丸外　一
一時鐘場　一
　但、飛火仕候

人畜被害無シ

右之通焼失仕候、尤住居続西之方幷天守脇塀壱ヶ所消留、相残申候、尤人畜怪我無御座候、此段御届申達候、以上

　正月六日　小笠原大膳太夫

右之通正月十九日・同廿三日・廿五日、於江戸表御届相済候ニ付、此段使者を以御届申達候、以上

　使者　生駒杢右衛門

参府延引ス

拙者儀、当二月中参府之、先般願之通被仰出候処、此度居城本丸内焼失ニ付、支度取合次第、早〻可致発足候得共、参府日合延引相成候段、正月廿六日於江戸表御届相済し候付、此段使者を以申入候

右之通、夫〻御届御座候よし承候事

大塩一党摂津本山寺ニ籠ルトノ通達アリ

廿三日
一大坂徒党之内、大塩平八郎此外七八拾人斗、摂州嶋上郡本山寺霊雲院とも叡山末ニ籠居候段、大坂表ゟ御通達有之由、俄ニ西公事方ゟ承、探被仰付甚左衛門出役、壱人ニ付他国之儀難近附場所江参申間敷

本山寺ニハ変事ナシ
与力・同心衆出張

段被仰渡、右柳谷手寄付罷出、承候得とも難分、本山寺法類西山金蔵寺善峯ニ付、善峯江夜ニ入山中を罷出候処、同寺観随《ズイ》与申六拾四五之僧、三ヶ年程以前ゟ本山寺へ参、当廿日朝四ツ半時分帰寺いたし候旨、右寺ニ而大坂表大火見受居、聊本山寺ニ相変候儀無之段申候付、注進可致与夜四ツ時向日町迄引取候処、東西公事方、め(目)付方与力・同心衆、多人数高挑灯・具足・鉄炮用、先手之由、引継御奉行御出馬之段被仰聞候付、本山寺慥成ものニ出合承候段申上候処、急速一先其段被仰遣、御出馬御見合ニ相成、此上者右寺へ罷越直様見届候様、拙者、悲田院年寄勇次郎、此外四五人召連、組之衆者跡ゟ追〻御出候段被仰聞候付、同夜八ツ時ゟ尚又善峯寺後ロカモシカ嶽、善峯ゟ五拾丁余高山を打越、大(マヽ)山寺へ入込承糺候処、一切相変儀無之、右者麓川久保村ゟ二十丁斗、嶮岨之高山ニ而大坂其外眼下ニ見おろし、寺一ヶ寺斗ニ而外ニ寺中門前在家も無之、麓ゟ者西岡楊谷へ参候道有之、有(衍カ)之谷合五十丁ニ而楊谷へ出候、此方参候後、跡ゟ追〻組之衆被参候

一廿四日夕七ツ時分、向日町迄引取、東西め付方与力中被待合候付、其段申上候処、全事治定付、同夜五ツ時分尚又差急帰京、其段東公事方江申上候、西之方者同心衆壱人御申上有之候

本山寺住持宮川町茶屋ニテ召捕

一本山寺住持実昌与申三拾五六之僧、廿三日ゟ出京之由、居所承合被仰付、廿五日暁ゟ直様出役、宮川筋四丁め西側肴や清兵衛懇意之由承合候処、同丁茶屋渡世近江屋吉兵衛方二階ニ罷在、尤実昌不如法も有之、其上先取逃之悪叓も有之もの故、召捕帰牢屋敷会所ニ差置候、尤御吟味有之候得とも、大塩平八郎近附ニも無之由

一甚之介廿二日ゟ大山崎堅、東西御組之方呼被遣、出役いたし居候、三月二日帰京

兵具・鉄砲・大筒ニテ要所

一伏見・淀・亀山・高槻、兵具・鉄炮・大筒ニ而所〻堅メ有之、大騒動ニ候叓

ヲ固メル
手錠抜

廿九日
一大津鹿関町手錠抜有之、夕七ツ時出宅、翌朔日帰京、東公事方西尾新太郎殿へ御届申上候㕝

中座夘八
物書忠三

大塩平八郎妾
等召捕

一酉三月　東初御月番
　　　　　西御悲番（ママ）

朔日
一大坂一揆一件、大塩平八郎妻子とも殺害いたし㕝を発候趣、㝡初風聞有之候得とも、妻者無之、左のものとも先月廿七日六角宿屋ニ而被召捕、御吟味之上、今朔日大坂表へ御差立ニ相成、東西与力衆・同心衆幷仲ヶ間両人、此外差添下坂

元大坂町奉行組与力
大塩格之助父
平八郎妾　尼ゆう四十

同人妾（ママ）　みね十七

同人悴　弓太郎二才

右同人養女　いく九才

右同人下女　りつ四十才

摂州東成郡般若寺村
百性忠兵衛

同州同郡沢上江村
百性与右衛門悴
孝太郎

此もの壱人ハ廿四日捕
其余之もの廿七日一緒捕

大坂天満コワタ町
河内屋五郎兵衛借や
大和屋作兵衛
〆（ママ）

七日ゟ尚又甚之介
一大坂一件付、大山崎幷淀兼帯出役、大坂表へも罷出、十五日帰京、西め付方ゟ被仰付候

八日
一郡山留守居交代今立六郎上京、則為挨拶被罷越候付、此方ゟも麻上下ニ而悦罷出候𠀋

松尾社出輿

十四日
一松尾出輿ニ付松村殿、貞五郎出役之𠀋

石清水臨時祭

十七日
一石清水臨時祭付、松村殿松尾殿代・荻野殿、此方・貞五郎村上病気付代岡本徳三郎安之進出役いたし候𠀋

稲荷社出輿ノ警固

同日
一稲荷出輿警固、松尾殿番ニ而則御同人、津田安二・村上病気付甚之介罷出、神𠀋番之方ニ而振替遣候事

但、一旦病気付頼合、尤会釈等差送、其儘ニ相成候得とも、次男ニ付右之通振替遣候

東め付方
十九日ゟ廿五日帰京
一大坂一件ニ付、尚又山崎此外出役、甚之助罷出候𠀋

大塩父子切腹

一　大坂一揆張本　大塩平八郎
同忰格之助

右両人今暁六ツ時比、大坂油掛町木綿渡世三芳屋五郎兵衛方ニ忍居候処、及露顕、捕手懸候処、鉄炮打放、居間ニ火を懸ケ、両人とも切腹いたし候付、死骸之儀塩詰被致候段、注進有之候𠀋

死骸塩詰

三月廿七日申来候

娘ノ早産

廿九日
一娘やへ当五月産月之処、今朝山賀ニ而出産いたし、男子出生致候得とも、月不足ニ而無程相果候付、明夕葬送之積候𠀋

但、煮染ニ遣候品〻幷香儀弐朱相送候事

土葬

門徒ニ候得とも土葬

法名
釈教夢童子　　寺　知恵光院出水下ル町
　　　　　　　西側　　　　　勝福寺

松尾神事

一酉四月　西御月番
　　　　　東御悲番（ママ）

二日
一松尾神事ニ付、松村殿、甚之助九ッ時過出役、見座、中座、年行事例之通召連候吏

此方分弁当、上分壱ッ・下分四ッ用意

稲荷神事ニツキ地口取集メ

一稲荷神事前ニ付、例年之通、左之方地之口取集候、当年格別米相場高直

一壱斗八升（朱筆）「九匁六分」　綾小路烏丸西へ入
　代三拾六匁　　　　　　　童侍者町
　ミミ

一同断　　烏丸綾小路下ル
　同断　　二帖半敷町

一同断　　綾小路烏丸東へ入
　同断　　竹屋之町

一九升（朱筆）「九匁六分」　東洞院綾小路下ル
　代拾八匁　　　　　　南半丁 扇酒屋町
　ミミ

一壱斗八升（朱筆）「九匁六分」　仏光寺烏丸東へ入
　代三拾六匁　　　　　　　上柳町
　ミミ

〆

酉四月

後三日
一上野村幷東梅津村流死人有之、検使兼帯久下弥左衛門殿・大嶋勝五郎殿御出役、此方罷出候事

老中死去、鳴物停止（11―六一）
前二日
一御老中大久保加賀守様御卒去、今二日ヨリ三日之間、鳴もの御停止御触出候㕝

四日
一此度役道具用意、先達而仲ヶ間ゟ貸附置候銀八貫取戻候、壱人分銀壱〆目宛配当致候事

但、此代金拾六両壱歩弐朱、銀壱匁壱分三厘也

稲荷社神事
八日
一稲荷神㕝出役、松村殿・永田振替ニ而村上警固出役有之候㕝

九日
一向日町出役、例年之通罷出候㕝

筆耕役出勤差留処置
十五日
一　新シ町御池上ル町部や附筆耕　西田屋伝次郎

右此度西御役所ニおゐて、造酒や幷請酒や出入有之、造酒屋書ものいたし、東公事方森孫六殿ゟ書認候哉御尋有之、則認候段申答候処、其通ならてハ納り不申段御沙汰有之付、是悲（非）此儘差出候様申聞候付、少し存心ニ不叶儀も有之候得とも差出候由、然ル処孫六殿一切御存無之、一応取調之儀昨十四日被仰聞、則呼寄情ミ承糺候得とも、右体之儀申聞候儀無之段申張候付、其段申上候処、尚又造酒や年寄へ御尋有之候処、伝次郎前段之儀申聞候儀相違無之ニ付、右体取沙汰有之候而者、御役前ニ差障候段御沙汰有之、殊ニ承糺之節包隠候儀とも不埒与申、旁ミ其儘難差置、部や（屋）出勤者勿論、方内筋書もの差留、右之段物書老分藤や嘉兵衛江も申聞置候㕝

物書老分
右者是迄造酒や出入候付、鍵や才介事作兵衛書もの致居候処、不快之趣ニ而伝次郎江頼候由、伝次郎昨今ものニ而、殊懸案もの出入筋、書もの出来不申人体之処、右様之成行作兵衛甚不人柄もの与申、定而内実烏乱ヶ間敷存候、外ニ右出入付承込候儀も有之候得とも、作兵衛義者別段荻野殿

限物書故、先見合罷在候事

行倒人検使

廿一日
一城州乙訓郡友岡村行倒相果候もの男子壱人召連居候付、小堀殿江訴出候処、御役所ゟ検使被差遣、
久下弥左衛門殿・芝田清七殿御出、此方出役、夕方出宅、翌廿二日朝四ッ時過引取候叓

所司代発駕

廿三日
一松平伊豆守様今朝御発駕、御参府ニ付松尾殿・松村殿、貞五郎・多三郎・幸次・此方、為御見送蹴
揚迄罷出候叓

一酉五月　東御月番
　　　　　西御悲番（ママ）

朔日
一松尾殿御子息熊三郎殿見習出勤、幷湯浅儀三郎退身忰多三郎、両人とも今朝無滞御目見へ相済候付、
御両所とも御扇子御持参、御出有之候叓
但、右ニ付両家とも肴樽差送、先方ゟも夫々返礼有之候、使之ものへ銀壱匁弐三分・紙一折、水
引を懸、ため入遣候

ため

端午ノ礼

一端午御礼、例之通相勤候事

祖母五十年忌

一祖母快空知慶禅尼五十年当二月法事、外一緒ニ相勤候、尚又正当五月廿日ニ付、則衡梅院ニ而忌相勤、
左之通差送候
南鐐一片　布施
盛もの代　三匁
菓子料　壱朱
右之通、五月十一日持参、墓参致候事

吉符入延引
(11―一九九)

十八日
一徳川民部卿様御誓（逝）去ニ付、当十四日ゟ廿日迄、御隠（穏）便中ニ付、廿日祇園会吉符入延引、来ル廿三日

ニ取極、其段社中江申遣、伺書差出候処、御聞置有之、則山鉾町々神事触、右廿三日罷出候而相請候様、長刀鉾ゟ順達之儀、桐木座四人連名申遣候事

桐木座

幕府人事異動

廿五日
一今般左之通被為仰付候段承之候

御本丸御老中　松平伊豆守様
所司代　土井大炊頭様
大坂御城代　堀田土佐守様
寺社御奉行　青山因幡守様
御留主居　榊原主計頭様
京都御使　松平讃岐守様
御差添　武田大膳太夫様
京都御使　酒井左衛門尉様
御差添　大沢修理太夫様
日光御名代　松平下総守様
京都御使　戸田土佐守様
御差添　今川刑部太輔様

右之通

祇園会地口相場

廿六日
当酉年祇園会地之口相場
壱石ニ付弐百拾七匁　但、当年格別高直ニ付、割ゟ下直ニ致有之段申来候事

右五十嵐殿ゟ廻状到来之事

遠島ノ囚人ヲ送ル

廿八日
一東西御掛囚人拾弐人、外ニ伏見表ゟ御受取囚人壱人とも、今朝出帆被仰付、此方并津田安之進右両人出役、然ル処加茂川出水ニ付、陸地伏見京橋迄差添参候付、往来六里一日雑用附出し候事

今宮神事

廿九日
一金百疋　今宮神主ゟ持参

右今宮神事警固、湯浅多三郎病気付、五十嵐殿語頼申来、甚之助出役之処、会釈到来いたし候叓

但、当十五日神叓之処、御隠（穏）便中延引、廿一日ニ相成候事

壬生寺住持死去

晦日
一壬生寺中西之方住持死去付、香奠銀一両・線香一箱相送候叓

一酉六月　西御月番
東御悲番（マヽ）

一条殿死去、鳴物停止ニ付祇園会鬮触ハ廻状ヲ以テ通達ス（11—一九三）

朔日
一例年之通、石いづゝ（井筒）町行叓相場承罷出候付、津田同道、松村殿へ罷出、御酒出候事

四日
一一条殿御薨去ニ付、昨三日ゟ明五日迄、鳴もの御停止被仰出候叓

但、右ニ付明五日鬮触等之儀、松村殿・荻野殿へ御談申上、明日鬮触之儀、廻状を以申遣候、并長刀鉾町へも罷出候節、袴羽織ニ而参候筈ニ取斗候事

廻状左之通

明六日於六角堂山鉾鬮取被仰付候付、暁七ツ時前無遅帯、例之通御出可有之候、尤罷出御達可申処、御隠（穏）便中ニ付、以書面右之段申入候、以上

六月五日　津田安二
小嶋甚左衛門

油小路
天神山町

芦刈山町

琴破山町
綾小路
傘鉾町
鶏鉾町
白楽天山町
保昌山町
木賊刈山町
太子山町
右町〻
御行事中
早〻御順達可有之候

右之通、上組触ケ所も同様取斗可申段、湯浅・山村へ申遣候叓

傘鉾曳山ニ児子ヲ乗セル

一去午年ゟ綾小路傘鉾曳山ニいたし、囃子方車へ乗セ来候処、当年ゟ児子も車へ乗申度段、願書差出候付、承届申渡候叓

祇園会神事

七日
一祇園会御神叓、朝夕とも無滞相勤候叓

九日
一銀弐拾六匁四リン　旧冬西院村年貢端米一斗弐升借用代銀ニ而、今日松村殿へ返納致候　相場弐百拾七匁也

一七日鬮番荻野殿、十四日鬮番松村殿之叓

祇園会滞リナク済ム

十四日
一祇園会朝夕とも無滞相済候叓

中井氏母死去ニ付代勤

但、中井十右衛門実母、丹州表ニ罷在候処死去、一七日も不相立候付、代勤之儀五十嵐殿ゟ再応

御頼有之付、甚之助罷出候、依之此方父子とも出役之叓
旧例之通、白晒一反被相送候事

東本願寺暑中伺

一東本願寺暑中伺参　殿之事
但、献上もの番永田貞五郎ニ付、調進候事

新所司代上京

廿九日
一所司代土井大炊頭様御上京、例之通仲ヶ間弐組、御先払罷出候叓
但、此度者御老中様御上京無之候事

牢内ニテ縊死

廿日
西目
一牢屋遠嶋極　勢州鈴鹿郡 関宿四番町 白塚屋清蔵忰 無宿 兼吉 廿九

病死ノ扱トス

右今夜四ツ時分、牢内ニ而首縊候付、相間之もの共引解注進いたし、詰岡本徳三郎、見座常次郎、医師呼寄療治為致、御掛真野正助殿へ申上置、介抱いたし候処、無程相果、其趣手継書被仰付、内分病死之取斗ニ而相済候事

大塩一党江戸送リ

廿八日
一大坂表大塩平八郎乱法（マヽ）一件之もの共、今日江戸表江御差立ニ相成候よし承事

一酉七月　東御月番 西御悲番（マヽ）

摂津能勢一揆

四日
一摂州能勢辺一揆五七百人有之、内帯刀人四五人有之、小筒等用意有之由、京地江入込候様子ニ候ハ、切捨、御届等丹州亀山・同笹（篠）山ゟ追〻有之、東西目付方承合御出役、四五日いたし能勢ゟ三四里斗西常山与申山寺へ籠候付、大坂方ゟ重モ立候もの鉄炮ニ而打留、右之内廿人斗被召捕、其余逃散候趣ニ候事

七夕
一二条表未御目見へ無之付、七夕御礼不罷出候事

十四日
一御所御灯籠雑人拝見付、警固甚之助・岡本徳三郎出役致候叓

中元祝儀

一西本願寺ゟ中元御祝儀、青銅百疋被下之、松村殿ゟ御渡有之候叓

江戸ノ人事

十三日承
未御上京無之処
西御丸御老中被為仰付候由　大坂御城代　堀田土佐守様

御本丸御老中
被為仰付候由　寺社御奉行　脇坂中務太輔様

右之趣、順番飛脚ゟ注進有之候事

廿九日
一　大坂御城代　間部下総守様

右之通被為仰付候段、承之候叓

一酉八月　西御月番
東御悲番(ママ)

八朔ノ礼

八朔
一暁七ツ時御礼罷出候事

一今日二条表御礼、未御初入御目通無之付、罷出不申叓

松尾社相撲廻

一今日松尾角力廻并西本願寺惣代御礼とも、同役貞五郎出番ニ付、被罷出候叓

将軍宣下ニツキ関東下向ノ勅使発遣

二日
一将軍宣下ニ付、御所表ゟ関東江御下向、依之来ル五日近衛殿御首途、今宮并北野社江御参詣、警固弐組被仰立、五十嵐殿・此方弐組出役、依之左之通廻状到来

但、荻野殿御叓、同日二条殿御首途中、御灵・祇園江御参詣、警固一組被仰立、御出役

来ル五日近衛殿為御首途、今宮・北野社江御参詣、警固被仰出、則右御殿江及引合候処、左之通

一当日卯刻御出門付、其心得ニ而正六ツ時参着

一支度、下ゝ迄御殿ゟ被下之
一立所、御門前ゟ前後ニ相立候
一着用、上雑色白帷子、此方染帷子、麻上下
一供人数、此方共者壱人ニ付三人宛
一中座両人申付候
右之通御心得被成候事
八月二日　五十嵐
松村様
甚左衛門様
貞五郎様
十左衛門様
甚之介様
幸次様
五日
一近衛殿警固、正六ツ時罷出、暮六ツ時前引取候事
但、御目録金百五拾疋被下之候
五日
一将軍宣下関東御式、御当日今五日付、公事訴訟御延引相成候事

関東下向・使発駕

一将軍宣下付、御所向方ゝ関東御下向、左之通
八月十三日御発駕　二条左大臣殿

同　十四日御発駕　近衛内大臣殿
徳大寺大納言殿
日野前大納言殿
同　十六日御発足　橋本中納言殿
姉小路中納言殿
石井弾正大弼殿
同　十七日御発足　土御門陰陽頭殿
高倉侍従殿
壬生官務
押小路大外記
青木中務少掾
山科大監物

右

六孫王社出輿

一酉九月　東御月番
　　　　　西御悲番（マヽ）
三日
一六孫王御出輿付、例之通出役いたし候叓
十一日
一同御神事警固、例之通出役之事
　但、土井大炊頭様御参詣有之、夜五ッ時引取候事
十三日
一当二日将軍宣下御式被為済候付、今十三日二条表両御役所ニも恐悦申上候事

城南離宮神事

廿日
一城南離宮御神事付、松村殿・貞五郎・此方出役之事

廿二日
一鳥羽肥後守ゟ当廿日見廻出役、会釈銀壱枚半、外ニ鳥目壱〆(貫)文差越候付、此内此方召連候年行事両人へ、弐百文ツヽ相渡遣候事

追而支度料残弐朱壱匁八分、同役ゟ受取

久世河原ニテ丁打

廿五日
一久世河原ニ而丁打有之、今廿五日此方出役、明日松村殿・貞五郎之内、出役之事

所司代壬生狂言ヲ見ル、住持所持ノ古瓦

廿七日
一土井大炊頭様壬生寺御巡見、狂言御覧并宝物外住持所持之古瓦御覧有之候

桶取猿　花折　大原女　三番

(別紙)〇コノ所ニ挿入。

「御所司様ゟ壬生寺へ金三百疋被下之

但、昨申年伊豆守様ゟも御同様被下之

狂言御覧入用

此度狂言御覧付入用

一七貫弐百文　桟敷取建一式

一壱貫九百六十四文　桟敷楽屋廻畳借賃

一六百八拾四文　薄へり(縁)代、御供廻見物場等

〆九〆(貫)八百五拾弐文

十月　壬生寺
納所

右入用書附、西証文方入江十左衛門殿へ十月六日此方ゟ差出置候」

〇挿図ハ別掲一一四頁。

右昨酉年松平伊豆守様初而狂言御覧之節、取結ひ通之事

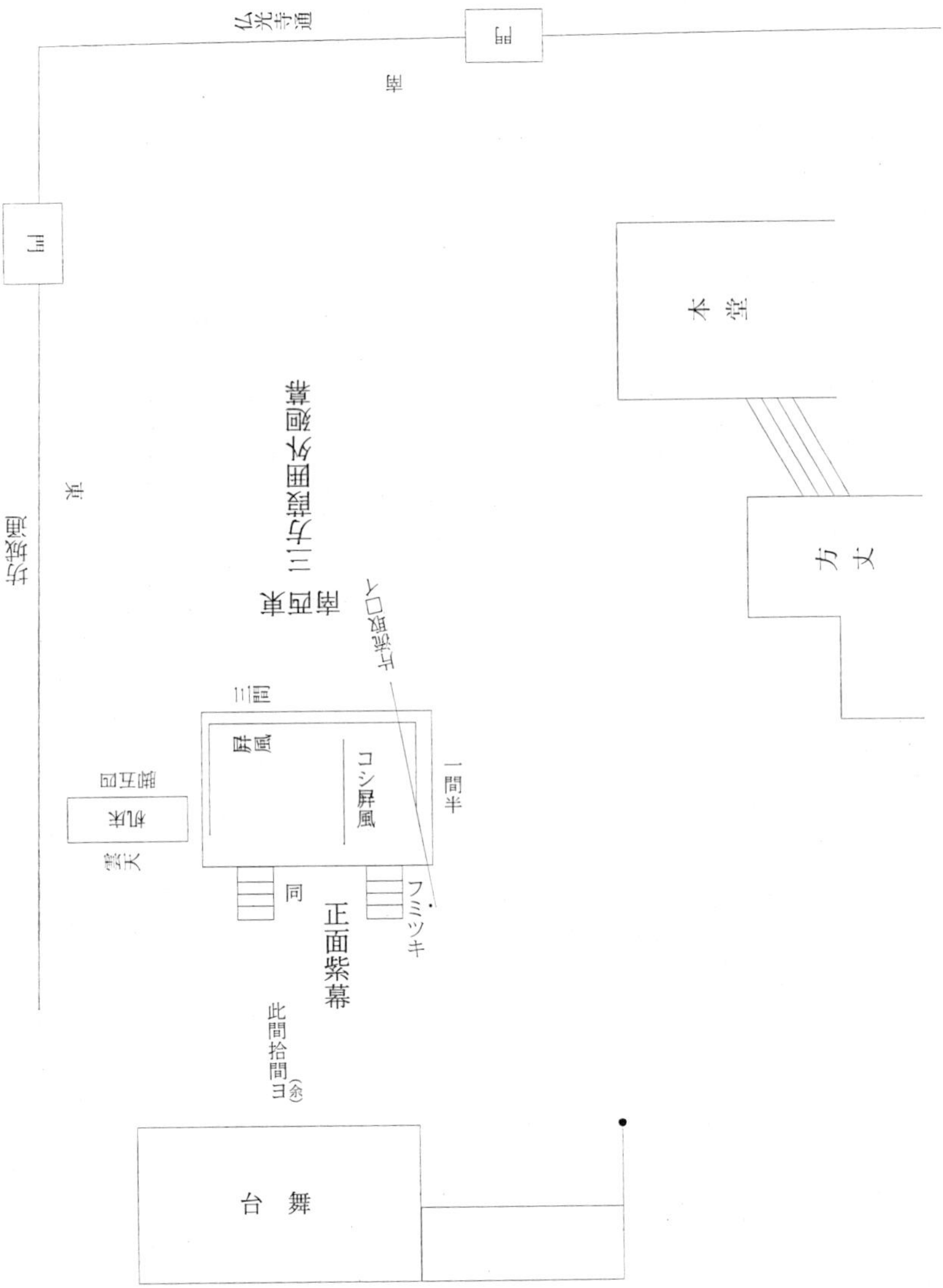
仏光寺通
門
門
坊城通
東
本堂
方丈
南西東
三方鉄囲外廻幕
屏風
コシ屏風
三間
一間半
同
フミツキ
正面紫幕
舞台
北

廿九日
一米壱石米会所東御役所御払之内、此方へ買受当十二月差入、会所役人へ向代銀九拾七匁、外ニ賃銀
壱匁五分相渡筈之事

一酉十月　西御月番
　　　　　東御悲番（マヽ）

将軍宣下ニツキ上京ノ武家

一此度将軍宣下付、左之通御上京

御使

御旅宿
室町中立売下ル町
松葉や地面之内　　松平讃岐守殿

同　高倉六角下ル町
御やしき　　松平隠岐守殿

同　河原町
土州御屋敷　　酒井左衛門尉殿

高家衆

同　東堀川三条下ル町
瑞蓮寺　　武田大膳太夫殿

同　高家屋敷　　宮原弾正大弼殿

同　柳馬場押小路下ル町
嶋本三郎九郎　　大沢修理太夫殿

同　夷川西洞院東へ入町
神善四郎　　畠山飛弾（騨）守殿

同　仏光寺烏丸東へ入町
職屋敷　　戸田加賀守殿

同
寺町錦小路
歓喜光寺
右
今川上総介殿

上使ノ先払
七日
一御使松平讃岐守殿御上京、御先払松尾・松村・此方・津田・永田・村上出役之事
八日
一同酒井左衛門尉殿御上京、御先払五十嵐・荻野・中井・湯浅・山村・岡本出役之叓
九日
一松平隠岐守殿。、同　御先払松尾・松村・此方・津田・永田・村上出役之事

病気見改
同日
一東高瀬松原上三町目天王町病気見改有之、夜五ッ時ゟ出役いたし候叓
西公飯室助左衛門殿御懸

十日
一山賀次郎右衛門親類方之儀付、入江十左衛門殿相頼候儀有之、御承知被下候付、袴地一反差上呉候様持参ニ付、今朝西部屋詰合平定遣（マヽ）ニ為持、手紙差添、為時節見舞差送候叓

本圀寺会式
十二・十三
一本圀寺会式付、例年之通松村一組罷出候叓

報恩講
十七日
一来ル廿三日報恩講相勤、長徳寺請待可申処、御用多取込中、尚又明年正月娘すへ一周忌之処、正月之儀付、当十二月差入ニ相勤候付、廿三日之儀寺ニ而勤いたし貰候付、今日参詣致頼置候、銀六匁
布施　弐匁菓子料
右之通持参頼置候事

上使発駕
十八日
一御上使松平讃岐守殿今朝御発駕付、二条殿右御列御覧付、今出川通寺町南へ御通行有之候、御先払五十嵐殿・荻野殿、十右衛門幸次遠方御用付代り・甚之介・徳三郎・多一郎出役之事
同日
一昼後酒井左衛門尉殿御発駕、御先払松村殿・松尾殿、甚左衛門・安二・貞五郎・英之介出役之事

一十九日松平隠岐守殿御発駕、御先払五十嵐殿・荻野殿、十右衛門幸次遠方出役有之代り甚之介・徳三郎・多一郎出役之事

父甚左衛門死去

一十一月四日父甚左衛門死去ニ付御届、其外別帳ニ有之

一同廿八日忌明、出勤被仰付

継目御目見

一十二月朔日継目御目見被仰付候事

右者委細別帳ニ有之候事

一朔日松平讃岐守殿御入洛、御先払為御挨拶、銀壱枚被下之候

寒中伺

一十二月十八日寒中伺、東本願寺へ松村同道参殿いたし候処、南鐐壱片被下之候

弟ヲ中井氏養子ニ遣ス

一十二月廿一日日柄宜候ニ付、弟留之助中井十右衛門方へ養子差遣候

右一件、別帳ニ有之候

松平隠岐守上京警固ヘノ挨拶

一松平隠岐守様御上京ニ付、途中警固ニ罷出候者へ御挨拶として、左之通金子被下之、別段此方御立入ニ付、金百疋被下之候事

手紙左之通

以手紙致啓上候、然者此度隠岐守上京ニ付、為御祝儀乍聊金百疋贈進候間、為持致進達候、右為可得御意如此御座候、以上

十二月廿三日

猶以本文上京上（ママ）ニ付、途中江御出役之御方へ左之通往来両度之分、乍聊為御挨拶贈進被致候之間、御手前様迄為持致差進候間、乍御面働（倒）夫々御席々之節、御達被下度奉頼候、以上

一金三百疋宛

五十嵐源五右衛門殿
荻野勝之助殿
村松三吾殿（マヽ）
松尾熊三郎殿

一同弐百疋ツヽ

中井右衛門殿（十脱カ）
小嶋甚之助殿
岡本徳三郎殿
湯浅多一郎殿
永田貞五郎殿
津田安之進殿
村上英之助殿

〆

右之通手参候ニ付、左之通返書（紙脱カ）

松平隠岐守留主居 森　左源太 小嶋甚左衛門様

○位置原文ノマヽ。

貴札拝見仕候、甚寒之節御座候処、弥御勇健被御勤役、珍重御儀奉存候、然者先達而　殿様御上京

之節、御途中警固ニ罷出候者共并私江、別段金百疋被下之、難有奉頂戴、尚御礼参上可仕候得共、
右之段御請迄如斯御座候、已上

十二月廿四日　　　　　　　　　　　　　　　　　　　　小嶋甚左衛門

森左源太様

出入屋敷ヨリノ祝儀

例年之通、左之ヶ所ゟ御祝儀下之候

土州敷(屋脱カ)　郡山　久世様　尼ヶ崎　松山屋敷

地口

一地ノ口、廿四日比取(頃)ニ遣候事

一歳末為祝儀、松尾・松村・同役永田・中井・村上・津田へ罷出也

一紙代、壱人前二百弐十五匁ツヽ、配分いたし候事

（表紙）
弘化三午年
日記
小嶋充均

23.0×16.5

年頭礼

弘化三午年正月元日　東御月番　駈付

一今年頭御礼五十嵐勇左衛門殿・同弥三郎殿・松村三吾殿・同小弥太殿御出、仲ヶ間津田安二・同安之進・同正三郎・永田貞五郎・同源次郎・中井十右衛門殿・同冨之助・岡本徳三郎・村上英之助・湯浅多一郎・此方、牢賄伊東貞次郎罷出、夫〻御扇子料献上いたし候事

但、松尾父子病気ニ付御不参、荻野殿御不参、山村定右衛門儀、前当番ニ付不参之事

一来ル六日松尾殿節会ニ付、朝五時可罷越旨被仰聞候旨、津田安之進伝達之事

一来ル五日松村殿節会ニ付、夕七ツ時ゟ可罷越旨、松村三吾殿御達之事

二日　御非番詰

一御役所御礼御済後、松村殿始夫〻町方廻礼之叓

一土御門始其外廻礼、八ツ時分帰宅之事

三日　上当番

町奉行参内ノ先払

一終日在宿之事

一中座嘉兵衛儀、昨日西御奉行御所表江御参　内之節、御先ニ罷出ル処、同日雨天ニ付今日御奉行様ゟ鳥目弐百文被下候旨、今日西証文方大塚遠蔵殿御達有之候旨、下詰湯浅氏ゟ一同廻状被差出候事

四日　　山村氏振替　下詰

一東公事方内里村明後六日罷出候様、呼者到来、松尾殿江申遣

一西証文方北野松梅院役人明日罷出候様、呼もの到来、五十嵐殿江遣

一右夫ミ呼者御差出ニ付、其日詰之方江伝達之事

五日

一永田氏同道知恩院宮江参殿、例之通御目録被下之候、其外廻礼之事

一今夜松村殿節会ニ付、薄暮ゟ津田氏・永田氏同道罷越候事

六日　　手明

一朝五時ゟ松尾殿節会ニ付、津田・村上同道ニ而罷越候事

七日　　上当番

植松領ノ百姓領主呼出シニ応ゼズ

一東公事懸り城殗綴喜郡内里村百姓市兵衛外ニ拾人被召出、地頭植松家ゟ度ミ呼出有之候へ共、故障申立不罷出候ニ付、右植松家ゟ被仰立被成候間、来ル十日迄ニ無間違罷出被申、尤相済罷帰り候へ者、其段可届出旨、加納繁三郎殿被仰渡候事

一西御番所ゟ明八日御頭様内侍所江御参詣ニ付、御先中座壱人差出候様申来候事

一明日節分ニ付、天使江出役番ニ相当り候ニ付、御届書東西江差出候事

一来ル九日初寄会之儀、当年番ゟ差出候事
一夕七時御番所江申上引取候事
八日　天使見廻出役
一夕七時過ゟ中座壱人、年行事壱人、供壱人召連、四時分帰宅之事
九日　駈付
仲間初寄合　一仲ヶ間初寄会ニ付、九時ゟ罷越、夕七時過引取候事
十日　上当番
西本願寺へ年礼　一今日上当番村上氏之処、西本願寺御礼ニ付同人出勤ニ付、拙者欠付之処、振替ニ而出勤之事
一筆詰中嶋専次、中座上中座代り、定遣太兵衛、雇儀兵衛・留次郎・清助出勤之事
一上雑色五十嵐弥三郎殿御出勤之事
上賀茂社ト貴布禰社トノ公事出入　一上加茂・貴布禰両社公事出入之儀、旧臘御猶予願置候処、今日日限相満候処、猶又来ル廿日以後破談書付持参致候様、公事西尾新太郎殿被仰渡候事
十一日　手明
一終日御用無之事
十二日　加番
一日光宮嵯峨大覚寺御治定之由、併御出立日限未タ不相決事
一加番入魂いたし、終日在宿之事
十三日　在宿

一終日無事

十四日　　手明

一今日当番之処、湯浅氏振替ニ而同人出勤、右代り同人上当番明十五日出勤、右故湯浅氏加番ニ付、拙者出勤可致之処、用向有之候ニ付、山村氏ゟ入魂致ス、尤同人返番来ル十七日、悲（マヽ）番拙者出勤之積候事

思省堂歌会

一夕七ツ時思省堂故宗匠歌会初会ニ付、下河原下村於別荘興行ニ付、罷越候事

十五日　　振替上当番

首縊人

一城刕葛野郡上山田村ニ首縊人有之候ニ付訴出候処、昨日検使被遣候処、今日右検使帰りニ付罷出、死骸被下願いたし候事

手荒ナル者
三人詰

一明十六日明ケ六時、東目付方懸り御前有之、尤手荒成者数十人入牢被仰付候ニ付、上下詰心得候者罷出候様、尤下タ三人詰之旨藤井才次郎殿御達、尤右ニ付手当中座三人被申付候様御達、是又下江申遣ス

十六日　　下詰

一朝之内東三人詰之方出勤、右相済候迄、下詰永田源次郎出勤之事

病死者ノ検使

一西公事方懸り播刕之金兵衛儀、病死いたし候ニ付届書差出候処、後刻為検使伴助市との・芝田平三郎殿御越、毎之通詰医師ゟ口上書差出候処、御持帰之上夜ニ至り候得共、右死骸御下知無之候ニ付、右御懸り飯室弥三郎殿江尋ニ遣候処、検使ニ罷越候者ゟ未タ届無之候ニ付、明日差図被致旨申来候事

一久我殿裏方附細川越中守殿家来大塚弥惣次・吉田専右衛門・酒井藤八、御役所留被仰付、同断中間藤兵衛外十人幷四条道場金臺寺境内辻打木戸番新太郎外七人、入牢被仰付事

十七日　振替り(マヽ)悲番詰

一今日山村与振替、悲番詰之処、山村氏出勤ニ付終日在宿之事

十八日　悲番詰

封印改メ
詰筆耕

一例月手鎖封印改之者罷出候事

一詰筆耕中嶋清太郎、中座忠兵衛・林助出勤事

十九日　手明

一終日在宿之事

廿日　上当番

一詰筆耕三宅九兵衛、中座与三七代り中座庄助・清助・義兵衛出勤之事

廿一日　(駈)欠付

一在宿之事

廿二日　助下詰

詰見座・茶番

一詰見座田辺元次郎、茶番林助

一夕刻永田源次郎交代致候ニ付、帰番致候事

一暮六時ゟ四ツ塚町江可切出致候事

廿三日　上下振替下詰

一詰見座田辺元次郎、茶番夘八出勤之事

仮埋葬ノ町人死骸ヲ取捨テル

一昨年八月病死致候ニ付、仮埋被仰付有之候建仁寺丁之叶屋嘉兵衛死骸、取捨致可申旨、東目付方木村勘助殿御達之事

右之趣、悲田院年寄ゟ通達致候

肥前相撲取等入牢

一肥前相撲取谷嵐伊三郎・筑後相撲取一ノ銘茂作・同和田川吉次・同相撲取石場山源蔵・魚棚太助、入牢被仰付候事

相撲頭取

右相撲取者、過日相撲頭取磯川甚六稽古場ニおゐて、傍輩之者擲殺候一件之由

仇討

一先年於江州栗津原、仇討致候相撲取とも入牢被仰付候節、増扶持被下候哉、相調可申越旨、東目付方櫛橋麻八郎殿御達ニ付、左之通認差出

天保七申年六月十九日ゟ御役所留　相撲取　備中　元蔵
中、六月廿六日ゟ五人共増扶持被下候　外四人
懸真野正助殿

右之通認差出候処、後刻今日入牢被仰付候相撲取共江増扶持可遣旨、御達之事

御触帳貸出

一西目付方村田藤四郎殿ゟ、天保三(年脱カ)ゟ五迄之御触帳貸呉候様申来候ニ付、文政十三ゟ天保三辰年迄御触帳壱冊、天保四巳年ゟ同七申年迄御触帳一冊、〆弐冊遣ス、使中座林助ニ候事

廿四日　下詰　振替

一詰見座田辺元次郎、茶番定遣佐助出勤之事

廿五日　加番

一今朝訴訟被成御聴、追訴役人切ニ相成候事
一詰山村定右衛門後出、中井冨之助出勤之事
一及入魂□時分帰宅之事　御進献欠付
廿六日
一終日在宿之事
廿七日　後出
公事訴訟ヲ聴ク
一西様御立会ニ而公事訴訟被成御聴、御詰五十嵐弥三郎殿、当番村上英之助、加番山村定右衛門も御出勤之事
廿八日　手明
廿九日　下詰
西奉行牢内見廻リ
一西御奉行田村伊予守様牢内御廻り有之、欠所方棚橋寿三郎殿、公事方芝茂右衛門殿、上雑色松村三吾殿御越、詰例之通取斗之事
一詰見座池本藤右衛門、茶番中座半兵衛出勤之事
一在牢江戸神田久次郎、東御役所江被召出、口合被仰付、前後牢屋使北尾半弥殿・早澤庄次郎、見座藤右衛門罷越候事
牢舎人居風呂定日
一明卅日牢舎人居風呂定日ニ付伺書差出候処、例之通可取斗旨、西尾新太郎殿御達之事
一右ニ付御年寄方悲田院年寄江通達致候事
晦日　駈付

一終日在宿之事

二月
御月番
西　田村伊予守様

朔日

一当日御礼、松村殿江申上候事

一御詰松村小弥太殿、物書専次、中座忠兵衛・林助出勤之事

一当日御礼、小弥太殿御広間江被仰上候事

二日　　在宿

仁孝天皇崩御

一禁裏御違例之旨ニ而所司代・御奉行俄ニ御参内有之由、依而出入屋敷土刕・尼ケ崎・郡山江為知遣之事

実者先月廿五日比（頃）崩御之由

三日　　加番

一詰五十嵐弥三郎殿、当番村上英之助、物書専次・清太郎出勤之事

刑ノ執行

一西目付方へ懸り小屋下預丹州池尻村嘉兵衛御叱、城刕（マヽ）太原野村弥助方同居安兵衛手鎖、城州西院村元吉手鎖、五条橋下金蔵・利七・藤兵衛・常右衛門・定吉入牢被仰付候処、口合被仰付小屋下預、江戸金蔵寺之内吉兵衛入牢被仰付、牢屋使拙者罷越候事

四日　　悲番（マヽ）

一詰五十嵐弥三郎殿、物書専次、中座林助・忠兵衛出勤之事

五日

風邪ヲ引ク

一風邪ニ而不相勝候ニ付引籠

十一日　上当番

一今日迄引籠居候事

一□（御）詰五十嵐勇左衛門殿、加番村上之処、入魂物書清太郎・専次、中座嘉兵衛・儀兵衛・清助・庄助
出勤之事

禁裏御葬送ニ付悲田院支配ノ小便桶ヲ除置ク

一蛤御門烏丸通三条、寺町五条、伏見海道泉涌寺迄、御道筋、近ゝ禁裏御葬送有之ニ付、悲田院支配
之丸三与焼印有之小便桶、来ル廿日迄之内取除置可申旨、凶事懸り渡辺殿御達ニ付、悲田院年寄江
申遣事

一明日御築地近辺、為風廻り桂数太郎殿御出役ニ付、中ケ（仲）間中座之儀御達有之候事

初午ノ太鼓等遠慮ノコト

一禁裏御違例ニ付、来ル八日初午前日とも、所ゝ稲荷社ニ而大業之儀無之様可致、尤御所近辺者猶更
入念太鼓打候儀可致遠慮、此旨洛中洛外江可申通事

午二月五日

右当五日夕差出有之旨、今日承知致事

鳴物普請停止
（11—一〇〇六）

一禁裏崩御ニ付、鳴物普請停止日数之儀、追而可相触、在町昼夜自身番いたし、火之用心随分可入念、
此旨洛中洛外江可相触もの也

午二月六日

（11—一〇〇五）

上下魚店商売人、三日之間停止申付事

右当月六日之日も差出有之事

十二日　　欠(駈)付
一終日在宿之事
十三日　　悲(マヽ)番
一御詰松村小弥太郎、物書清太郎、中座丑之助・忠兵衛、見習惣吉出勤之事

春宮践祚ニ付町奉行参内

一今夕七ッ時、西様御同道ニ而御奉行様御所表江御出有之、御先中座与三七罷出候事
　但、右者春宮様御践祚ニ付、恐悦御参内之由
十四日　　風廻り出役
一与力奥村長太夫殿、同心冷木虎九郎殿・草川権之烝殿、町代橋本金二、中座岩吉事

風廻リノ道筋

一昼八ッ時出宅、御池通油小路、二条新町、夷川烏丸、烏丸竹屋町上ル町家ニ而休息致、夫ゟ竹屋町東江寺町、寺町上江今出川、今出川西江室町、室町西江中立売、二条、堀川御池ゟ帰宅、四ッ時分ニ候事
十五日　　上当番
一御詰荻野勝之助殿、加番津田氏之処、入魂物書清太郎、中座嘉兵衛・儀兵衛・庄助・清助出勤之事
一諒闇中ニ付、当日御礼不被仰上事
一当日御礼、松村殿江罷越候事
十六日　　欠付

葬送道筋ノ触

一此度御葬送、蛤御門ゟ烏丸通南江、三条通東江、寺町通南江、五条通東江、伏見海道南江、泉涌寺江御入之事ニ候条、右御道筋町々江此旨可相触もの也
　午二月十六日

野諷経停止（11—一〇〇七）

一禁裏御葬送之節、野諷経之儀、諸寺諸山共停止之事ニ候、諷経焼香之儀、別段ニ申触候事
右之通洛中洛外江諸寺諸山江可相触もの也
午二月十二日

触穢ノ触（11—一〇〇八）

一禁裏崩御ニ付、従明後十四日触穢之儀被仰出候間、去ル子年光格天皇崩御之節之通可相心得旨、洛中洛外社方江可触知もの也
午二月十二日

（11—一〇〇八）

一今度禁裏御法事ニ付、泉涌寺般舟院ニおゐて諸寺院諷経焼香之事、去ル子年御中陰中参勤有之候寺院之分ハ、前格之通可有（脱アリ）参勤之分者此度も可為前例例（衍カ）之通候、尤此度相願候而初而出候哉茂（分）、御中陰以後之可参勤候事
右之通先格有之候共、奉行所江相達差図之上、凶事伝奏江相伺可有参勤之旨、洛中洛外江諸寺諸山江可申触も（の脱カ）也
午二月十二日
右十二日差出之由唯今承知致候ニ付認置
悲（マヽ）番詰

十七日
一御詰松村小弥太殿、物書清太郎、中座岩吉・丑之助之事

先帝諡号（11—一〇一一）

一先帝御諡号迄奉称　大行天皇与、来月四日酉刻御葬送有之候条、火之元之儀弥無油断随分入念へく旨、洛中洛外江裏借屋迄可相触もの也
午二月十七日

大行天皇葬送ニ付口触
蒔砂・幡
葬送拝見ノ心得
公武ノ役者

口触

来月四日　大行天皇御葬送ニ付、御車道筋蒔砂・幡壱丈四尺ニ可致事

一御葬送之節、拝見之者共御車御通り之節平伏仕、男者十五歳以上土間ニ可罷在候、女幷小供者床之
○コノ所ニ貼紙貼付。
「上、又者格子之内ニ而も拝見不苦候間、不作法無之様急度相慎可申候、勿論二階ニ而拝見之儀堅可為
無用候

右之通御葬送御道筋町〻江可申触候事

午二月十七日

堂上方御役

諒闇伝奏　広幡殿　　御奉行　甘露寺殿
凶事伝奏　高倉殿　　御奉行　勧修寺殿
践祚奉行　花山院殿　同　　　坊城殿
寺門伝奏　勧修寺殿」

但当月十三日　春宮様践祚、十四日御入　棺有候

（貼紙）
「御中陰中定七日」

初七日　三月六日
二七日　同　九日
三七日　同　十二日
四七日　同　十六日

五七日　同　十九日
六七日　同　廿一日
七七日　同　廿五日
右之通御所表より被仰出候付、此段奉申上候、已上
」
武家方御役
泉涌寺勤番　松平紀伊守　同寺御賄　都築重三郎
般舟院勤番　加藤能登守　同寺御賄　設楽八三郎
両寺勤番御障之節代勤　織田安房守　両寺御掃除　多羅多(マヽ)久右衛門
右夫〻御触等相認、土州屋敷・尼か崎・郡山ゟ為知遣事

十八日　下詰
一詰見座池本藤右衛門、茶番亀松出勤之事
一薬定日ニ付柳恕軒・礒谷元庵罷出事
一尾㞍常右衛門儀重病之旨申立候ニ付、則医師恕軒呼寄為見候処、暮六時絶脉致事
　但、届者明朝差出し之積

葬送装束料配分
一先達御年寄方此方共ゟ願立候、此度御葬送供御被仰付候ニ付、装束等取繕度候ニ付、銀弐貫弐百目拝借之儀願置候処、今日御下可被成下、依而弐貫弐百目ニ割、此方仲間壱貫百目、配当八ッ割ニいたし、金二両ッ、銘〻配当之事

十九日　手明

一終日在宿之事

廿日　　　　　　　　　　　　　　　　　　悲（マヽ）番

一御詰松村小弥太殿、物書専次、中座岩吉・林助出勤之事

風廻り　一明日為風廻り関根幸五郎殿御出勤ニ付、仲ケ間中座九時差出候様御達ニ付下ゟ申遣

廿一日　　　　　　　　　　　　　　　　　　下詰

一詰見座池本藤右衛門、茶番弥七出勤之事

夜廻り　一今晩ゟ夜廻り、西目付方御出勤ニ付、中座両人ツヽ毎夜寺裏会所江差出候様、御達ニ付申付事

風廻り　一明日風廻り、奥村長太夫殿御出役ニ付仲間中座御達事

廿二日　　　　　　　　　　　　　　　　　　風廻り

一西御番方与力奥村長太夫殿、同心浅賀貞之助殿・大橋松之助殿、町代松原甚三郎、中座伊之助出役事

　　但、昼八時ゟ出宅、夜五時帰宅之事

廿三（日脱カ）　　　　　　　　　　　　　　　　　　欠付

一終日在宿之事

法事ニ付関東ノ使者　一御使　高家 有馬兵部太夫殿　一御法事ニ付大伴（同(友)）豊後守殿
　　　　御目付 石谷鉄之助殿

一御法事ニ付
　右之通関（東脱カ）表ゟ此度御上京ニ付土州屋敷・尼ケ崎屋敷江申遣

廿四（日脱カ）　悲番（マヽ）

一詰荻野勝之助殿、物書専次、中座岩吉・林助出勤之事

風廻り

一明日風廻り、神沢虎之助殿御出役ニ付、仲ヶ間・中座昼九時差出候様御達之事

廿五（日脱カ）　在宿

一終日在宿之事

廿六日　風廻り

一西御番方与力熊倉成太郎殿、同心草川権之烝殿・太田丞五郎殿、町代山内五橋郎、中座岩吉出勤之
事

一伊東貞次郎亡親十三回忌相勤候事

廿七（日脱カ）　三当番

一御詰松村三吾殿、加番永田源次郎、物書専次・清太郎、中座嘉兵衛・庄助・清助・儀兵衛出勤事

風廻り

一明日風廻り、奥村長太夫殿御出役ニ付、仲ヶ間中座之儀御達ニ付下江申遣

一明日明ヶ六時御先中座壱人差出候様御達事

廿八日　手明

溺死人検使出役

一城刕葛野郡宿村領桂川筋丹波海道ゟ四丁程下之方ニ、西寺内油小路御前通下ル町近江屋利兵衛与申者、溺死いたし候旨御訴出、検使ニ相成、拙者手明ニ付昼八時ゟ物書松庄・藤忠・三九召出出役致候処、暮六時分検使西村山彦五郎殿・東吉竹繁之助殿御越、一同ゟ口書差出、夜八ツ時分帰宅之事

廿九（日脱カ）　加番

一今日上番詰候処、昨日之検使帰被出候ニ付振替候事

一昨日之検使帰り一同罷出、死骸被下願いたし、目付方砂川健次郎殿御聞届被仰渡候事

一御詰五十嵐殿、当番津田安之進、物書忠三出勤事

三月朔日　東　伊奈遠江守様御月番　　欠(駆)付

一終日在宿之事

二日　　加番

一御詰松村小弥太殿、当番中井冨之助、物書清太郎出勤之事

公儀役人以外上巳出礼ニ及バズ

一明三日上巳御礼、公儀御役人斗所司代江出礼有之候得共、寺社町方之分決而罷出間敷旨御礼御差出有之候ニ付、詰松村殿明日仲ヶ間出礼如何可致哉、公事方西尾新太郎殿江御伺有之候処、先例之通罷出ニ不及旨御達事

三月二日

諡号仁孝天皇(11―一〇七)

一大行天皇御諡号被奉　仁孝天皇与候、此旨洛中洛外江可相触もの也

三日　　上当番

一御詰加番物書出勤無之事

一諒闇中ニ付御礼無之事

殺害犯ヲ小屋下預トスル

一東本願寺家来粟津大進元家来当時無宿民助与申者、主人方暇出シ相成候処、昨日夜主人方江忍入傍輩両人及殺害ニ付、御検使之上今日御召連帰有之、御吟味中小屋下預被仰付事

支度帰御免

一御葬送前日ニ而支度帰御免ニ付夕刻帰宅之事

四日

泉涌寺へ葬送

供奉

一仁孝天皇泉涌寺江御葬送ニ付、青侍壱人供雨具持召連、八ツ時荻野殿江罷越、夫ゟ揃之上御築地内御舂屋ニ而休息罷在、暮六時ゟ御出御、翌朝五時帰宅、尤御葬送一件別帋ニ委敷認有之事

五日

悲番(マヽ)

一御詰御出勤無之、物書松庄、中座忠兵衛・善七出勤之事

一明日泉涌寺勤番ニ付、今晩ゟ下宿洞雲庵江罷越候事

六日

泉涌寺勤番

勤番

一今暁明六時ゟ松村小弥太殿、永田源次郎同道番所江出張参り、懸り所司代番所江罷越、及挨拶手札差出候事

一今日初七日ニ付、所司代御登山ニ付御先払村上英之助出勤之事

但、中座三人召連、伏見海道七条之辻ゟ御先ニ相立、御帰同断、中座壱人者御先、残り両人者雑人制道之事

一二条殿御登山ニ付御先払之儀、二条殿役人幷寺ゟ申来候ニ付、直様同役同道、御下宿悲田院江罷越扣居、御先払致、御帰り同様之事

一夕渓寺ゟ酒菓子等差出候事

一御法事暮六時相済、所司代番所江相届事

但、御法事済引元とも寺門ゟ申来

七日

上当番

一御詰松村小弥太殿、物書九兵衛出勤之事

一明八日　広大院様御位牌、大仏師室町蛸薬師上ル七条左京居宅ゟ知恩院江御安置ニ付、道筋触御差出、且又御先して上町代壱人・下町代両人罷出候様、申付置候ニ付為心得達置旨、端書証文方平尾四郎蔵殿御達有之、道筋触荻野殿江差遣、端書仲ヶ間江廻状差出候事

一勤番中泊り番御免ニ付夕刻帰宅、明日勤番ニ付今晩ゟ泉涌寺江罷越候事

八日　勤番

一松村三吾殿、永田源次郎殿出勤之事

一朝六時ゟ出張、出懸所司代番所江及挨拶候事

諸山献経

一朝諸山献経有之候事

一昼後酒菓寺門ゟ差出候事

一帰り懸り所司代番所江壱人罷越、及挨拶候事

但、七時相済、御法事済寺門ゟ届来、引取同断

九日　勤番

一松村小弥太、津田安二、見習同正三郎出勤、出帰、所司代番所挨拶前同断

見習

一今日二七日ニ付御代向九条殿御参勤ニ付、昼過御先之儀寺門ゟ申来候ニ付、正三郎同道寺中悲田院江罷越、手札差出候処、扣居候様申聞候ニ付扣居候処、御供揃案内有之候ニ付御先払致候事

但、御帰同断、七時ニ相成候事

一今日所司代御参勤ニ付、七条伏見海道辻ゟ村上英之助中座三人召連出勤之事

一御法事済、寺門役人ゟ七時届来

十日　勤番

一松村小弥太殿、津田安之進出勤、二条挨拶前同断

一朝諸山献経有之候事

一昼後酒菓差出候事

一七時御法事相済候旨届来、後刻引取之儀申来、帰宅候事

十一日　下詰

一詰見座池本藤右衛門、茶番佐助出勤之事

一東西鍵不参、医師桂以中・柳恕軒罷出候事

風廻り

一明日風廻り、桂数太郎殿御出役ニ付中座之儀申来事

十二日　加番

一上当番湯浅多一郎出勤、入魂いたし在宅之事

一明日勤番ニ付今晩ゟ罷越候事

十三日　勤番

一松村小弥太殿、津田安二出勤、都而前同断

一八ッ半時引取之事

十四日　下詰

入湯定日

一今日入湯定日ニ付為御見分西太田五郎太夫殿東藤井才次郎殿、五十嵐弥三郎殿御越之事

会所番人足

一詰見座池本藤右衛門、茶番林助出勤之事

一此比会所番小屋頭代ニ罷出候人足とも儀、悲田院年寄ゟ届も無之者多タ罷越候ニ付、今日湯日ニ付年寄代居村勘兵衛罷出居ニ付江以来右体不安心之人足差出間敷、人躰取(マヽ)与見改、其上当詰所江相届候上ニ而可差出旨申付置事

一会所ニ御差置有之候、城州山崎喜三郎外四人之者江差入持参之事

十五(日脱カ)　加番

一今日勤番之処、昨日下詰ニ而今日出勤ニ差支候ニ付、割元津田氏ゟ昨日下詰泊り之儀頼遣候処、今日勤番之方村上氏出勤、依而村上氏加番之処、拙者出勤事

一当日御礼松村殿同役江罷越候事

但、諒闇中之儀、是迄不罷越候へ共、一昨日町方之者当日御礼所司代両奉行所江可申出旨、御触御差出ニ付罷越候事

十六日　上当番

一御詰松村小弥太殿御出勤、加番入魂、詰物書松庄出勤之事

一終日御用無之、尤勤番中泊り番御免ニ付、夕方ゟ帰宅之事

但、引取後明日勤番ニ付、今晩ゟ泉涌寺江罷越候事

十七日　勤番

一松村小弥太殿、津田安之進出勤之事

一朝所司代番所江相届、諸事過日之通御相違之儀無事

十八日　同断
一松村小弥太殿、村上英之助出勤之事
一諸事例之通ニ候事
十九日　悲（マヽ）番
一御詰荻野勝之助殿、物書忠三、中座忠兵衛・丑之助出勤事
一終日御用無之事
廿日　上当番
一御詰五十嵐弥三郎殿、加番入魂、物書松庄出勤之事
風廻り
一明日風廻り、本多弥太郎殿御出役ニ付、中座之儀御達ニ付下江申遣候事、今晩ゟ泉涌寺江罷越
廿一日六七日（マヽ）　勤番
一松村三吾殿、津田安之進出勤之事
御代向
一御代向鷹司左太将殿御越ニ付、例之通御先払出役之事
廿二日　同断
一松村小弥太殿、村上栄之助出勤之事
一諸事毎日之通ニ候事
廿三日　上当番
一御詰松村三吾殿、加番入魂、物書三九出勤之事
風廻り
一明日風廻り、平塚啓三郎殿御出役ニ付、中座之儀御達之事

勤番

廿四日

一松村三吾殿、津田安二朝五時ゟ出張、毎朝之通所司代番所江及挨拶候事

一泉涌寺勤番松平紀伊守殿江為御挨拶罷出度、荻野殿御館入ニ付兼而御同人江頼置候処、段〻御引合之上、勝手次第可罷出旨留主居ゟ懸居有之旨、廻状到来候ニ付、先日下組一同箱入蒸菓子数百台ニ乗セ、過日為惣代同寺勤番之者ゟ献上物持参、御挨拶申上候処、今日右留守居ゟ先達而殿様御旅館江為御挨拶被出候ニ付被下之候旨、目録百疋被送候ニ付、御請之儀是又為惣代、今日勤番之者ゟ御旅館同寺塔頭安楽光院江向ケ罷出候事

但、献上物蒸菓子割合銀四匁三分、津田氏ゟ差出候事

一明日村上氏泉涌寺勤番之処、今日下詰ニ付帰宅後泊り出勤之事

下詰

廿五日

仁孝天皇中陰明ケ赦免アリ

一今日仁孝天皇御中陰明ニ付、乍御非番於西御役所在京御目付御立会御赦有之、御詰松村三吾殿、安之進三人詰ニ付、加番ゟ中井留之助、欠付ゟ永田貞五郎出勤、夕渓ニ相済候事

一重敲山城国中払可申付処、此度仁孝天皇御中陰明御法事御赦令宥免、鳥目二百文被下之　江戸神田蠟燭町定七忰無宿　金蔵

一重敲洛中洛外払可申付候処、同断　堺丁六角下ル善兵衛忰無宿　政次郎

一同断　土屋町下長者丁下ル儀助忰無宿　吉之助

一同断　河原町四条下ル三丁目庄兵衛忰無宿　庄太郎

一同断　筑前国福岡西丁茂兵衛忰無宿　仙次郎

一同断　城劦乙訓郡塚原町八郎兵衛忰無宿　定吉

一同断　鞍馬口小屋頭嘉七下岩吉忰無宿　安次郎

一同断　河原町三条下ル二丁目清助忰無宿　吉之助

一同断　小屋頭下三森小屋頭作右衛門下　音吉

右之通、御赦被仰渡候事

誓願寺ニテ施行

一今日仁孝天皇御中陰明ニ付、於誓願寺御施行被下之、西目付方入江太五郎殿御越、中座与惣七、仲ヶ間岡本徳三郎出役、中座丑之助出役、夕七時相済候事

廿六日　悲（マヽ）番

一御詰五十嵐弥三郎殿、物書清太郎、中座千蔵・伊之助出勤之事

一終日御用無之、八時帰宅之事

廿七日　加番

一加番之処、入魂いたし在宿之事

一明日風廻り御免相成候旨、御達之事

今日普請御免

一普請今日限ニ而御免相成、停物来月四日ゟ御免之事

廿八日　振替下詰

一明日東御奉行牢内御見廻り有之旨、御達之事

一詰見座田辺元次郎、茶番丑之助出勤之事

東奉行牢内見廻リ

一細川殿家来幷中間幷大山崎之者江差入物持参改入遣候事

廿九日　振替加番

一及入魂在宅之事

晦日　加番

一詰松村小弥太殿、当番湯浅多一郎出勤之事

四月
御月番
西　田村伊予守様

朔日　手明
一隣家江当御礼ニ罷越候事

二日　普請見分
一西下田耕助殿・岩本孫四郎殿、東木村勘助殿・北尾平次殿御越、仲間松村小弥太殿、拙者、物書松勝召連罷越、朝六時ゟ出宅、暮六半時帰宅之事
箇所
鶏冠井村真経寺出来見分、夫ゟ灰方村心光院前見分、夫ゟ楊谷寺出来見分、都合三ヶ所、尤御組者南山城ニ見分数ヶ所有之、今日者藪村泊之由

鶏冠井村真経寺他三ヶ所見分

三日　下詰
一詰見座池本藤右衛門、茶番丑之助ニ候事
一医師桂以中・礒谷元庵罷出、牢屋廻り五十嵐弥三郎殿御越之事

牢屋廻リ

四日　加番
一及入魂在宿之事

五日　手明
一村上ゟ平多十三年年忌、来ル七日相勤候旨案内有之候事
一中井ゟ重助三年年忌、来ル七日相勤候旨申来候事

村上平多十三年忌
中井重助三年忌

六日　悲番

一御詰五十嵐弥三郎殿、物書忠三出勤之事

七日　振替加番

一今日宿番之処、親類ニ年忌有之候ニ付、山村氏江入魂いたし候事

一御詰松村小弥太との、当番湯浅多一郎出勤之事

一今日公事三ツ、訴訟九ツ有之候事

御用日出勤ノ割当ヲ確認

一今日御用日之処、後出割当無之、既ニ於御白州俄ニ取斗事出来候ニ付、公事方下田定平殿右後出有之候へ者、右用向含セ可為替御心得之処、右之通無之候ニ付□有之、不□□松村三吾殿御出勤、段ミ御断被仰上候得共、何分手続書差出候様御達ニ付、平日御用日之節ハ、上下とも常式詰之外ニ壱人御出勤可仕筈候処、上詰之儀者五十嵐弥三郎之処、牢屋敷見廻り罷在遅刻仕、下詰之儀ハ昨日割方永田貞次郎殿之処、全失念仕候ニ付、以来無懈怠割当可申旨之手続書御差出有之処、先此度之儀者御頭ゟ御沙汰無之儀ニ付宜敷候得共、以来者無間違割当置、公事御当朝ニ名前書差出候様、御達之事

八日　上下振替上当番

一山村氏下詰之処、昨日出勤致貰候ニ付返番之事

一御詰五十嵐弥三郎殿、加番入魂、物書忠三出勤之事

一昼後公事方、目付方懸御前有之、左之通

同心悴ノ傷害事件

一無刀下縁　東御奉行伊奈遠江守殿組同心喜多尾弁次郎悴
喜多尾半弥

右昨七日姉小路大宮西入山形屋又吉与口論之上、帯居候刀鞘之儘ニ而右又吉を両三度打擲候処、右鞘破レ又吉儀脇腹疵付、始末御吟味之上、付添預被仰付候事
付添帯劔上縁櫛橋十左衛門殿・栗山勝之烝殿御越之事
但、後無拠子細ニ相聞候ニ付、咎之不及沙汰候旨被仰渡候事、尤又吉洛中払

洛中払

町分ゟ訴之写

一当町蓮光院借屋山形屋又吉方江昨日四時分、伊奈遠江守様御組之同心喜多尾半弥殿被罷越候処、右又吉儀悪口ニ而も申聞候由ニ而、右又吉脇腹被切付相臥居候ニ付、内外医師ニ懸置、此段御断申上候、以上

四月十五日

姉小路大宮西入
年寄　長兵衛
五人組　藤兵衛

御奉行様

右之通訴出候斗ニ相成候事

九日　　在宿

一終日在宿之事

十日　　加番

一御詰松村小弥太殿、当番中井冨之助御出勤事

一昼後引取候事

十一日　　上当番

一御詰松尾熊三郎殿、加番入魂、物書忠三出勤事
一終日御用無之、静謐ニ候事
十二日　手明
向日明神々事警固
一来ル十九日向日明神事（神脱カ）ニ付警固之儀願出候ニ付、例之通出勤可致旨御達有之、廻状之事
十三日　悲番（マヽ）
一御詰松村小弥太殿御出勤、物書三九出勤事
稲荷社神事
一来ル廿一日出輿、来月十三日神事ニ付例之通警固之儀、稲荷ゟ願出候ニ付出勤可致旨、御達之旨廻状之事
十四日　駈付
一終日在宿之事
十五日　手明
一今日割表上当番之処風邪、中井氏江及入魂、冨之助出勤之事
十六日　手明
一在宿之事
十七日　加番
一今日加番之処、風邪ニ付及入魂候事
松尾出輿
一明日松尾出輿ニ付、中座三人、年行事壱人雨具持申付候事
但、弁当一度分用意之事、尤見座藤右衛門江出役之儀申遣候事

松尾社出輿　　松尾出輿出役

十八日

一松村小弥太殿同道、昼九時ゟ罷越途中無滞相済、暮六時帰宅之事

但、前後御届、松村殿ゟ御差出之事

向日明神々事　　向日明神社神事出役

十九日

一同役永田源次郎同道、朝五時ゟ罷越無滞相済、夜四時帰宅之事

但、前後御届書此方ゟ差出、昨日見座鉄棒引年行事壱人供、年行事雨具揃等申付候事

上下振替
上当番

廿日

一御詰五十嵐弥三郎殿御出勤、物書忠三出勤之事

在京目付ノ巡見

一来ル廿一日宇治筋在京御目附御巡見ニ付、松尾殿ゟ請書到来、証文方大塚品次郎殿江差出候事

御蔭神幸

一明廿一日御蔭神幸ニ付、目附方木村与三郎殿、御番方桂数太郎殿・不破久馬太郎殿御出役ニ付、何れも中座明ケ六時差出候様御達ニ付下江申遣、目付方出役之方迄中座江申付候事

稲荷社出輿

一明廿一日稲荷出輿ニ付、目附方下田耕介殿御出役ニ付、中座四ツ半時同断、御番方棚橋寿三郎殿御出役ニ付、仲ケ間・中座之儀御達ニ付、仲間無人ニ付見座差出候様御断申上候事

一明日目付方懸り、五時御前有之旨御達之事

一明日御蔭・稲荷出輿等有之、人詰ニ付人割ヲ以御年寄方ゟ当御奉行様御馬先幷東御奉行御馬先幷悲番詰御断被仰上候処、御聞済ニ相成候事

一明日出役召連者中座弐人、年行事同役召両人、雨具持同断申付候事

不動堂

両三日以前、小屋頭四人、不動堂向寄小屋頭両人、例之通差出候様悲田院年寄江申遣置候事

稲荷出輿出役

廿一日　稲荷出輿出役

一朝五時出宅、松村三吾殿、同役永田貞五郎同道罷越、昼八時比西九条御旅所江着、夫ゟ猶又宮本江罷越、夜五時帰宅、途中無滞相済候事

鉄棒ヲ揚ヶ挨拶

途中御組出役之方江金棒ヲ揚ヶ挨拶致、伏見役方者近年掛合之通、金棒ヲ揚ヶ候代りニ其方家来挨拶致候事

御輿棟梁

一宮許江引取後、羽倉摂津守御輿棟梁挨拶ニ罷越候事

廿弐日　悲(マヽ)番詰

一御詰松尾熊三郎との、物書専次出勤之事

一明廿三日目付方懸り囚人御前有之旨御達ニ付、其段下江申遣候事

廿三日　下詰

一詰見座田辺元次郎、茶番夘八出勤之事

一東西御役所ゟ都合二拾人、入牢被仰付候事

牢内見廻り、拷問場

一二条与力目付大野市右衛門殿牢内見廻り有之、拷問場為見呉候様御頼ニ付案内致、例之通東西江申上候事

葵神事警固

廿四日　悲番 尤加番ゟ悲番江廻ル

一今日葵御神事ニ付警固等有之、人詰ニ付加番ゟ悲番江相廻り候事

一御詰松村小弥太殿、物書忠三出勤之事

一明日勘定方懸り御前有之旨御達ニ付、下江申遣候事

廿五日　　　　　　　　　　　　　　　　　　　　　　　　　　　　津田氏之処入魂ニ付出勤
上当番
一御詰松尾熊三郎殿御出勤之事、物書九兵衛出勤事
一今日追訴公事為被成御聴候事
積塔会ニ出役
一明日検校積塔ニ付出役之儀御届書到来、御番所江差出候事
廿六日　　　　　　　　　　　　　　　　　　　　　　　　　　　加番
一御詰松村小弥太殿、当番津田安之進出勤、物書忠三出勤之事
一昼後帰宅之事
廿七日　　　　　　　　　　　　　　　　　　　　　　　　　　　上当番
一今日東様御立会ニ而公事訴訟被成御聴、御詰松尾熊三郎殿、後出五十嵐勇左衛門殿、加番村上英之助、後出山村定右衛門出勤、過日被仰渡通、詰もの名前書公事方下田定平殿迄差出候事
訴訟ト公事
訴訟九ッ、公事三ッ有之事
廿八日　　　　　　　　　　　　　　　　　　　　　　　　　　　手明
一終日在宿之事
廿九日　　　　　　　　　　　　　　　　　　　　　　　　　　　悲番
一御詰松村小弥太殿御出勤之事
東　伊奈遠江守様　　　　　　　　　　　　　　　　　　　　　　五月御月番
朔日　　　　　　　　　　　　　　　　　　　　　　　　　　　　手明
一当日御礼、隣家同役江罷越候事

二日　加番之処当番中井俄ニ病気ニ付出勤
　　　上当番
一西様御立会無之公事訴訟被成御聴、御詰松尾熊三郎殿、後出松村小弥太殿、加番拙者、後出山村定
　右衛門出勤之事
三日　上当番
一御詰五十嵐弥三郎殿加番入魂之事
四日　悲(マヽ)番
一詰五十嵐弥三郎殿御出勤、今日御奉行泉涌寺江御越之事
五日　欠(駈)付
一終日在宿之事
端午ノ礼
一端午御礼下組一同中井氏□□隣家江罷越候事
六日　今日加番之処、当番村上氏振替、依而明日拙者上番同人出勤
一御詰松尾熊三郎殿御出勤之事
御救米御用
一明日御救米懸り御用有之候ニ付、同日壱人ツヽ出勤いたし候様御達事
三条塗板
一大文字丁ニ捨もの有之、三条塗板江認之儀被仰出候ニ付、荻野殿江通達いたし候事
七日　後出
一西様御立会ニ而公事訴訟被成御聴、御詰松尾熊三郎との、加番岡本徳三郎、当番村上英之助出勤之
　事

一右引続、在京御目付中間与盗人無宿又吉外三人与寺丁通ニ而口論いたし候、依而吟味有之、右中間
付添預、又吉外三人入牢之事

八日　　　　　　　　　　　　　　　　　　　　　　　　　　　手明

閏月ノ祇園会吉符入

一長刀鉾町ゟ当年者閏五月有之候ニ付、吉符入之儀如何被成候哉之旨、昨日津田氏江問合有之候ニ付、
猶伺之上沙汰可致旨同人ゟ返事致置候処、今日先例之通閏五月廿日ニ伺済之旨、廻状到来致候ニ付、
左之通認長刀鉾丁江迄差遣

　　　竉巻

天明度ノ例ニ依ル

昨日一応得御意置候吉符入之儀、今日表向伺済、天明度旧例之通、閏月廿日ニ取極候ニ付其趣山鉾
丁ミ江通達可有之、此段得御意候、以上
　五月八日　　　　　　　　　　　　　　　　　　　　　　　　山村定右衛門
　　　　　　　　　　　　　　　　　　　　　　　　　　　　　湯浅多一郎
　　　　　　　　　　　　　　　　　　　　　　　　　　　　　小嶋吟次郎
　　　　　　　　　　　　　　　　　　　　　　　　　　　　　津田安二
　長刀鉾丁
　　　御年寄中
右之通封し差遣候事
　但、上組十四日触丁ミニ吉符入之儀ニ付、達之儀都而上組同役ゟ取斗之事

九日　　　　　　　　　　　　　　　　　　　　　　　　　　　助
　　　　　　　　　　　　　　　　　　　　　　　　　　　　　下詰

一上当番中井冨之助、当所詰見座池本藤右衛門、茶番夘八出勤之事
一在牢勢劢又吉外五人東御役所江被召出、於御白洲御吟味有之候事
一姉小路大宮西江入山形屋又吉入牢被仰付候事

是者前書北尾半弥殿之一件可有之者

一昼後柳恕軒罷越候事

十日　助 下詰　今日加番之処永田氏俄ニ引籠ニ付出勤

一上当番村上英之助出勤、詰見座藤右衛門、茶番佐助出勤之事

行水定日

一今日行水定日、牢舎人行水いたし、藤井才次郎殿・嶋田唯五郎殿御越、松尾熊三郎殿御越、其外例之通罷出候事

十一日　下詰

一上当番岡本徳三郎殿、詰見座藤右衛門、茶番万蔵出勤之事

一在牢城刕吉右衛門外拾壱人、入牢被仰付候事

十二日　欠（駈）付

一何之御用無之事

十三日　悲（マヽ）番

一今日悲番詰之処、永田源次郎出勤之事

十四日　泉涌寺御塔供養勤番

日吉神事出役
泉涌寺塔供養

一今日日吉神事有之、右方江津田安二・村上英之助出勤、安之進儀遠方出役ニ付勤番之方松尾熊三郎との・津田正三郎出勤、朝明ヶ六時ゟ松尾殿江罷越、同道泉涌寺江罷越、二条番所江及挨拶、昼後御代向二条殿御登山、宿坊悲田院ゟ御先いたし、御所司代、両御奉行御越之事

夕七ッ時分帰宅之事

十五日　悲番

一御詰荻野勝之助殿御出勤之事

十六日　上当番

一御詰荻野勝之助殿、加番岡本徳三郎御出勤之事

仁孝天皇百ヶ日

一今日　仁孝天皇御百ヶ日ニ付、公事訴訟不被成候事

十七日　加番

一御詰荻野勝之助殿、加番拙者、当番永田源次郎出勤之事

十八日　悲番

一御詰松村小弥太殿出勤之事

十九日　加番

一御詰松尾熊三郎、当番村上英之助出勤之事

不孝者召捕

一建仁寺新地門脇丁麩屋藤兵衛伜熊吉儀、刃物ヲ以立騒、不孝増長致候旨、昨日右親町役人ゟ訴出、
御召捕ニ相成候事

廿日　上当番

一御詰荻野勝之助殿御出勤之事

二条表火事

一今夜九ッ時分早鐘鳴候ニ付、二条表江欠(駈)付候処、無程消火ニ付引取之儀、御取次中川隼太郎殿ヲ以
被仰出候ニ付罷帰、其段御番方四方田百作殿江相届候事

但、火元不相分候旨ニ而、目付方其外御引取候事

廿一日　遠嶋差添

遠嶋ノ囚人ヲ高瀬川迄送ル

一遠嶋極嶋原三郎助・壱貫町亀吉出帆被仰付、高瀬迄差添村上英之助・拙者出役候事

但、大坂迄差添、同心目付寺田彦助殿・真壁源三郎殿之事

廿二日　悲（マヽ）番

一松尾熊三郎殿御詰ニ候事

廿三日　上当番

一御詰松尾熊三郎殿、加番中井十右衛門出勤之事

一目付方懸り在京東寺内定吉外十四人口合被仰付、小屋下預大坂徳三郎外弐人、入牢被仰付候事

廿四日　加番

一御詰松村小弥太殿御出勤之事

当番永田源次郎出勤之事

廿五日　上当番

一御詰松村小弥太殿、加番中井冨之助出勤、公事訴訟被成御聴候事

廿六日　悲番

一御詰松尾熊三郎殿御出勤之事

廿七日　下詰

一詰見座田辺元次郎、茶番太兵衛之事

軽罪仕置

一鷹ヶ峯岩吉六人(外脱カ)、軽罪御仕置被仰付候事

廿八日　　下詰

一詰田辺、茶前同断

一越後森蔵外七人、口合被仰付候事

牢舎人病死

一伏見伊八病気《死》いたし、検使末吉邦次郎との・中江剛蔵殿御越、詰医師ゟ口上書差出候、後刻死骸取
片付被仰付候事

廿九日　　加番

牢舎人行水

一牢舎人行水いたし、けんふん(見分)山下部助との・芝秀蔵殿御越之事

一御詰五十嵐弥三郎殿、当番永田源次郎出勤之事

晦日　　悲番詰

一御詰松尾熊三郎殿御出勤之事

閏五月朔日　西　田村伊予守様御月番

一御詰荻野勝之助殿、当日御礼御広間江被仰上候事　　悲番

一隣家江当日御礼罷越候事

二日　　加番

一御詰荻野勝之助殿、後出(衍カ)五十嵐弥三郎殿、当番永田源次郎、後出湯浅多一郎出勤、公事訴訟被成御
聴、御前ニ囚人落着御前有之候事

三日　手明
一何之御用無之事
四日　加番
一御詰五十嵐弥三郎殿、当番岡本徳三郎出勤之事
五日　病気ニ而引籠
一何之事も無之事
六日　同

東本願寺門主譲位ニツキ祝詞、当仲間ハ御家中同様

一東御門主此度　新御門主江御譲位ニ付、大御門主此度御隠居被為遊候ニ付、他江者御彼(披)露無之候得共、当仲ヶ間者格別御由緒有之、御家中同様之御心得ニ付、近ミ右祝詞可申上旨、町代橋本三次ゟ
津田氏江申来候趣ニ而申来候事
七日　引籠
一何之御用無之事
八日　同
一同断
九日　同
一同断
十日　同
一同断

十一日　上当番

一御詰松尾熊三郎殿、加番村上英之助出勤之事

一小屋下預摂刕之豊吉外三人、於御白洲御吟味之上、入牢被仰付候事

十二日　続当番

一御詰松村小弥太殿御出勤之事

一今日永田源次郎当番之処、俄ニ病気ニ付、拙者加番之処当番江出勤之事

十三日　悲（マヽ）番

一御詰荻野勝之助殿御出勤之事

徳川齊順逝去

一紀伊大納言殿御逝去ニ付、公事訴訟今日可被成御聴之処御延引相成、今日ゟ日数七日之間、鳴物停止被仰出候事

今宮神事御旅中見廻り停止

一当十八日今宮神事ニ而、今十三日も御旅中ニ付、五十嵐殿一組之内上雑色壱人・下雑色壱人、旅中見廻り被仰付有之候処、右之通御停止相成候ニ付、出役之処如何可仕哉、公事方江五十嵐殿御尋迄有之候処、出役不及旨御達之事、別段御番所江其趣御届無之相済、後届書ニ書付差出候御積之由

但、当廿五日神事、廿三日廿四日残り御旅致候事

十四日　手明

一何之御用無之事

十五日　上当番

一御詰五十嵐弥三郎殿加番入魂之事

東本願寺へ献上物

一過日東本願寺ゟ申来候一件、今日仲ヶ間一同ゟ御扇子三本入并松村一組別段御館入廉ニ而同断、献上之事

但、松村三吾殿・松尾熊三郎・津田安二・村上英之助参殿之事、尤於御殿御酒被下候由、且右扇子箱割仲ヶ間一同之分弐匁弐分、一組之方四匁四分、右者津田氏ゟ誂被呉候ニ付、同人方江差遣ス

十六日　駈付

一何之御用無之事

十七日　下詰

一詰見座田辺元次郎、茶番佐助出勤之事

行水定日

一行水定日ニ付為見分太田五郎太夫との・藤井才次郎殿、牢屋廻り五十嵐弥三郎との御越事

囚人病死

一重病ニ付会所江御差置有之知恩院之久兵衛病死致、為検使広瀬佐野右衛門殿・上林平兵衛殿御越、詰医師ゟ口書差出候事

後刻右死骸身寄之もの江引渡遣候様御沙汰、渡し遣し候事

十八日　御印消

西岡酒屋株御印消一件

一城州葛野郡徳大寺村出在家河原町米屋多次郎儀、西岡酒屋株ニ而酒造渡世罷在候処、右者新株ニ付天保十三寅年御差留ニ相成、其節ゟ御印有之酒道具村方江御預被仰付候処、此度難渋ニ付売払度、依之御印消取之儀昨日願出候ニ付、御聞済ニ相成候ニ付、出役可致之御沙汰ニ付出役、中座壱人、物書壱人、供壱人召連、五時ゟ罷越、先方之御印有之酒道具不残消之候上、左之請書取之

御請書

酒造桶道具類ノ目録

一私儀、西岡酒屋仲ヶ間与相唱候内ニ而酒造渡世仕罷在候処、天明八申年・文化元子年御改之節ニ休株ニ付、天保十三寅年十一月酒造渡世御差留ニ相成候ニ付、御印有之候桶小道具預、左之通

一仕込桶弐拾八石入　拾本　一同弐拾石入　壱本　一垂口桶拾二石入　三本
一同拾五石入　三本　一同八石入　拾三本　一同六石入　五本　一同拾石入　弐本
一売場桶三石入　三本　一煮込桶八石入　拾八本　一同拾弐石入　三本　一同五石入　弐本
一半切桶　九拾枚　一小吟桶　八本　一蒸桶　三本　一船　三艘　一漬桶　三本
一台桶　拾弐本　一水桶　壱本
〆十九（マヽ）点

道具売却願

右道具類之儀者、御差留ニ相成候節ゟ村方江御預被仰付置候処、必至与難渋ニ付、夫〻御印消取被成下候ハヽ、売払申度旨奉願上候処、御聞済被成下、則桶小道具類共御印御取之上、不残御引渡被成下、難有奉請取候、依之御請書奉差上候、以上

弘化三午年閏五月十八日

城州葛野郡徳大寺村
出在家河原町
米屋文次郎
年寄 勘左衛門
五人組 平八郎

宛なし

右請書此間共限取置候
翌十九日御役所江差出候御届、左之通

覚

弘化三午年閏五月

城州葛野郡徳大寺村
出在家河原町
米屋文次郎　所持

一仕込桶八石入　拾本
　此外認

西岡酒屋株

右者西岡酒屋株之内ニ而酒造渡世罷在候処、天保十三寅年十一月右渡世御差留ニ相成、御印有之桶其外小道(具脱カ)類之儀者、其節ゟ村方江御預被仰付置候処、難渋ニ付右桶其外道具類共、御印消取被成下候へ者、売払申度旨相願候ニ付、御印消取遣候様被仰付、則私罷越、書面之桶小屋道具類とも、御印消取引渡遣候ニ付、此段御届申上候、以上

　午閏五月十九日　　　　雑色

十九日　　　　加番

一昨日之御届公事方吉岡伊和助殿江差出候処、申上へく旨御達之事

一加番入魂いたし候事

四条道場ヨリ出火

一今夜九時頃早鐘鳴ニ付、早速西御役所江欠(駈)付候処、御出馬有之、火元四条道場之旨ニ而四条通寺町江向御出馬有之候処、最初四条通祇園旅所江火移り有之候ニ付、四条寺町辻ニ而暫時御立留り有之処、火勢甚強ク、四条寺町西江入町不覚束相見江候ニ付、夫ゟ寺町四条下ル大雲院江御立寄有之候処、同寺庫裏之辺江火廻り有之候ニ付、猶又大雲院隣り之寺江御越有之処、四条寺町西江入町幷寺町四条上ル丁・下ル丁江燃立、飛火四方江散乱致、西東御奉行、在京御目付方御同道、所ゝ江御越有之、翌昼五時迄燃立、火元道場ゟ南江四条旅所、東者四条御旅町中程迄、西▨(者カ)四条通高倉迄、四条高倉迄(衍カ)之辻ゟ上者錦小路、南者綾小路通迄出火、都合町数二拾弐丁・家数千百拾軒計焼失、御奉行翌昼九時時分御帰り之事

翌日昼迄燃エル

焼失ノ町数・家数

但、同夜ゟ翌朝江懸ケ淀・膳所殿様御出馬、先外高槻・亀山追〻御出馬、火消方御人数御到着之事、

火元道場手妻小屋ゟ出火、道場本堂等無別条事

火元ハ道場ノ手妻小屋

一牢屋敷迄飛火散来候ニ付、公事方始其外追〻御欠付有之由ニ候事

廿日

一今日例年之通吉符入ニ候処、昨夜ゟ之出火ニ而混雑致居候ニ付、御役所表者混雑見計、執行方江可罷越届置、明日罷越候積之事

吉符入ハ延期

廿一日　　　下詰

一吉符入相済候迄、下詰永田源次郎頼置、例之通執行方江罷越、祝盃いたし、帰懸ケ町〻江申渡、津田・此方手分いたし右廻候事

廿二日　　　悲(マヽ)番

一御詰松尾熊三郎殿出勤候事

廿三日　　　欠付

一無事

廿四日　　　下詰

一御所番細川越中守殿家来大塚次三次外二十三人、東御役所江被召出、口入之上附添町預等被仰付候事

廿五日　　　上当番

一御詰松尾熊三郎殿、加番村上英之助出勤、公事訴訟被成御聴候事

廿六日　　手明
一無事
廿七日　　上当番
一御詰荻野勝之助殿、加番徳三郎後出、湯浅多一郎出勤、公事訴訟被成御聴候事
廿八日　　加番
一当番永田源次郎出勤、昼後及入魂引取候事

被災難渋人へ救金貸下ケ

一当廿六日於東御役所、去十九日出火いたし候寺社・町ミ廿五丁被召出、此度四条道場同小屋ゟ出勤（マヽ）致、右町ミ及類焼、稀成大火ニ而難渋之もの有之哉ニ付、御救御手当金之内ヲ以五拾九貫四百目、来未年ゟ十ヶ年賦無利息ニ而御貸下ケニ相成、依而難渋之もの江軒別ニ割渡遣し候様、於御前被仰渡候事
廿九日　　悲（マヽ）番
一詰五十嵐弥三郎殿出勤之事
一東御奉行様御先中座、西様同様御達在之節、名前書差出候様御達之事
六月
東　伊奈遠江守様　　御月番
朔日　　神事用

地ノ口相場

一今日例年之通津田・此方同道、松村殿江罷越、行事地ノ口相場承りニ罷越、例之通祝盃いたし候事
　地ノ口相場百九匁ニ候事
二日　　加番

一当番中井冨之助後出、津田安之進出勤、公事訴訟於御前御聞被成候事

三日　　上当番

一御詰松村小弥太殿、加番山村定右衛門出勤之事

四日　　手明

非常駈付ノ際ノ食費ヲ定メル

雑色江

先月十九日四条道場金蓮寺境内ゟ出火、追々大火ニ相成候付、牢屋敷江欠付候年行事・悲田院年寄手下之者共并穢多共食事之儀、両度共銘々自分ニ而取賄、殊ニ遠方之村方ゟ持運候趣ニ相聞、仕来候儀ニ者(候脱カ)得共、平常与違ひ非常駈付之もの、右之通ニ而者、仕儀ニ寄御用弁ニも可拘儀ニ有之候、然ル処、此度之儀事済候儀ニ付、右食事壱ヶ度代銀四分宛之積、右欠付候惣人数五拾壱人、両度代銀四十目八分、両御役所ゟ被下候間、駈付候もの共江夫々割渡可遣候、且以来駈付之もの食事之儀者、壱ヶ度壱人分米弐合三夕之宛之積、刻限見計牢賄方ニ而握り飯拵させ遣候様可致候、右御入用之儀者、壱ヶ度壱人分銀四分ツヽ之積、両御役所ゟ被下候間、其節之御勘定相立候積相心得可申事

六月四日

右之通西公事方下田定平殿ゟ被仰渡候事

五日　　神事用

祇園会曳初見分

一津田正三郎同道、長刀鉾丁江曳初見分ニ罷越、帰り懸町々江明朝之公事渡触いたし、石井筒丁ニおゐて例之通祝盃有之、尚又昼後松村方江石井筒町行事罷越候ニ付、津田同道罷越事

六日　　悲番

六角堂ニテ鬮ヲ渡ス

一暁六角堂江罷越、夫ゝ鉾町江鬮御渡相成事

一詰松村小弥太との、終日御用無之事

七日　　　　　　　　祇園会神事

一例年之通、相変儀無之事

八日　　　　　　　　悲（マヽ）番

一御詰荻野勝之助殿出勤之事

一当於御白洲左之通被仰渡

類焼ノ難渋人へ夫食代銀ヲ給付

一　男三人 女壱人 日数百五十日之間分夫食
　米弐石六斗弐升五合
　代銀弐百六十弐匁五分
　　麩屋町四条下ル町笹屋長左衛門借屋
　　　大坂屋庄兵衛
　　　但 男壱人一日五合 女壱人一日弐合弐夕

一　男五人 女壱人 日数百日分夫食
　米弐石七斗五升
　代銀弐百七拾五匁
　　右同町清水屋次兵衛借屋
　　　志賀屋甚蔵
　　　但右同断

一　男弐人日数百日分夫食
　米壱石
　代銀百目
　　右同町柊屋清蔵借屋
　　　唐木屋源次郎
　　　但右同断

一　男三人 女弐人 日数百日分夫食
　米弐石
　代銀弐百匁
　　御幸町四条下ル町家持
　　　伊勢屋作兵衛
　　　但右同断

一　女三人日数百五十日分夫食
　壱石壱斗弐升五合
　代銀百十弐匁五分
　　堺町四条下ル町家持
　　　大嶋屋こう
　　　但右同断

一米七斗五升　男壱人女壱人　日数百日分夫食
　代銀七拾匁
　　右同丁家持
　　　八木屋五郎右衛門
　　　　但右同断

一米弐石　男三人女弐人　同断
　代銀弐百目
　　高倉四条上ル町家持
　　　津国屋権兵衛
　　　　但右同断

其方共儀、先月十九日夜類焼ニ逢、老年又ハ病気之者、或者不具成・厄介・幼年之子供・孫共等も有之、右之内ニ者歩行難成病身もの有之、甚難渋之趣ニ付家内男女之人数ニ応し、庄兵衛幷こう儀ハ取訳難渋之趣ニ相聞候間、日数百五十日分、其余之もの者日数百日分之積り、夫食代銀被下候間、御仁恵之程一同難有可奉存候
附添町役人共右之通申渡候間、其方共ニおゐても御仁恵之程難有(可脱カ)奉存候
右之通被仰渡候事
　　　　　　　　　　　　　　　　　駈付

九日
一無事
　　　　　　　　　　　　　　　　　村上之処振替
　　　　　　　　　　　　　　　　　下詰

十日
行水定日
一行水定日ニ付見分、芝嘉左衛門・森善次郎、上雑色御越之事
牢舎人病死
一切支丹南之間江𠮷利八病死いたし、木村善蔵殿・藤井才次郎殿為検使御越、詰医師ゟ口上差上候事
礒谷元庵妻死去
一礒谷元庵妻昨夜死去致候旨、柳恕軒以書付届出候ニ付、早速年番中井・山村江為持候処、後刻五十嵐殿ゟ書面聞置、牢舎人療用方之儀、乍忌中申合相勤可申旨可申渡旨申来候ニ付、恕軒呼寄セ申渡、

先例御鍵番江為心得申上候、先例ニ付東西御役所江申遣候事
十一日　今日下詰之処村上出勤　手明
一無事
十二日　加番
一当番永田源次郎出勤
十三日　加番
一公事訴訟被成御聴、御詰松尾熊三郎との、後出五十嵐弥三郎との、当番永田源次郎、後出中井富之助出勤事
十四日　祇園会神事
一今暁公事渡ニ候得共、朝出加番ニ付不参候事
一今日下詰之処、永田貞五郎出勤ニ付、帰宅後出勤事
一例年之通、相変儀無之事
祇園会神事
十五日　手明
一当日之礼、隣家江罷越候事
十六日　上当番
一公事訴訟被成御聞、御詰松尾熊三郎殿、加番岡本徳三郎、後出津田安之進出勤之事
十七日　駈付
一無事

十八日

一詰五十嵐勇左衛門殿、当番津田安之進出勤事　加番

十九日　助上当番

一公事訴訟被成御聴、御詰五十嵐弥三郎、加番湯浅多一郎、後出津田安之進出勤之事

一入牢勢夃之又（吉脱カ）外拾人、在京御目付犬塚太郎左衛門殿、中間吉五郎外拾人斗江可被仰付候処、延引相成、終日御吟味有之事

廿日　上当番

一御詰松尾熊三郎殿、加番山村定右衛門、三人詰ニ付湯浅多一郎出勤之事

一小屋下預三条やす外五人、落着被仰付引続在牢、セイ夃之又吉外十五人幷町方之もの、口合被仰付候事

軽罪仕置

一明日軽罪御仕置被仰渡候ニ付手組御渡之事

但、帯刀人送り出し有之、□仲ヶ間・中座ニ御達

東西奉行女院御所ニ赴ク

一今夜五時分、俄ニ東西御奉行女院御所江御越之事

廿一日　手明

一無事

女院崩御（11―一〇四六）

一女院崩御ニ付、鳴物停止、自身番三日之間、魚店商売御差留相成事

風廻リハナシ

但、風廻り無之事

廿二日　手明

一柳谷江御参詣いたし候事

廿三日　上当番

一御詰松村小弥太殿御出勤事

一此度崩御懸り、西様被仰付事

　但、仲ケ間諸伺別帋帳面ニ認置

廿四日　手明

一無事

廿五日　下詰

一詰見座田辺元次郎出勤

一何之御用無之事

新清和院葬送ニ付触書

一新清和院様来月廿三日泉涌寺江御葬送ニ付、御道筋車留并物見之儀ニ付、御触三通到来

　但、堺門(衍カ)御門ゟ出御、都而光格天皇御道筋同様之事

廿六日　加番

一入魂いたし、在宿之事

廿七日　手明

　無事

廿八日　悲(マヽ)番

一御詰荻野勝之助殿、御凶事調松尾熊三郎殿御出勤事

廿九日

一詰見座田辺元次郎出勤、終日何之御用無之事　　下詰

晦日　　加番

一部屋用及入魂、在宿之事

新清和院触穢触

一新清和院触穢、来月三日ゟ之旨御触御差出之事　　七月御月番

西　田村伊予守様

一詰松村小弥太殿、当日御礼被仰上候事

一夕刻ゟ下詰山村振替いたし(候脱カ)ニ付、泊り出勤之事

二日　　手明

一上当番永田源次郎之処、振替ニ付夕刻ゟ泊り出勤之事

(11—一〇五二)

一明後四日ゟ普請差免、御葬送迄間も有之儀ニ付、渡世向之鳴物差免、廿三日御葬以後以前之通相心得候様、御触出候事

三日　　牢屋詰之処振替ニ而在宿

(11—一〇五三)

一七夕ニ付、市中勿論都而子供共笹ニ行燈挑灯ともし歩行候儀ハ、御穏便中殊ニ火之用心も不宜儀ニ付不相成旨、御触御差出有之候事

四日　　下詰

一詰田辺元次郎、茶番岩吉出勤之事

一先月廿六日牢死致候押小路烏丸東江入沈香屋庄助借屋山城屋七郎(五脱カ)、御検使之上死骸取捨被仰付候処、

牢死者ノ死骸引渡シ

御雇入ニ罷出居候留次郎与申もの、兼而右七五郎親類之内ニ心安く為(衍カ)いたし候者有之ニ付、右様病死其外何ニ不寄、相変儀有之ハ為知呉候様被相頼居候処、右之通牢死いたし候ニ付、其趣為知遣、其節金弐朱挨拶申受、然ル処右死骸被下願致度候得共難叶趣ニ付、内々取斗ヲ以家内取入葬遣度旨申聞ニ付、即留次郎儀見座田辺元次郎方江罷越、右之趣咄し何卒内々渡し呉候様相頼候処、元次郎申聞候者、右者中々不容易儀ニ付取斗難出来申聞置、夫ゟ両三日相立、右元次郎養夫(父)当時退身致居候蔵三郎江右様之咄合いたし候処、蔵三郎申聞候者、右之例是迄ニ有之儀ニ付、子細も有之間敷旨申聞候ニ付、夫ゟ元次郎儀姉小路大宮西へ入丁専助与申者相頼、右御吟味懸り砂川健次郎殿江伺貰ひ候処、右者不容易儀ニ付如何共沙汰いたしかたく、併元次郎ニおゐて如何共勘弁いたし候儀差図難出来候得共、勝手次第ニ付可致旨御沙汰ニ付、其儘ニ右留次郎呼寄セ、川崎村小頭呼寄セ、西土手ニ埋有之死骸取出し、駕ニ乗昨夜召連帰候旨風聞有之候ニ付、今日松村三吾殿・松尾熊三郎殿、津田安二・永田貞五郎・湯浅多一郎御越御吟味有之候処、右之通申聞候ニ付、直様右懸り砂川殿江於御役所ニ御面会之上、右之趣御談有之候処、猶相役之ものも有之ニ付談之上沙汰可致、乍併右之風聞高く相成候而者不宜、穏便□(御)取斗御沙汰ニ付、右元次郎・留次郎病気引之姿ニ而慎御申渡有之候事

但、右七五郎儀者難有宗旨与申、宗門相弘候ものニ而御召捕、御吟味相成居もの候事

五日　欠(駈)付

一何之御用無之事

六日　手明

一何之御用無之事

七日　下詰　日之内村上出勤

一詰見座池本藤右衛門、茶番定遣夘八出勤之事

大風吹キ牢舎破損

一昼八ッ時分ゟ大風吹来、所〻人家之穿壁、屋根瓦其外吹落し、尚七ッ時強雨ニ而至暮追〻励（激）敷相成候ニ付、公事方始東西与力同心十人、仲ケ間松村三吾殿外七人、其外悲田院・穢多夫〻手下之もの召連罷出、牢内繁々見廻り殊之外混雑いたし、夜四ッ時分少し鎮り候ニ付、夫〻御引取有之、牢屋敷坪内ニ而者切支丹屋根瓦落、矢切竹垣其外板屋根多風損いたし候事

但、駈付人足江握り飯被下候儀、御越公事方江相伺候処、差遣し可申旨御達ニ付、牢賄所ニ而為焚、一同江差遣し候事

八日　加番

三条・五条大橋流失ノ対策

一今日加番之処、西目附方入江太五郎殿・岩本孫四郎殿ゟ昨夜之烈風強雨ニ而三条大橋・五条大橋中之間加茂川洪水ニ而引落、流失いたし諸人往来難出来、右故出役いたし候ニ付、拙者ニ出役可致旨御達ニ付、早速引取支度いたし三条橋会所江出役いたし候処、追〻入江殿・岩本殿御越之上、角倉与市殿江御引合之上、三条大橋壱丁程下之方ニ而船渡いたし、急流ニ無之処者仮橋拵候積ニ而、高瀬船三艘兼而角倉江御引合有之候ニ付差出、夫〻手伝方三文（字脱カ）屋与兵衛御呼寄、早〻人足召連罷出、船渡し場取拵候様被仰付、丸太幷板等を廻し財木屋（マヽ）ニ而追〻御取寄有之、寺裏手伝方幷船頭等差出し、追〻御達有之、夕暮時分漸〻出来候事

船渡シ場ヲ作ル夕暮ニ完成

但、場所麁絵図認置候、尤今晩帰宅いたし可申、橋会所ニ而止宿いたし候事

○挿図ハ別掲一七二・一七三頁。

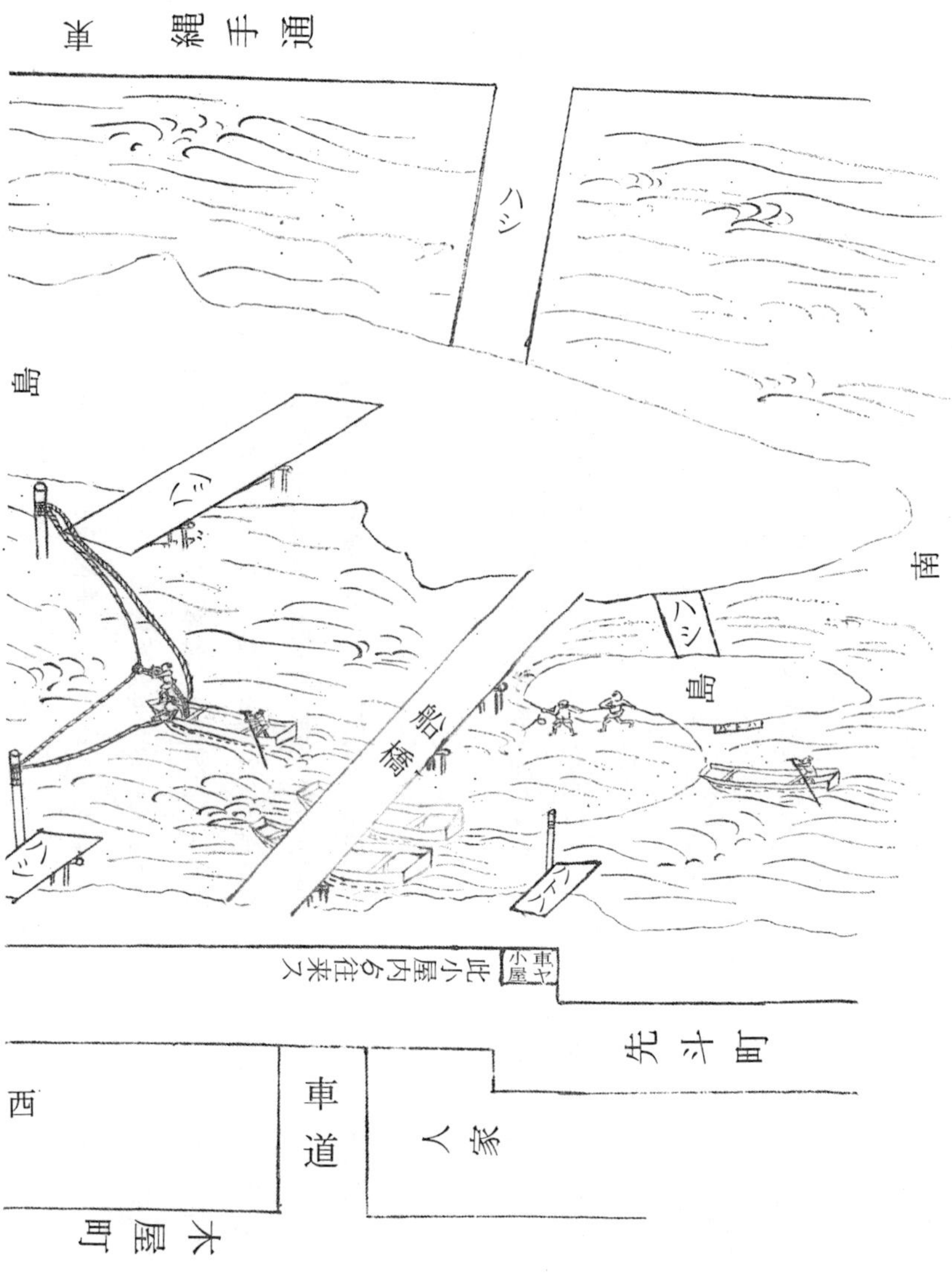

縄手通
東
ハシ
ハシ
ハシ
ハシ
島
島
南
船橋
車ヤ小屋
此小屋内ゟ往来ス
先斗町
車道
人家
西
木屋町

東川端
北
南
西川端
人家
船渡八日九日ニ出来
朱書船はし
十日出来

九日　欠付処出役

一今日船渡し出来候ニ付、諸人往来差操等致候事

一今日入江殿・岩本殿、此間共中座亀松・半兵衛・茂助付置、七ツ時分帰宅候事

更ニ一ヶ所船渡シ場ヲ作ル

猶又今晩俄今壱ヶ所船渡し場取拵候様、御奉行ゟ御沙汰ニ付、早ゝ橋会所江出役可致旨、入江殿ゟ中来候ニ付出役夜□拵候事

十日　同断

船橋ヲ架ケル
荷物ハ船渡シ

一追ゝ水引落候ニ付、船橋御懸渡し有之、諸人往来丈ヶ船ばし通行為致、荷物等両方之船渡しゟ通行為致、牛馬等荷物為下、右荷物船ニ而渡し、牛馬ハ船橋ゟ通行為致候事

日光宮上京警固

一明日日光宮嵯峨大覚寺ゟ日光御里坊江御入京ニ付、警固上組両組とも今晩ゟ出役被下詰岡本ニ付泊り出勤之事

角倉与市見廻リ

一右船渡し場所其外、日ゝ角倉与市殿見廻り之事

一先今日ニ付手放レ候ニ付、御引取之事

人足動員

一三条船はし・船渡し場修復為手当、日ゝ寺裏手伝五人ツゝ差出、尤非常之節、寺裏之人足三十人・穢多人足三十人差出候様、且日ゝ悲田院年寄居村等日ゝ見廻り之儀被仰渡候ニ付、仲ヶ間村上英之助・中井冨之助・湯浅多一郎・此方、都合四人江日ゝ申合、壱人ツゝ見廻り之儀被仰渡、中座三人昼夜付切居候事

但、右見廻り者非常之節人足差操、万端損所修復其外見廻り、損所者修復為致候様御達之事

十一日　下詰

一上当番津田安之進出勤、当所詰見座池本藤右衛門、茶番忠兵衛出勤之事

一□者両人見廻り候事

十二日　　手明

三条船橋見廻り

一今日三条橋見廻り、村上英之助出勤之事

一終日在宿之事

一今日三条船橋見廻り、中井冨之助出役之事

十三日　　上当番

一御詰松村小弥太、加番中井冨之助、後出山村定右衛門出候事

一追訴公事被成御聴候事

一今日三条船橋見廻り、湯浅多三郎出勤之事

十四日　　三条船橋見廻

一今日角倉与一殿、西目附方入江太五郎殿、千賀与一郎、棟梁、角倉手代両人出役いたし候事

三条大橋修復工事、仮橋出来

一今日ゟ三条大橋御修復ニ付、右橋北之方ニ仮橋出来ニ付、右之船橋今日不残御取払相成、明日ゟ此方共見廻り不及旨御達ニ付、夫〻通達いたし候事

十五日　　欠付

一当日之礼、隣家幷同役江罷越候事

十六日　　手明

一何之御用無之、止宿之事

十七日　村上之処振替
下詰
一詰見座池本藤右衛門、茶番丑之助出勤之事

かぼちゃ

一かほちや右牢舎人江被下候事
十八日　今日下詰之処村（上脱カ）与振替
手明
一何之御用無之事
十九日　手明
一同断
廿日　悲（マヽ）番
一詰松村小弥太殿御出勤之事
廿一日　下詰

牢舎人行水

一牢舎人行水いたし候事
廿二日　手明

新清和院葬送心得

一何之御用無之、明日　新清和院御葬送ニ付、供奉心得書廻状廻り候事
廿三日　供奉

葬送出役ノ行装

一麻上下・染帷子着、供壱人・雨具持壱人、黒塗鞭并箱提灯持、夕七ツ時前ゟ堺町丸太町下ル町中借屋江寄集、暮六時修理職ゟ御催し案内有之候ニ付、堺丁御門外ゟ御列ニ立、堺丁三条、三条寺丁、寺町南江五条、伏見海道泉涌寺江御入　車有之、例之通龕ぜん前ニ平伏いたし、夫ゟ修理職江面会いたし候上、下宿洞雲庵江引取候事、都而右一件別帋ニ有之、夜八ツ時帰宅、途中辻堅メ之衆江挨

下宿ハ洞雲庵

拶不致候事

廿四日　加番

一及入魂在宿之事

廿五日　勤番

一前夜ゟ洞雲庵江罷越、朝五時ゟ出張、所司代番所江手札差出及挨拶候事

一追〻御摂家方華族堂上方、所司代御奉行方御参勤、御参詣有之候事

御代向先払ニハ出ズ

一此度者御代向有之候得共、都而手軽ク候ニ付、此方御先払ニ罷出候ニ不及旨、寺門ゟ申来候事

但、今日者広幡殿御代向之事

一昼後酒菓差出候事

洞雲庵ニテ止宿

一夕七ッ時引取之儀申来候ニ付、詰合之内壱人所司代番所江挨拶ニ罷越候事

但、今日明日も勤番ニ付、洞雲庵ニ而止宿之事

廿六日　勤番

一同断、何之相変候儀無之事

廿七日　上当番

一詰五十嵐殿、今日公事訴訟不被成御聴候事

一泊番御免ニ付夕刻帰宅、明日勤番ニ付、今晩ゟ洞雲庵迄罷越候事

廃明

一来月二日ゟ廃明ニ付、公事訴訟被成御聴候旨、御達之事

廿八日　勤番

一同断、何之相変儀無之事

廿九日　勤番

一前同断

晦日　上当番

一詰松尾熊三郎との出勤之事

一明日八朔御礼御請被成候事

朔日　八月　加番

八朔ノ礼

一及入魂在宿、下組一同并中井礼ニ罷越候事

一今晩ゟ泉涌寺江罷越事

二日　勤番

一都而前同断

三日　上当番

一詰松村小弥太殿出勤之事

一夕刻御番所江申上引取候事

一今晩ゟ泉涌寺江罷越候事

四日　勤番

一前同断

五日　同

一同断

六日

一昨日西目附方ゟ村上英之助・中井冨之助・湯浅多一郎・此方御召出、左之通　加番

三条大橋出役ニ下賜金

一金百疋　村上英之助　一同　中井冨之助

一同　湯浅多一郎　一同別段弐百疋　小嶋吟次郎

右者、先達而三条大橋流失いたし、右下ニおゐて船渡し有之節、出役骨折ニ付被下之候旨、懸り入江太五郎殿・千賀与一郎殿被仰渡候旨、通達有之事

但、昨日一同連名之手札持参、懸り江挨拶ニ罷越候ニ付、別段罷越す事

七日　上当番

一御詰松尾熊三郎殿、加番永田源次郎出勤之事

一公事訴訟被成御聴、右前左之通被仰渡

元知(智)積院所化　当時摂州河辺郡寺本村正覚院ニ罷在候　観応

江戸払・洛中洛外払

右先達而不届之儀有之、江戸払・洛中洛外払申付置候処、去ル　文恭院様御一周忌御赦御免被仰渡、尤右之趣寺社奉行ゟ申越候ニ付、其旨可存被仰渡事

八日　悲(ママ)番

中陰明ケノ赦

一明日御中陰明　御赦有之候ニ付、手組御達之事

一詰松村小弥太殿出勤之事

九日　後出

一御詰荻野勝之助との、当番永田源次郎、加番中井冨之助出勤之事

一公事訴訟被成御聴、昼時分帰宅之事

今日欠付之処検使出役
跡欠付松村殿江頼置候

十日

一昨夜今日西御役所ニ両人詰御前有之ニ付、出勤之儀申来候得共、検使出役ニ付断およひ候事

病死人改メニ
出役

一下植野村ニ往来手形持参、村鑓(継)送之もの病死いたし候ニ付、昨日訴出訟候処、往来手形紛敷候ニ付、今日検使可被遣旨被仰渡候ニ付、此方出役、朝五ツ時ゟ物書両人召連出役いたし候処、寺田亮助殿・古田五郎太夫殿御越、村役口書被仰付、夕七ツ時帰宅之事

十一日　下詰

一詰見座田辺元次郎、茶番林助出勤之事

牢死人

一丹刕之八蔵牢死いたし、木村雅祐殿・藤井才次郎殿御越、例之通口書差出候処、御持帰之上、後刻右死骸取捨被仰付候事

十四日　下詰

行水

一在牢之もの行水いたし候事

廿四日　下詰

一大坂之利八病死いたし候ニ付、大塚官助殿・大嶋勝五郎殿御越、後刻右死骸取捨被仰付候事

西土手死骸捨
場穴掘替

一月番穢多年寄共ゟ西土手死骸取捨場穴埋候ニ付、此度北之方江掘替度段申出候ニ付、例之通承置候事

廿六日
一御用無之而静謐（候脱カ）ニ事　悲（マヽ）番

廿七日　加番
一御詰松村小弥太殿、当番村上英之助、後出岡本徳三郎出勤、公事訴訟被成御聴、引続公事方欠所方掛り八幡大工嘉左衛門幷弟子岩吉、似セ升取拵売捌候一件落着之上、岩吉幼年ニ付御叱、嘉左衛門過料銭三〆文被仰付候事

似セ升ヲ売捌ク

廿八日　牢屋詰
一西御奉行田村伊予守様、当所御見廻有之候事

西奉行見廻リ

一明日行水定日ニ付、伺書差出候事

行水定日

九月　東　伊奈遠江守様御月番
朔日
一隣家幷同役江当日礼ニ罷越候事

四日　上当番
一御詰松村小弥太殿加番入魂之事
一譲候割印願被出候事
一明日所司代様知恩院江茸狩ニ御越ニ付、当御奉行様も御越、御先中座差出候様、御達之事
但、右ニ付供溜り見廻り大嶋勝五郎殿御越ニ付、中座三人、元〆之もの両三人幷知恩院古門前石橋町ニ而立宿壱軒、用意之儀御達、夫々通達いたし候、尤元〆者当部屋ゟ直ニ竹屋町□川元〆

所司代知恩院ニテ茸狩、東町奉行モ参加

七日　　下詰

会所江通達ス

軽罪仕置

一但〆力蔵外四人、軽罪御仕置被仰付候事

八日　　上当番

一御詰松村小弥太殿、加番村上英之助出勤之事

井戸ニハマル
仲間無人ニ付
出役ヲ断ル

一二条殿御構通用門際井戸江はまり、果居候もの有之候ニ付、為請取同心目付出役ニ付、例之通仲ヶ間其外出役之儀、新家方ゟ御達ニ付通達いたし候、尤仲ヶ間無人ニ付御断申上候、悲田院年寄江例之通駕籠壱挺用意いたし、最寄江罷出候様申遣、尤此方物書出役之儀、申遣候事

十一日　　六孫王社神吏ニ付出役

一松村小弥太殿、永田源次郎同道出役、例之通ニ而何之変候儀も無之事

十二日

大覚寺宮門跡
関東へ発駕

一此度大覚寺宮御門跡日光御附弟宮ニ被為成、明十二日関東江御発駕ニ付、西御奉行田村伊予守様御附添、関東江御発駕ニ付、御暇乞御目見致候事

十四日　　上当番

一御詰松村小弥太殿、加番永田源次郎出勤之事

一松村方内宗▨(旨カ)相納候事

十六日　　後出

一公事訴訟被成御聞、引続四人落着もの御前有之事

十八日　　下詰

御構ノ場所立入リ

一河刕渋川郡伊賀川村辰五郎、右之もの先年御仕置相成候処、此度御構之場所江立入、離縁之妻江無体之儀申懸、手荒之儀致▨候与訴出候ニ付、中井十右衛門出役召捕帰候処、今晩会所ニさし置候様、目付方ゟ御達之事

十九日　　上当番

一追訴公事被成御聞、御詰松尾熊三郎、加番岡本徳三郎出勤

隠売女ニ紛敷働キ

一御帰後祇園町北側勧学屋大八娘いと外拾人之もの共、配膳ニ被雇参候節、隠売女ニ紛敷働いたし候ニ付、於御前御吟味之上、町預被仰付候事

廿二日　　加番

一御詰荻野勝之助殿、当番山村定右衛門出勤之事

牢抜

女牢

計画ハ十四日カラ

一夜五過時分牢屋詰ゟ以使、唯今牢抜いたし候もの有之候旨注進有之候ニ付、早速出勤いたし様子見請候処、女牢ニ御差置囚人都合拾七人之内、左之名前之もの都合十人牢抜いたし、右牢抜扝(巧)候最初者、当十四日湯之節改相済後、新七儀発言ニ而申聞候ニ而者、晦日之湯迄者間も有之儀ニ付、如何共致牢抜可致与金助・虎吉江申聞候処、一同同意いたし、同意不致もの江者自然牢抜企候旨、住(注)進いたし候者可〆殺与威置、十四日昼後ゟ右牢間鞘内ニ有之石ヲ目懸ケ、木綿裂ヲ水に侵(浸)し紐ニ而括り、右石江度ミ打付堀(掘)起シ、裂袋江箸長クつなき、右はしニ而袋江右石ヲかき入、都合三ツ取入、夫ゟ右牢雪隠之板之釘之廻りを右石ニ而摺免め、板固辞放シ、都合釘四本抜取、右石ニ而刃を附、女牢南之方西ゟ五本目之竪子十人之もの代ル〱切懸ケ、昨廿一日迄ニ竪(、)子下ゟ壱尺斗上之方切、

竪子切取候図

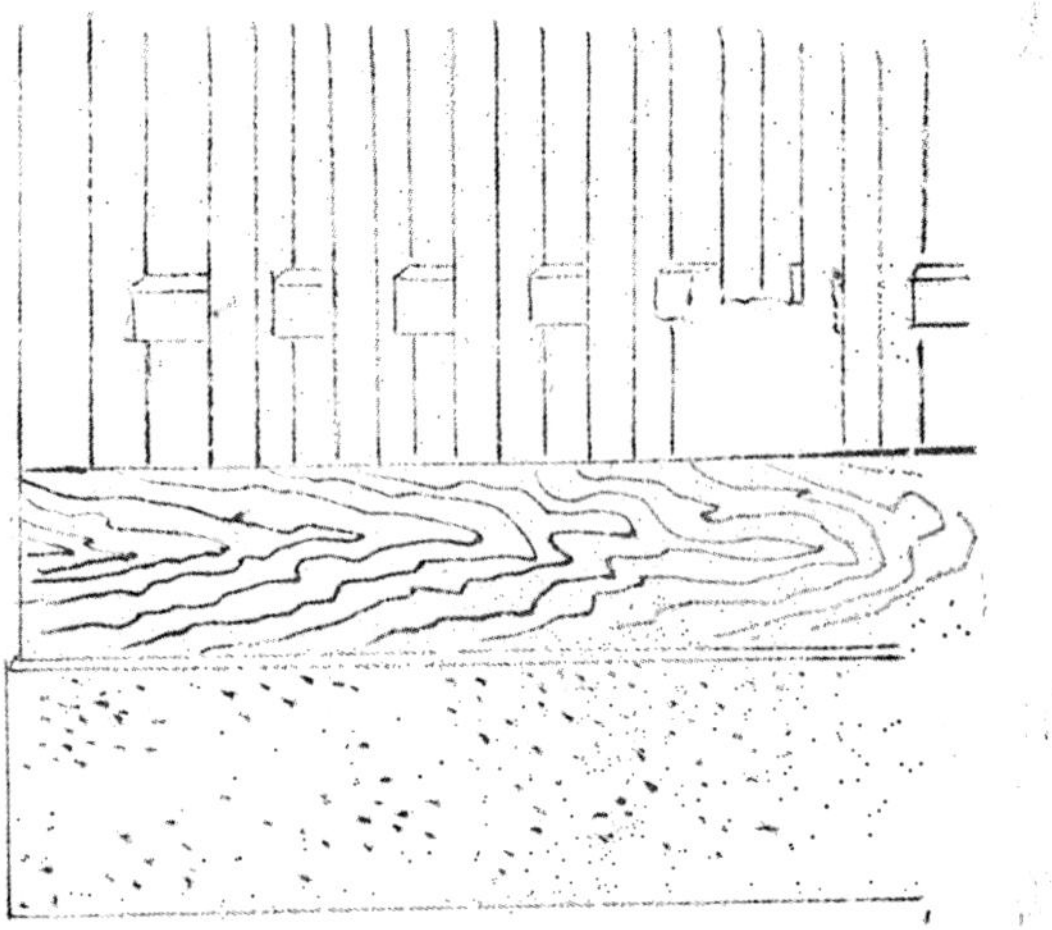

風窓之図

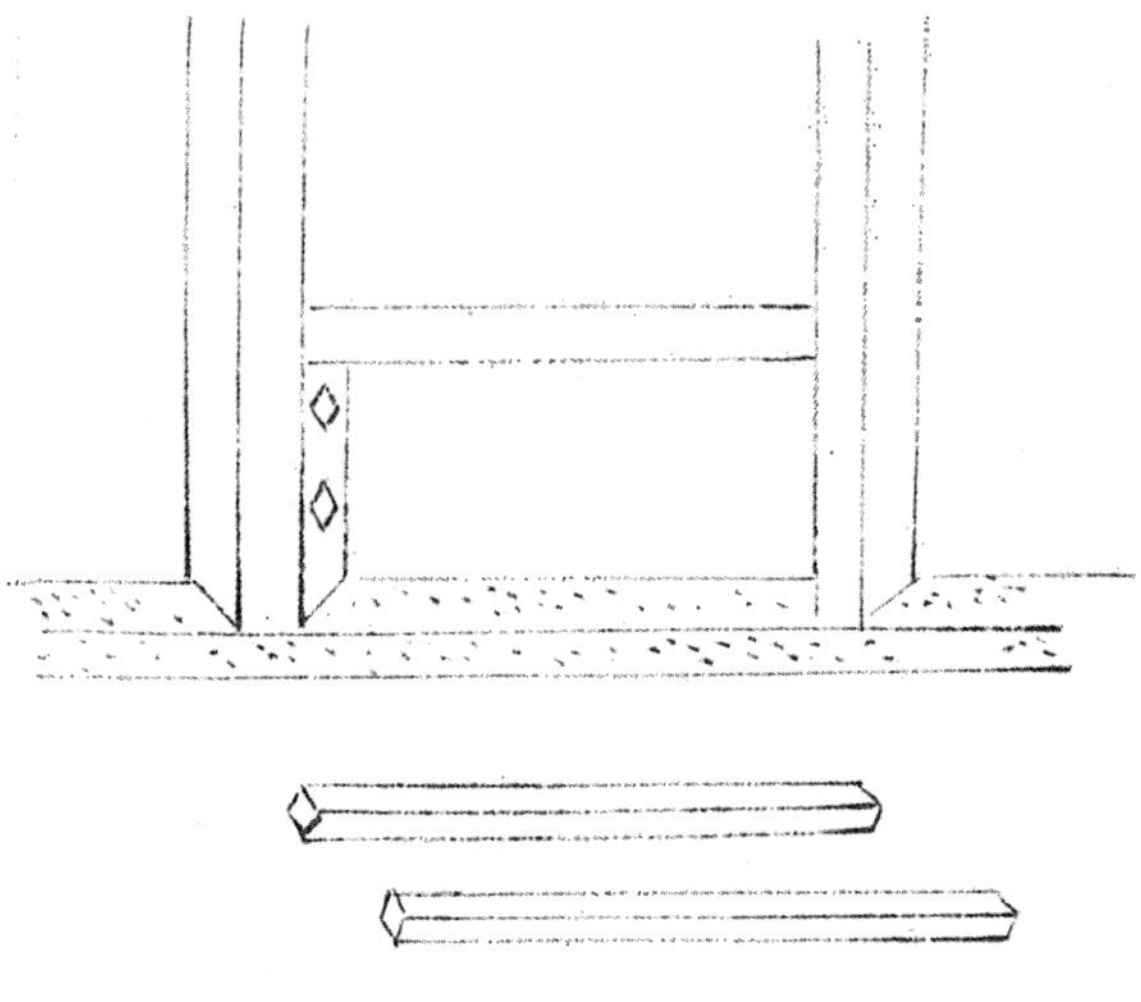

横貫壱尺斗切取、廿二日夜五ツ時前、銘〻鞘内江抜出、定番見廻り声懸り候節者鞘ゟ答いたし、右牢内鞘末（未）申之方風窓貫弐本外シ、右窓ゟ抜出、西之方水責場上之方練塀江縄階子ヲ懸、幷此比御修復中ニ付日〻屋根葺罷越候処、右屋根葺忘レ帰候階子取出し、壱人ツヽ抜出逃去候趣ニ而、夫〻残り居候もの江右十人之もの人相相尋、右人相書御持、東西目付方遠国幷近在江御出役有之事

人相書ヲ作ル

○挿図ハ別掲一八四頁。

一津田安二、河内辺幷堺筋江当り先有之候ニ付出役、津田安之進・村上英之助近在江直様出役之事

一悲田院幷居村小屋頭幷年行事等、追〻駈付候事

金子ヲ借入

一此方共仲ヶ間ゟ三条堀川西江入近甚ニ而金弐十両当ゟ借入、尤御年寄方ゟも御借入有之、右金子差遣し、年行事共・此方共仲ヶ間銀手当ニ差出候事

一夜明ヶ引取候事

牢抜人名前

大坂堀江問屋橋南詰
白髪町和泉屋次郎兵衛借や
西懸り　紀伊国ヤ新七

紀刕有田郡岩佐村百姓
文右衛門勘当悴喜助事
西懸り　金助

城刕紀伊郡横大路村
清吉悴無宿
西懸り　三吉

日暮下立売下ル町
利兵衛悴
西懸り　善吉

御幸町丸太町下ル町
藤吉悴無宿
西懸り　浅吉

越前国福井新屋敷
医師鈴木玄審（蕃）悴無宿
東懸り　峯次郎

（粟）
栗田領堤町忠兵衛
悴源之助事無宿
東懸り　虎吉

江刕栗田郡矢橋村
藤蔵悴無宿
東懸り　常吉

壱貫町松原下ル二丁目
下長福寺町藤兵衛悴無宿
東掛り　藤吉
猪熊蛸薬師下ル町
清兵衛悴
東懸り　亀吉

加番

廿三日

一御詰松尾熊三郎殿、詰永田源次郎出勤之事

関係者ノ処分

一昨夜牢抜一件ニ付松村殿・荻野殿御出勤、先例之通詰湯浅多一郎、見座田辺元次郎、中座丑之助、

雇入中座

雇入中座伊之助・長八・百次郎・清兵衛・幾蔵、夜茶番荒神口之喜八・頂妙寺裏之伊三郎、昼定番柳田之弥兵衛・不動堂之清兵衛幷内外穢多番之もの名前書御差出之上、詰幷見座、中座其外慎之儀

慎

御伺有之処、詰幷見座、中座之儀者伺之通慎、雇入中座、穢多等其儘ニ差置候様、昼定番両人ハ悲田院年寄幾三郎被召出、御預ニ相成候、尤右伺之御沙汰公事方西尾新太郎殿御達之事

一右女牢切取候場所、早〻御修復被成下候様、以書面欠所方江被仰上候事

一右女牢抜出候場所、与力立合見分ニ被越候様、其儘ニ致置候様、御達之事

一前川五郎左衛門出訴御取上御前有之候事

一女牢ニ残居候囚人不残、本牢東西之間江間替被仰付候事

牢抜人ノ逮捕

一昼後牢抜之内矢橋村之常吉、七条河原辺ニ徘徊罷在候を平定遣伊八召捕帰、於牢屋敷公事方目付方

無請牢へ入ル

御吟味有之、足枠打縄手鎖打、仮預ニ而無請牢江御差入之事

但、穢多人足相牢被仰付、中座小屋頭番付置候事

廿四日

一牢抜之内大坂之新七、彼是ニ而御召捕相成候旨、住進(注)有之候事

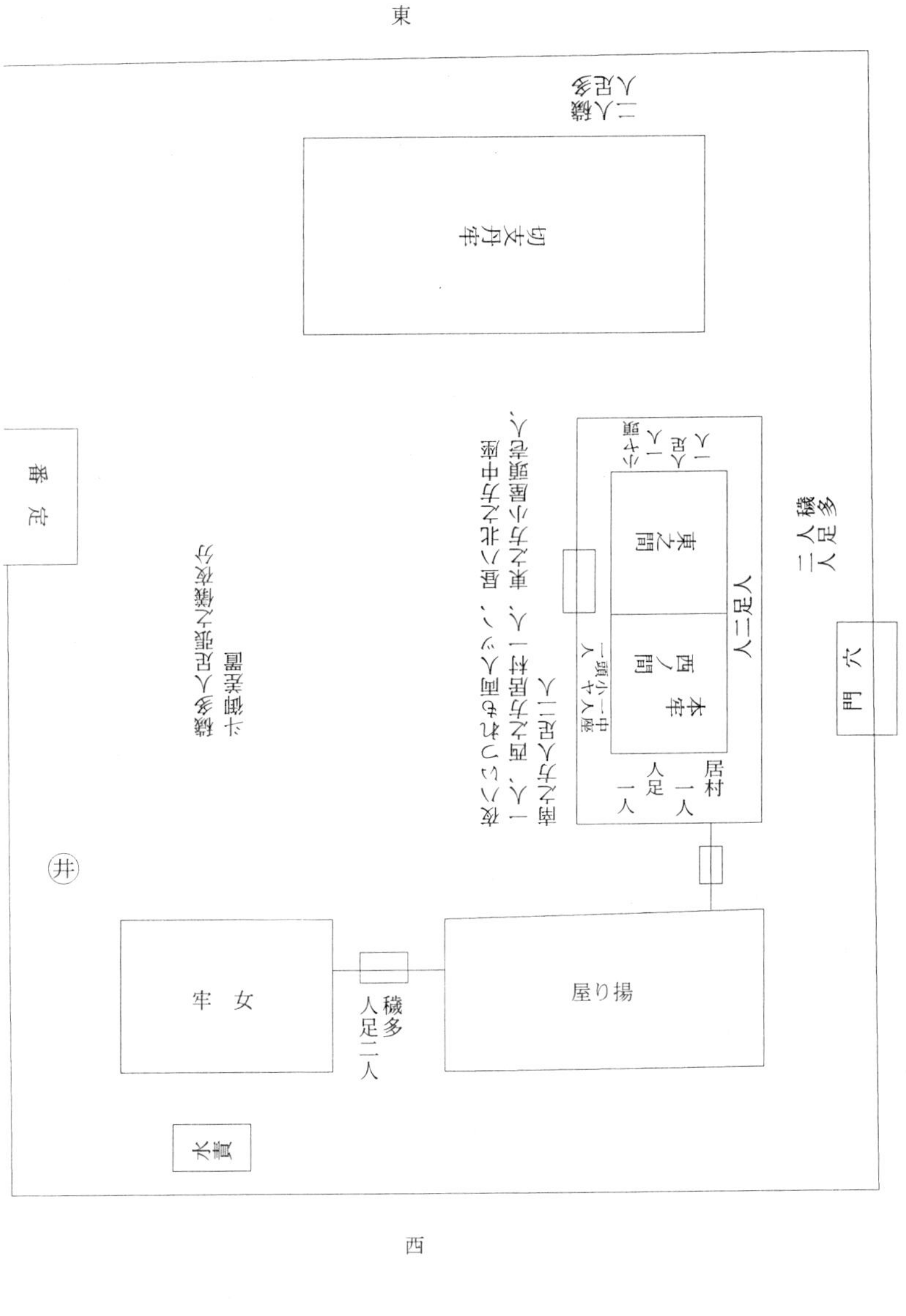
東
穢多人足二人
切支丹牢
多穢人足二人
穴門
本牢
東之間
西ノ間
人足二人
中座一人
小ヤ頭一人
居村一人
人足一人
小ヤ頭一人
人足一人
夜ハいつれも両人ツヽ、昼ハ北之方中座一人、西之方居村一人、東之方小屋頭壱人、南之方人足二人
穢多人足張之儀夜分斗御差置
定番
井
揚り屋
穢多人足二人
女牢
水責
西

捕方ニ疵養生料下賜

一牢内(マヽ)之内御幸町之浅吉・横大路之三吉、宇治南橋詰ニ而両人共召捕候旨、年寄住(注)進有之候事
　但、右浅吉召捕候節、脇差ヲ捕方之もの江手疵為負候ニ付、手疵負候もの江後日被召出、八貫文
　目付方ゟ疵養生料被下候事

足枷縄手鎖打

一今日常吉・浅吉・三吉於御前御吟味之上、入牢被仰付、当時在牢本牢東西之間江足枷縄手鎖打、御
差置有之事

一追ミ牢抜之もの御捕▨ニ相成候ニ付、左之通番御差置

○挿図ハ別掲一八七頁。

一御年寄方昼夜繁ミ御見廻り、此間共詰之外添番出勤之事

廿五日　下詰

一詰見座池本藤右衛門、茶(番脱カ)弥七出勤之事

一牢抜之内越前峯次郎、二条新地辺之空家忍居、今朝御召捕ニ相成候事

一昼夜東西目付方度ミ御見廻り、牢屋廻り松村三吾殿夜分繁ミ御見廻り、添番山村定右衛門出勤之事

廿七日　上当番

一公事訴訟被成御聴、松尾熊三郎殿、加番永田源次郎、後出岡本徳三郎出勤之事

白州ニ於テ吟味

一牢抜之内大坂之新七、今朝御召連帰有之、於御白州御吟味之上、入牢被仰付候事

廿八番　加番

一御詰松尾熊三郎殿、詰山村定右衛門出勤之事

一牢抜之内猪熊之亀吉、今朝堀川竹屋町辺ニ而被召捕、於御前御吟味之上、入牢被仰付候事

廿九日　　　　　　　　　　　　　　　　　　　　　　　下詰

一詰見座池本藤右衛門、茶番林助出勤之事

風廻り

一明日於泉涌寺般舟院御法事有之有之(衍カ)候ニ付、風廻り仲ヶ間、中座御達之事

一明日湯伺差出候事

一昼夜目付方御見廻り、牢屋廻り松村三吾との、添番村上英之助出勤之事

晦日　　　　　　　　　　　　　　　　　　　　　　　上当番

一御詰荻野勝之助殿、加番永田源次郎出勤之事

睦宮関東へ発輿ノ触

一来月三日夘刻　睦宮御方関東江御発輿ニ付、御道筋触其外御差出之事

一来月三日夘ノ刻　睦宮御方関東江御発輿ニ付、上雑色壱人、下雑色弐人蹴揚迄御先江相立、不礼無之様、男者土間ニ差置候様可申付、其外諸事去ル寅年精姫君様之御下向之通ニ可相心得事

午九月晦日

右書付目付方ゟ御渡ニ付、仲ヶ間一同ゟ罷出候簾ニ付、仲ヶ間一同江廻ス、此度者五十嵐との、中井・中村出勤事

十月　　　　　　　　　　　　　　　　　　　　　伊奈遠江守様御月番

朔日　　　　　　　　　　　　　　　　　　　　　　　加番

一荻野勝之助殿、当番永田源次郎出勤之事

二日　　　　　　　　　　　　　　　　　　　　　　　下詰

一詰見座池本藤右衛門、茶番夘八出勤之事

三日　上当番
一御詰五十嵐弥三郎殿、加番永田源次郎出勤之事
一今夕早鐘鳴候ニ付早速二条表江駈付候処、無程消火ニ付引取之儀、御取次前田吉兵衛殿ヲ以被仰出、罷帰御番所江御届申上候事

壬生ノ火事
但、火元壬生境内西往寺前町百姓次郎兵衛借家壱軒焼失

一私宅近火ニ付、永田源次郎相頼在宿いたし候処、追ゝ駈付候事
四日　手明
一昨日近火之節、小川久世殿ゟ使被差向候ニ付、今朝御礼参殿いたし候、其外出入方之ものヲ以挨拶ニ差遣候事
七日　下詰
一詰見座池本藤右衛門、茶番岩吉出勤之事
一五条橋下平居町尾張や又兵衛借屋美濃屋寅吉并同居父佐助、東公事方ゟ御沙汰ニ而中井十右衛門召捕被帰候ニ付、会所江入置候事

昼夜見廻り
一昼夜度ゝ東西目付方見廻り有之、御年寄荻野勝之助殿夜分度ゝ御見廻り、今日者無人ニ付添番無之事
八日　手明
一牢抜之内粟田領之虎吉儀、大坂ニ而東目付方旅宿江自訴いたし、御捕ニ相成候旨、注進有之候事
九日　添番
一詰山村定右衛門出勤之事

十一日

一御詰五十嵐弥三郎殿御出勤之事　上当番

一前川五郎左衛門出訴御取立御前有之候事

十四日

一詰見座池本藤右衛門、茶番亀松出勤之事　下詰

居風呂定日

一居風呂定日ニ付、例之通取斗候事

十五日

清涼殿・常御殿普請中近火駈付ノ定（11―一〇七九）

一此度　清涼殿　常御殿御普請ニ付、御築地近辺出火之節、右近辺町〻江駈付人足之儀、御触御差出ニ付、向後堀川ゟ東、二条ゟ北出火之節、仲ケ間壱人ツヽ、出火之節駈付候様、右御用懸りゟ御達之事　悲(マヽ)番

一御赦調兼松尾熊三郎殿出勤之事

呼モノ御用刻限

一都而呼もの何ニ寄す八ツ時過迄ニ点合いたし可差出、右刻限御用仕舞相成候旨、公事方黒田清五郎殿御達之事

十六日

一公事訴訟被成御聞、御詰松村小弥太殿、加番津田安之進、後出中井十右衛門出勤之事　上当番

一終日御用無之事

十八日

一詰見座池本藤右衛門、茶番半兵衛出勤之事　下詰

重罪人仕置

一重罪御仕置左之通

一獄門 洛中引廻之上　壬生境内 岩吉
一獄門 洛中引廻之上　越後 森蔵
一死罪 洛中引廻之上　若狹 豊蔵
一死罪　知恵光院 捨吉
一死罪　浄福寺 吉之助
一死罪　粟田領 忠次郎
一死罪　備中 靏吉
此外 軽罪

洛中引廻ノ道筋

右之通被仰渡、此度三条大橋御修復中ニ付、通筋左之通
神泉苑町北江、三条通東江、油小路通北江、一条通東へ、室町通南江、松原通東へ、寺町通南江、五条通東江、建仁寺町北江、三条通粟田口、右之通相成候事
一牢抜之内矢橋村之常吉、病気ニ付会所江御差出、尤足枷幷縄手鎖御免ニ相成候事

出役中路用金子ノ調達

一津田安二大坂辺江出役いたし居候処、路用無数相成候ニ付、十両斗差登セ呉候様、仲ヶ間江申越候得共、仲ヶ間も当時差遣へき金子無之候ニ付、目付方田中寛次郎殿江御噂有之候処、右様之義者無遠慮申聞へく、直様金子為持遣へく旨、御達之事
但、松村殿御談之事

十九日　加番
一御詰五十嵐殿、当番村上英之助出勤之事
一公事訴訟落着者、御前有之候事

廿一日　上当番
一御詰荻野勝之助殿、村上英之助出勤之事

来秋壬生寺ノ鐘ヲ鋳ル

一来秋於壬生寺鐘鋳いたし度段願出、今日於御前御聞済相成候事

廿二日　　上当番

一公事訴訟被成御聞、五十嵐弥三郎殿、加番村上英之助

一御赦懸り松村三吾殿、津田安二出勤之事

廿三日　　上当番

一荻野勝之助殿、加番中井冨之助出勤之事

一前川五郎左衛門御取立御前有之候事

紀州加多浦ニテ召捕

一牢抜之内紀刕之金助・日暮善吉両人之もの、此間内ゟ為手当紀刕表江御出役有之候藤井才次郎殿・岡本徳▨(太カ)郎御召連帰、直様於御前御吟味之上、入牢被仰付、夫〻足枷縄手鎖打置候事、壱〆丁之藤吉同道罷出候得共、其場ゟ逃去候事

但、右之もの紀刕加多浦ニ而彼地之役方召捕候事

廿五日　　下詰

一詰池本藤右衛門、茶番万蔵出勤之事

東西目付方昼夜見廻リ

一昼夜度〻東西目付方御見廻り有之、添番津田安之進出勤之事

廿六日　　手明

縄手鎖御免

一牢抜之内虎吉・峯次郎・浅吉・三吉・新七・亀吉儀、縄手鎖御免ニ相成候事

廿八日　　下詰

一池本藤右衛門、茶番忠兵衛出勤之事

一目付方度〻御見廻り、御年寄方五十嵐弥三郎、添番村上英之助出勤事

一明日之湯伺差出候事

晦日　同断

入湯定日

一詰同断、湯定日、例之通取斗候事

一牢抜之内矢橋村之常吉病死いたし、検使之上死骸取捨ニ相成候事

十一月　伊奈遠江守様御月番

朔日　駈付

一当日御礼、隣家并同役江罷越候事

牢抜人全員逮捕

一牢抜之内紀夃表ニ而逃去候壱〆町之藤吉、伏見表ニ而御捕ニ相成候事

是ニ付、牢抜都合十人相揃候事

二日　加番

一公事訴訟被成御聞、御詰松村小弥太殿、当番村上英之助、後出中井冨之助出勤之事

三日　下詰

一見座池本藤右衛門、茶番茂助出勤之事

烈風ノタメ矢切落ツ

一昨日之烈風ニ而惣溝西之方矢切弐十間斗落候ニ付、其段相届候処、明日見分被遣へく候旨、御達之事

牢抜一件ニ出役ノ日数

一中座、年行事、悲田院、穢多、此度牢抜一件ニ付出役日限書出し候様、御達之事

一東西目付方御年寄方度ゝ御見廻有之候事

一添番無人ニ付無之事

四日　上当番

一御詰松村小弥太殿、加番中井冨之助出勤之事

譲割印願

一譲御割印願取出之事

芝居役者ノ印判ヲ取ル

一四条北側芝居役者共一同被召出、於御次判取被仰付候事

五日　加番

一追訴公事被成御聞、松村小弥太との、当番永田源次郎出勤之事

六日

一四条北側仕組ニ付出役、夕方ゟ寺裏会所江罷越候事

七日　下詰

一見座池本藤右衛門、茶番太兵衛出勤之事

一東西目付方御年寄方度〻御見廻有之候、添番山村定右衛門出勤之事

八日　かばん

一松村殿、当番津田安之進出勤之事

十日　下詰

一見座池本藤右衛門、茶番林助出勤之事

目付方昼夜見廻リ

一昼夜目付方御年寄方御見廻有之、添番無之事

一牢抜之内紀刕之金助・壱〆町之藤吉・日暮善吉、右三人今日西尾滝之助殿御越之上、縄手鎖御免ニ相成候事

一松尾熊三郎殿、湯浅多一郎・田辺元次郎、中座・定番穢多一郎（マヽ）、田辺元次郎、其外中座・小屋頭・穢多共一同、明十一日五時東御役所江罷出候様、以端書御達ニ付、夫ヽ申遣候事

十一日　上当番

一御詰荻野勝之助殿、加番永田源次郎、別段五十嵐勇左衛門殿、松村三吾殿、津田安二・永田貞五郎・中井十右衛門・村上英之助出勤之事

牢抜一件ニツキ責任者処分

牢抜一件
一松尾熊三郎殿、湯浅多一郎・田辺元次郎、中座丑之助其外雇入中座并定番穢多共被召出、於御前当（松尾殿湯浅此方下縁麻上下、付添松村殿常服帯劒上縁、田辺袴羽織□間）九月廿二日夜、新七外九人之もの牢抜いたし候始末、御吟味之上松尾殿慎、湯浅仲ヶ間預、元次郎同断、中座丑之助雇中座外四人同断、夜番之定番喜八・伊八入牢被仰付入牢候、都而会所ニ御差置、昼定番清次郎・弥兵衛悲田院年寄預、内外穢多番之もの御前江被召出、於目付方部屋先付添年寄預被仰付、御詰東公事方西尾新太郎殿、目付方木村勘助殿、西目付方木村与三郎殿、荻野勝之助殿、加番源次郎当番相詰候事、仲ヶ間并見座付添、松村三吾殿中座付添次兵衛、請負人丸屋作蔵被出候事

但、右探（操カ）し之儀者、町代ゟ呼出し不申、此方詰ゟ溜り在ル内さし図致候事

国栖

御請書

下雑色　湯浅多一郎
見座　田辺元次郎

右両人共御吟味中私共江御預被仰付奉畏候、依之御預中心得違之儀無之様可仕候、依之御請書奉差上候、以上

午十一月十一日

上雑色　松村三吾　印

此外中座并穢多共請書差出候事

一熊三郎殿慎被仰付候ニ付、左兵衛殿差扣之儀、以書面御伺有之候処、其儀ニおよひ不申旨、公事方ゟ御達之事

一荻野殿下雑色湯浅多一郎、右之通被仰付候ニ付、荻野殿差扣之儀御伺有之処、右者文政度之節落着之上伺有之候ニ付、此度も同様相心得候様御達之事

一湯浅多一郎・田辺元次郎、右之通被仰付ニ付、御預中番之儀仲ヶ間無人ニ付、悲番（マヽ）詰ゟ日ミ見廻り候様、申合置候事

芝居役者ノ判取

一四条南側芝居役者、判取被仰付候事

　但、仕組来ル十三日いたし候由

端書

一右之通松尾殿、湯浅・田辺被仰付候処、西（東西）公事方同心目付江為心得、以端書被仰上候事

十三日　　加番

一御目附方立会公事訴訟被成御聞、五十嵐勇左衛門殿、当番村上英之助出勤之事

十四日　　悲番

一御詰松村小弥太殿、中座庄助・善蔵出勤之事

十五日　　上当番

一御詰松村小弥太殿、津田安之進加番出勤之事

雇中座請負人

一先達而雇中座請負人菱や喜三郎義、此度三条猪熊東江入丸屋作蔵江譲度旨、仲ヶ間江願書差出候ニ付、欠所方江御差出有之処、今日御聞届相成候旨、□嶋数之助之助殿御達事

　但、無宿布子請負同様願出、是者欠所方於部屋御聞済ニ相成事

十六日　加番
一公事訴訟被成御聞、荻野勝之助殿、当番村上英之助出勤之事
十七日　下詰
一見座池本藤右衛門、茶番佐助出勤之事
一昼夜東西目付方度々御見廻、牢屋廻り松村三吾殿、添番中井富之助出勤之事
十八日　同断
一詰同断

見廻り

一目付方見廻り同断、荻野勝之助御見廻り、添番無之事

牢抜犯ノ病死

一牢抜之内越前之峯次郎病死いたし、けんし之上死骸取捨被仰付候事
十九日　上当番
一追訴公事被成御聞、荻野殿、加番中井十右衛門出勤之事

三条大橋下ノ附洲土砂ノ処置(11—一〇八五)

一先達而申通書御差出有之候、三条大橋下附洲出来候ニ付、勝手次第任入用、町々江右土砂掘取候様御触有之処、此節右ニ事寄、大業之儀有之候ニ付、以来右様之儀無之様御触御差出、四方内江差遣候事
廿二日　悲番(マヽ)
一御詰五十嵐弥三郎殿、中座万蔵・善七出勤之事
一御参府中ニ而静謐ニ候事
廿五日　下詰

一見座池本、茶夘八出勤之事（番脱カ）　悲番
一目付方昼夜見廻り有之候事
廿六日
一松村小弥太殿、中座惣吉・忠兵衛出勤之事　上当番
廿七日
一公事訴訟被成御聞、松村小弥太殿、岡本徳三郎、後出永田源次郎出勤之事
一右公事引続、祇園町其外ニ而肥膳ニ事寄、紛敷客請いたし候もの共、押込被仰付候事
祇園町他ニ手入
廿九日　悲番
一松村小弥太殿、中座忠兵衛・林助出勤之事　上当番
晦日
一松村小弥太殿、加番中井富之助出勤之事
十二月　伊奈遠江守様御月番
朔日　駈付
一当日御礼、隣家并同役江罷越候事
二日　加番
一公事訴訟被成御聞、御詰五十嵐との、当番中井冨之助、後出村上英之助出勤之事
三日　同断
一松村小弥太殿、当番永田源次郎出勤之事

一押込御免御前有之候事　　上当番

四日

一松村小弥太殿御出勤之事

一譲り割印願罷出候事

牢抜一件責任者ノ処分端書

一此度牢抜一件ニ付、慎仲ヶ間預被仰付候松尾殿、湯浅、見座、中座其外一同、明日明ヶ六半時罷出候様、以端書目付方ゟ御達ニ付、悲田院并穢多共当部やゟ通達いたし、仲ヶ間、見座、中座通達下江申遣

一明日牢抜囚人八人被召出候ニ付、駕籠八挺用意之儀、下江申遣候事

但、人足十人御達、下江申遣候事　　(駈)欠付之処別段出勤

五日

一今日於御前左之通

付添

口合之上是迄之通慎　松尾熊三郎殿　付添　荻野殿

口合之上是迄之通仲ヶ間預　湯浅多一郎　付添同断

同断　田辺元次郎　同断

口合之上是迄之通預　中座丑之助　付添次兵衛　外五人　九作

口合之上入牢之処小屋下預　夜定番　両人　付添悲田院年寄

口合之上是迄之通年寄預　昼定番　両人　同断

今日者御前江被召出是迄之通年寄預　内番　穢多　附添惣代月番年寄

同断　外番　穢多　蓮台野村之もの斗ニ付付添右村年寄

火事

右之通被仰付候事

一夜八ツ時早鐘鳴候ニ付、東欠(駈)付ニ付東御役所江欠付候処、頓而消火ニ付其段御番所江申上、引取候

事、火元大宮八条下ル塔角町、拾軒斗焼失之事

六日　加番

一御詰松村小弥太殿、当番村上英之助出勤之事

七日　上当番

一公事訴訟被成御聞、荻野勝之助殿、加番永田源次郎、後出村上英之助出勤之事

九日　加番

一松村小弥太殿、詰永田源次郎、後出村上英之助出勤之事

十一日　下詰

一見座池本藤右衛門、茶番亀松出勤之事

詰所東庇出来

一当六月申上候、詰所東之方庇其外出来、為見分熊倉成太郎殿、栗山勝之烝殿、大塚官助殿御越之事

切支丹牢ヲ追加修復

一昨日申立、切支丹牢追増御修復、為見分栗山勝之烝殿、大塚官助殿御越之事

十三日　悲番(マヽ)

一御年寄方御出勤無之、中座万蔵・忠兵衛出勤之事

十四日　手明

出入ノ屋敷ヘ寒中見舞ニ赴ク

一久世殿、知恩院宮、其外出入屋敷等江寒気見舞罷越候事

十五日　駈付

一当日御礼、隣家并同役江罷越候事

一歳末到来之もの、出入屋敷其外町方江遣候返書認置候事

一明春入用之扇箱筆誂置候事

廿三日　　加番

一詰五十嵐勇左衛門殿、詰中井冨之助出勤之事

将軍宣下等ノ大赦

一将軍宣下　右大将様御元服御任官并　日光御社参済之大赦、今日於御白洲在京御目附御立会ニ而被仰渡、右調松村三吾殿、津田安二・中井十右衛門、西調松尾熊三郎殿之処、故障中ニ付永田貞五郎・岡本徳三郎出勤、凡人数三百人斗罷出候事

知恩院宮関東下向ノ首途車留

一知恩院宮明春関東江御下向ニ付、来ル廿七日為御首途清水寺江御参詣ニ付、右日限不礼無之様、尤車留被仰付候事

一右ニ付仲ヶ間警固二組被仰付、松尾殿・荻野殿申遣事

廿七日　　加番

一五十嵐勇左衛門殿、詰永田源次郎出勤之事

牢抜一件責任者最終処分

一牢抜一件、左之通落着

中座　丑之助
雇入　伊之助
　　　幾蔵
　　　清兵衛
　　　長八
　　　留次郎
急度御叱

押込　無刀下縁麻上下　湯浅多一郎

押込　袴羽織土間（カ）　田辺元次郎

押込

夜定番
喜八
（伊三郎
中追放可申付処悲田院年寄手下之義ニ付引渡相当之仕置申付候

内番穢多
天部村
伊三郎
六条村
与吉
川崎村
為吉
蓮台野村
安次郎
北小路村
恒吉
於御前急度御叱可申付処穢多之儀ニ付右年寄ゟ引渡相当之仕置

夜定番
清次郎
（弥兵衛
手鎖可申付処悲田院年寄手下之儀ニ付引渡相当之咎

外番穢多
蓮台野村
弥四郎
松之助
亀吉
宗吉
新蔵
青吉
同断

急度御叱

無刀下縁麻上下
松尾熊三郎殿
急度御叱

悲田院年寄
幾三郎
喜八伊三郎清次郎弥兵衛引渡遣間相当之仕置咎申付候

五十嵐勇左衛門殿
今日知恩院宮御首途警固前引廻取斗有之御詰ゟ付添

穢多年寄
直次郎
伊三郎外十一人之もの引渡遣間相当之咎可付候

国栖紙ニ請書ヲ差出ス

右之通被仰渡、押込請書五十嵐殿国栖ニ認、目付方江御差出之事

一荻野殿下雑色右之通被仰付候ニ付、差扣伺御差出有之処、不及其儀旨、西尾新太郎殿御達之事

牢抜人ノ処刑

牢抜之もの左之通被仰渡

獄門、洛中引廻

大坂北堀江問屋橋南詰
白髪町
次郎兵衛借ヤ
洛中引廻之上
一獄門
紀伊国ヤ新七
三十七歳

粟田領堤町利兵衛忰
源之助事
無宿
洛中引廻之上
一獄門
虎吉
廿四歳

洛中引廻之上
一死罪　猪熊蛸薬師下ル町
清兵衛忰無宿
亀吉
十九歳

西土手刎首之上
於粟田口
一獄門　日暮下立売下ル町
利兵衛忰無宿
善吉
二十二歳

西土手
一死罪　紀州有田郡岩佐村
文右衛門勘当忰
無宿
金助
三十一歳

一存命ニ候得者洛中
引廻之上獄門　越前福井新屋敷
医師鈴木玄蕃忰
無宿
峯次郎
二十七歳

洛中引廻之上
一獄門　壱〆町松原下ル下長福寺丁
藤兵衛忰無(マヽ)
藤吉
廿二歳

西土手刎首
之上於粟田口
一獄門　御幸町丸太町藤吉忰
無宿
浅吉
十九歳

西土手
一死罪　城州紀伊郡横大路村
清吉忰
三吉
廿九歳

一存命ニ候得者引廻之上
獄門　江州栗田領矢橋村
藤蔵忰
無宿
常吉
二十歳

引廻ノ道筋

右引廻道筋、当時三条大橋御修復中ニ付、先月十八日之通五条江廻り、建仁寺町三条江罷越候処、

知恩院宮首途

今日知恩院宮御首途、清水寺御参詣道筋、古門前、縄手、建仁寺、松原、清水寺御参詣ニ而、尤四時御出門之由ニ付、右之通道筋同様ニ付、自然行違ひニ相成候而者不都合ニ付、目付方ゟ別段中座利助与三七被差遣候事

但、御首途警固出役荻野殿ゟ右之通今日引廻し有之候旨、右宮家来迄御噂有之処、別段早ク御出門ニ而行違ニ相成ず、無滞引廻相済候事

一今日　将軍宣下　日光御社参済、御赦被仰渡候事

調廿三日之通出勤、凡百人斗下方被出候事

千本二条下ル新建荒増絵図

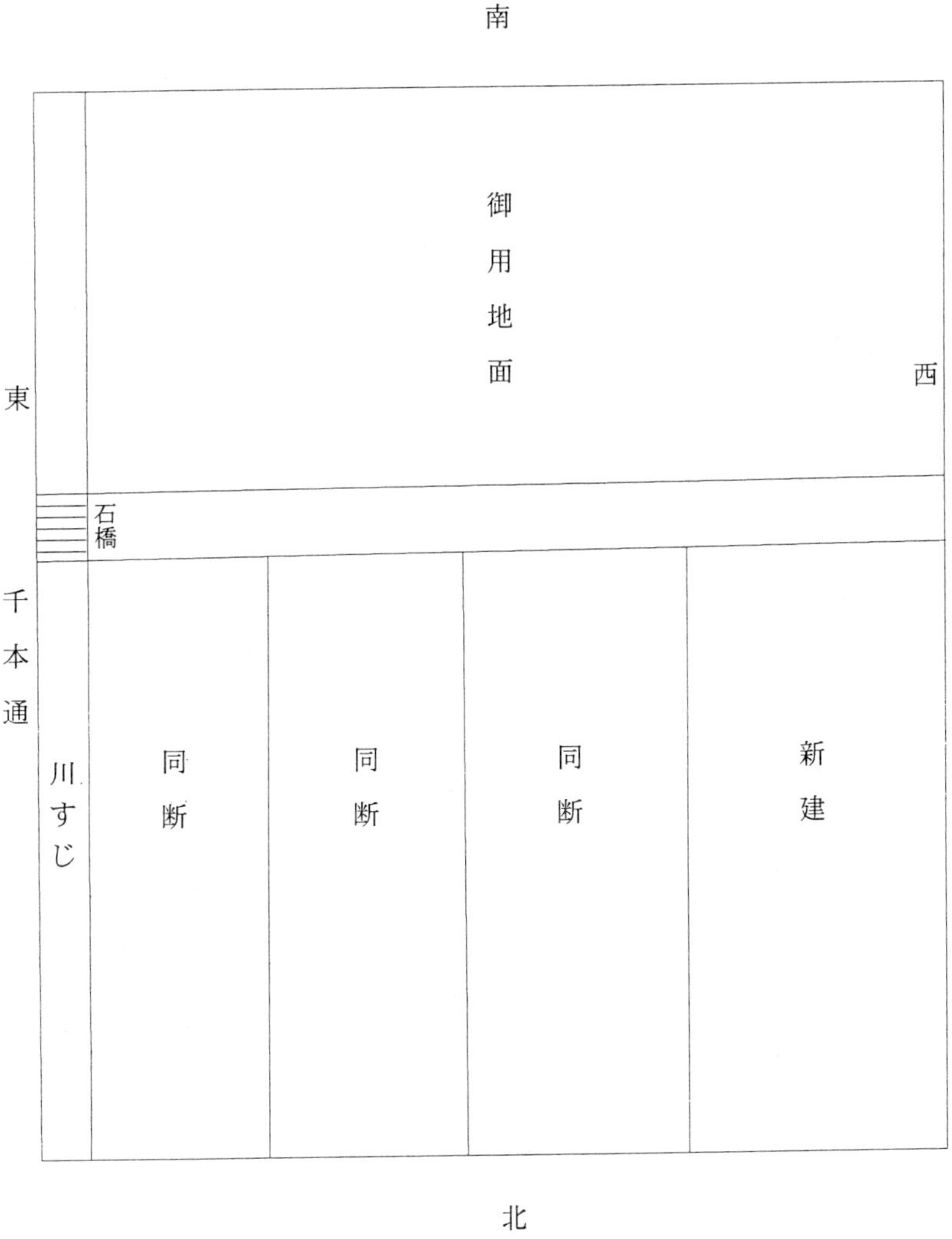

廿九日

一歳暮御祝詞、御年寄方東御広間ゟ被仰上候事

一仲ヶ間一同江歳暮被相越候事

一明春元朝御礼、暁七ツ時御請被成候旨、廻状到来之事

一右之通仲ヶ間故障有之候得共、煤払・餅搗・注連餝遠慮不致候事

○以下、コノ帖余白。

○挿図ハ別掲二〇五頁。

代官築山氏役屋敷跡ニツキ差支ノ有無

方内ト町代トノ支配区分

千本通元御代官築山茂左衛門御役屋敷跡御用地面、此度六角油小路東へ入町前川五郎左衛門拝借被仰付候付、建家相願借屋取建、右住居之者共通達方之儀、前川五郎左衛門居町持場町代より通達之儀相願候付、方内ニおゐて差障之筋無之哉与、西公事方同心黒田清五郎殿御尋ニ付、右場所者方内敷地之内ニ相成候付、丁代ゟ通達等ニ相成候而者差支可申、勿論支配いたし候もの、居町持場之者ゟ取扱ニ相成候而ハ、互ニ差支可申旨申上、尚一同申談之上ニ茂差支之次第可申上候処、右場所ハ持場之者共ニ拘候儀ニ而者無之御用地之旨、被仰聞候付左ニ申上候、御用地ニ候ハヽ、猶更此方共取扱之様ニ而、都而御所向キハ不及申、御城内并所司代御屋敷、両御役所御組屋敷内ニ行倒人・変死等有之節、此方共罷出来候、尚又方内敷地内ニ御用地者、内野藍屋図子ニ御用地有之、右支配人者日暮椹木町上ル町川崎喜兵衛与申者ニ候得共、都而右場所ニ御用有之節者、方内より取扱可申、且又同人支配罷在候縄手

方内敷地内ノ御用地

通四条辺、同小屋、六条新地米会所有之、右者柳馬場押小路上ル丁嶋本三郎九郎ゟ支配罷在候得共、何れも方内之もの取扱可致候、何分右場所町代より通達取扱相成候而者、後ゝ互ニ差支可相成旨申上

候処、猶御取調之上御達可有之旨被仰聞候、猶又御同人より御尋ニ而者、此度右御用地前川五郎左衛門江拝借引請被仰付候付而者、諸通達ニ付入用等相掛候而者可相断ニ付、諸通達入用相掛ヶ不申様、取扱出来可申哉之旨御尋ニ付、右者入用相掛不申様可取扱旨申上置候処、前ニ書出有之趣熊倉市太夫殿ゟ被仰渡候付、御受申上、一同へ申廻置候事

但、右者前川五郎左衛門幷居町持場町代等申談、右場所取扱可致様ニ内ミ申込在之由相聞候得共、段ミ本文手続申上候義ニ付、無余儀方内取扱ニ相成申候、其上千本通出情稲荷社、先年神泉苑町町役買得、右町支配仕、何事も丁代より取扱罷在候儀茂御尋ニ付、右者聚楽廻り之内ニ而方内之もの可取扱場所ニ候得共、右町内買得之節引合方及延引、先代之もの不念之旨申上、後年ニ至後悔罷在候、追而引合方内取扱可致積ニ心得罷在候旨、申上候事

午十月七日

五十嵐勇左衛門
答之
中井十右衛門
右後日五十嵐殿方内ニ被仰付
懸り
熊倉市太夫殿
黒田清五郎殿

伏見海道ハ京地通行ト呼ベルカ

三条通を南江縄手通、伏見海道を伏見江通行いたし候節者、いつれも洛外之義ニ付、京地通行与者相唱かたく候義ニ候哉、都而京地与相唱候ハ洛中ニ限候哉、各方心得之趣承度候而早ミ答可有之叓

三条通を直縄手通、伏見海道を伏見江通行いたし候得者、洛外之儀ニ付、京地通行与ハ難唱候哉、又者京地与唱候ハ洛中ニ限り候哉、御尋ニ御座候、此儀加茂川東三条通、伏見海道辺者、洛外之土

大仏・白川橋辺ハ京地トモ

地ニ候得共、大仏辺之内幷三条白川橋辺ニ而者、既ニ町代持場入交り有之、洛中並ニ取斗来候之趣ニ茂御座候得者、町続之向者京地与唱候方ニも可有御座哉与奉存候、就御尋此段申上候、以上

未二月
二日　　雑色

（表紙）

弘化四未年

日　記

小嶌充均

22.5×16.2

正月　　東　伊奈遠江守様続御月番

二条御用物駈付
兼帯　悲（マヽ）番

元日

奉行所年頭礼

一今暁七ツ時揃ニ而被成御請、例年之通仲ヶ間一同扇子料差上、於例席御目見無滞相済候事

松尾左兵衛殿、五十嵐弥三郎殿当病、津田安之進昨日牢屋詰、湯浅氏引籠中ニ而不参之事

一御詰五十嵐勇左衛門殿、中座忠兵衛・熊吉ニ候事

西奉行ハ在府

一御奉行水野下総守殿被蒙仰候得共、御在府中ニ付仲間為惣代、松村三吾殿・荻野勝之助殿、岡本徳三郎・山村定右衛門、御広間江被仰上候事

廻礼

一今日松村殿始久世殿、郡山・尼ヶ崎・土州屋敷其外、廻礼之事

二日　　加番

一今日知恩院宮江御礼参殿候処、例之通於時計間用人衆面会之上、御目録被下之事

其外安井殿江も廻礼之事

三日　下詰

一詰池本藤右衛門、茶番茂助出勤之事

諒闇

一当春涼(諒)闇ニ付、御所表諸警固無之事

在牢人へ菜ヲ下ス

一東西公事方在牢之もの江被下物　鯨　大根

半切ニ認

牢舎人江菜之もの被下、則差遣候処、一統一同旨申(脱アルカ)之候ニ

付此段申上候、以上

未正月三日　牢屋詰　雑色

右東西公事方持候宅江為持遣候事

四日　在宿

土御門家他へ廻礼

一土御門始其外廻礼之事

初寄合ノ点取

一来ル九日初寄合之点取、年番ゟ到来之事

五日　加番

一今日松村殿節会ニ付、夕方ゟ津田・永田同道罷越候事

六日　東欠

一今日例年松尾殿節会ニ候得共、仲ヶ間故障中ニ付御差扣、明日夕方可罷越旨、申来候事

知恩院宮関東へ発輿

一今日知恩院宮関東江御発輿ニ付、五十嵐殿・荻野殿出役之事

七日　下詰

一詰池本藤右衛門、茶番万蔵出勤之事

一今日松尾殿節会ニ付、右相済候迄永田氏相頼候事　悲（マヽ）番

十二日

一松村小弥太殿、中座右兵衛・惣吉出勤之事　上当番

十三日

一御詰松尾熊三郎殿出勤之事

病気引　一今日津田氏上当番之処、親類不幸ニ付、病気引被致候事

智積院境内ニ縊人　一知（智）積院境内縊人有之候ニ付、明朝検使森善次郎との御出役ニ付、仲ヶ間并中座・物書出役之儀御達ニ付、通達いたし候事

十五日　上当番

一当日御礼、松村小弥太殿御広間江被仰上候事

一同断、隣家同役江罷越候事

行事渡ハナシ　一今日例年行事渡之処、仲ヶ間故障中ニ付御差扣之事

一夕刻支度帰いたし候事

十六日　手明

東本願寺光勝室葬送出役　一東本願寺御簾中饒姫君、明十七日御葬送ニ付、松尾殿一組警固御出役之処、津田氏病気引ニ付、松尾殿ゟ語合之儀、松村殿江懸ヶ合ニ相成候ニ付、出役可致旨申来候事

一都而町代橋本三次ゟ御道筋并火葬場下庄等之儀、委敷申越候事

支度ハ自弁　一支度之儀、此方ニ而可賄呉旨申来ニ付、堀川七条下ル大和江上下八分之積ニ而誂置候事

下宿

一下宿烏丸七条上ル寺壱軒用意いたし有之旨、右方江幕幷茶番壱人、暁七ツ時罷出居候様申付候事

一明日召連者中座壱人、年行事同役共□(ニ而カ)弐人、雨具持同断申付候事

一松尾殿ゟ御届御さし出候事

十七日

出役

一今日松尾殿、村上氏同道、暁七ツ時出宅ニ而右下宿江向罷越居候処、橋本三次挨拶ニ罷越候ニ付、此方共名前書さし出、別段御玄関江参着届不致候ニ付、可然取斗候様頼置候事

但、御催し為知呉様頼置候事

火葬場

一夜明ケ六過時、御催し之旨申来候ニ付、阿弥陀堂門内江罷越居、御列大先江一組共相立、御道筋阿弥(陀脱カ)堂烏丸七条下ル火葬場、凡二丁斗之事

但、右火葬入口矢来内西側ニ番所有之候ニ付、右方ニ詰居、御連枝丈ケ下座いたし候事、尤下座等も町代ゟ差図有之事

一五時分、元之通還御之事

一暮六時分灰葬ニ付、先刻之通御先いたし候事

一夜五時分還幸、此度ハ車御門ゟ御入之事

一夜四ツ時分相済候事

十八日

下詰

一詰池本藤右衛門、茶番亀松出勤之事

十九日

一詰同断、茶番太兵衛出勤之事

一昨夜預ケニ而会所ニ御差置有之候、筑前之軒敵儀義（マヽ）（マヽ）小屋頭預被仰付、中座差添悲田院江差遣候様御

達ニ付、善五郎差添さし遣候事

廿一日　下詰

一詰見座池本藤右衛門、茶番与八出勤之事

遠嶋者ト重敲洛中洛外払

一遠嶋　壱人、一重敲之上如元洛中洛外払　壱人

右手組之儀、東御役所ゟ御達有之事

廿二日　下詰

一詰同断、茶番林助出勤之事、軽罪御仕置、左之通被仰渡

丹劦船井郡和知之庄奥村

一遠嶋　百姓　半次郎

丹劦桑田郡法貴村五郎助忰

一重敲之上如元洛中洛外払　小三郎

右之通於東御役所被仰渡、敲為検使芝田小兵衛殿、村上富五郎殿御越、悲田院年寄例之通罷出候事

一牢屋廻り、松村小弥太殿出勤之事

廿三日　加番西江廻ル

一御年寄方無之、中座丑之助・伊之助出勤之事

東役所ニ於テ日光社参済ノ赦

一今日於東御役所、日光御　社参済、御赦被仰渡候事

廿四日　上当番

一松村小弥太殿、中井冨之助出勤之事

入札触
一勘定方ゟ入札触御差出之事　悲（マヽ）番
廿八日
一御詰松尾熊三郎との、中座万蔵・岩吉出勤之事
一見座田辺元次郎、今日於御白洲押込御免ニ相成候事
右ニ付、公事目付方江為心得仰上候事
廿九日　養源院勤番
養源院ニテ徳川家斉七回忌法事
一文恭院様御七回聖忌ニ付、於養源院自分法事有之ニ付、勤番被仰付、村上英之助・津田正三郎出勤、朝明ヶ六時ゟ出勤いたし、所司代、両御奉行、御附、伏見御奉行、御定番御参詣有之、下座いたし、其外地役方之向者其儘挨拶いたし候、夕七ツ時相済、寺門ゟ酒飯差出候事
召連者中座壱人、年行事壱人ツヽ、雨具持壱人ツヽ、尤右勤番有之節者、松尾殿ゟ若党壱人御差出之先格ニ付、此度先格之通御差出有之事
晦日　同断
一都而昨日之通、今日者卯ノ刻之御法事ニ付、七ツ時ゟ罷越候事
一前後御届書、御番所江差出事
一前日幕上御道具為持遣候事
二月　東　伊奈遠江守様御月番
朔日　悲番
一当日御礼、隣家幷同役江罷越候事

一御詰荻野勝之助殿、中座岩吉・丑之助出勤之事

一当日御礼、御在府中ニ付不仰上事

東本願寺裏方葬送ノ挨拶料

一先月十七日東本願御(寺脱カ)裏方御葬送之節、御挨拶左之通被下

一鳥目四貫文　此方両人江　一白銀五枚　支度料

一金弐百疋　御時刻遅ク候ニ付別段被下之候

此配当、村上・此方ニ而五拾三匁与銭弐貫文、金弐朱、此内五百文年行事江遣、尤中座江金弐朱松尾ゟ被遣事

二日　加番

一御詰荻野勝之助殿、加番拙者、後出村上英之助、詰中井冨之助出勤事

一公事被成御聞、引続落着もの御前有之候事

三日　上当番

一御詰五十嵐勇左衛門殿、加番中井冨之助出勤之事

御目附箱

一明日御目附箱御門前江御差出ニ付、暁七ツ半時中座壱人用意之儀、公事方ゟ御達之旨申遣候事

仁孝天皇一周忌

一来ル五日六日於泉涌寺

仁孝天皇御一周忌ニ付、両日共勘定方出役ニ付、中座両人さし出候様御達之旨申遣候事

一前川五郎左衛門出訴御取立、於御前日切済方被仰付候事

四日　頼合

祖父十七回忌

一今日祖父一都十七回忌ニ候処、時節柄ニ付不相招、配物いたし候事

一親類丈ヶ相招候事

五日　上当番

一御詰松村小弥太殿、加番無之事

相撲頭取

一相撲頭取共ゟ今日相撲有之処、仁孝天皇様御法事ニ而今日者殺生御停止、明日鳴物幷殺生御停止ニ而、両日自身番被仰付有之処、明日者小相撲興行差扣候得共、今日者興行出来候哉、尋来候ニ付、目附方木村勘助殿江相伺候処、今日者不苦旨被仰渡候ニ付、其段申達之事

今日ノ小相撲興行ハ苦シカラズ

一今日追訴御聞不被成候事

一明日般舟院近辺風廻り、関根幸五郎殿御出役ニ付、仲ヶ間幷中座之儀御達ニ候処、無人ニ付仲ヶ間幷見座御断申上候事

一明日泉涌寺ゟ御帰懸ケ、東公事方懸り在京御目附御立会之御前有之旨、御達有之申遣

一明日九時過、髪月代いたし候もの用意いたし置候様、御達ニ付□ゟ申遣事

六日　上当番

一御詰荻野勝之助殿、加番永田源次郎出勤之事

本圀寺ニテ施行

一明日於本圀寺御施行有之候ニ付、田中鷲之助殿御出役ニ付、中座壱人差出候様御達ニ付、上中座江申付候事

赦ニテ門前払ニ減刑

一今日御奉行御帰後、御目附立会、左之通御赦被仰渡

勢州四日市町　吉兵衛忰　無宿　藤吉

洛中洛(外脱カ)払可申付処、此度仁孝天皇一回聖忌御法事済御赦ニ門前払申付ル、依之鳥目弐百文被下候、難有存ケ

此通被仰渡候得共、此方共立□候而詑□

此通可申渡候得共、下縁ニ出し有之
鳥目弐百文同人江渡し引立這入

同断　　東洞院三条下ル町
由兵衛元下人
新助

右之通仰渡、詰荻野殿、永田源次郎ニ候事

右仰渡相済後、此方共於部屋先髪月代為致、尤公事方同心御見分有之、月代相済公事方部屋先江廻し、握飯被下之追払候事

七日　　於本圀寺御施行有之ニ付出役、尤□者方内向寄ニ付出役ニ而者無之、仲ヶ間一同之内ゟ出役之簾

仁考天皇一周忌施行ヲ本圀寺ニ於テ行ウ

一前ミ日東勘定方ゟ今日仁孝天皇御一周忌ニ付、御施行於本圀寺被下之候ニ付、右之段大津御代官都築金三郎ゟ被仰渡候ニ付、此方共仲ヶ間壱人幷牢医師出勤義御達ニ付、則拙者出役之旨申上有之候ニ付、今日中座壱人、供壱人召連、五時前ゟ左之下宿英鏡院江罷越候処、御代官都築金三郎殿、四時分御越ニ付玄関次之間迄出迎ひ、御入之上御挨拶申上、昼前時分東目附方田中鷲之助殿、西目附方木村与三郎殿、東同心吉竹藤左衛門との、西同心太田儀兵衛殿御越有之事

一昼飯幷御菓子等被下候事

一八ッ時分頂戴人大躰相揃候旨、悲田院年寄ゟ都築手代迄届出、夫ゟ御米算当之上、夫ミ相渡可申旨、手代ゟ申出候ニ付、左之通立会見分之事

○挿図ハ別掲二一八頁。

頂戴之人数大宮通之門ゟ操（繰）入、堀川之門ゟ出ス

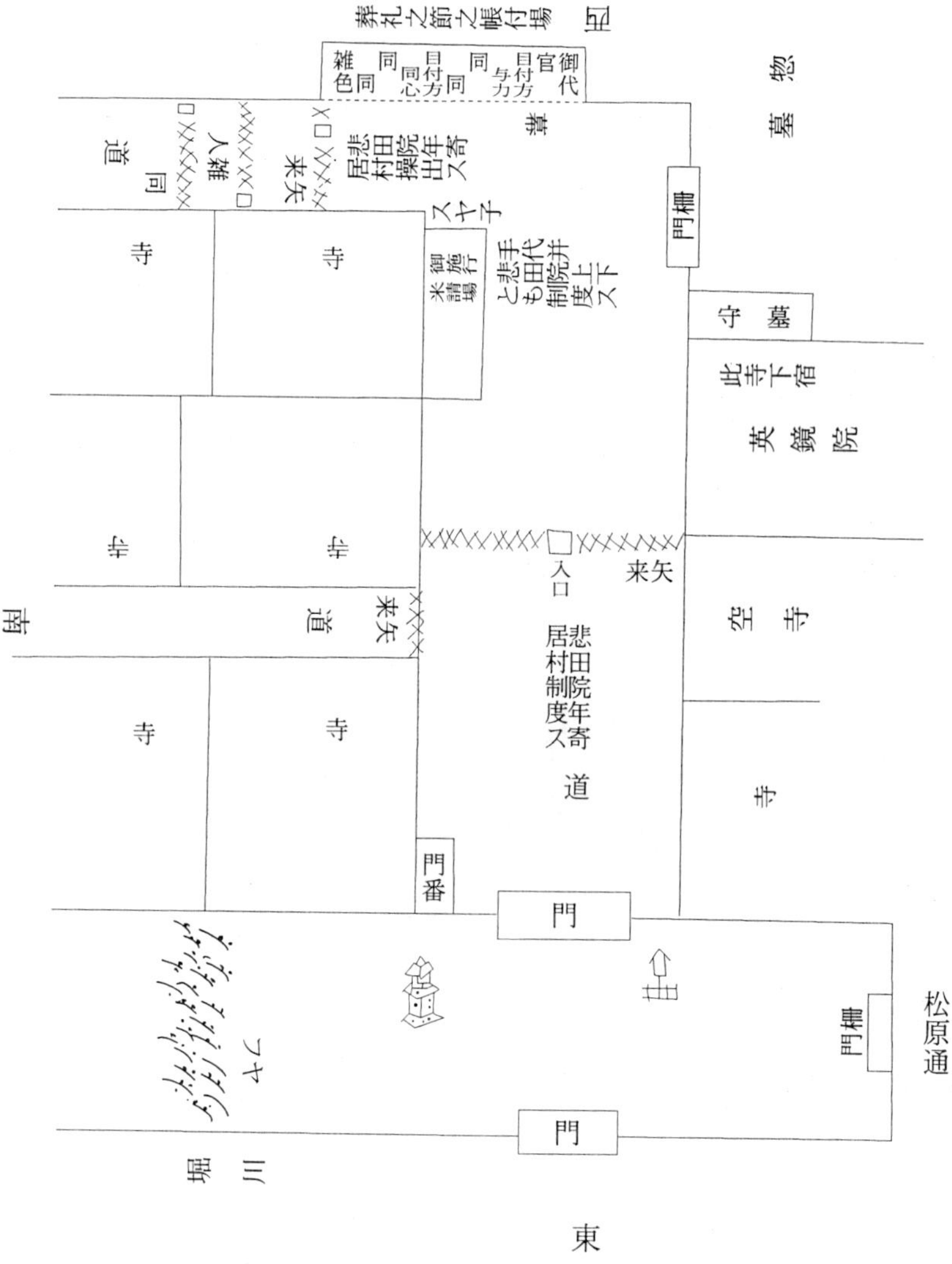
葬礼之節之帳付場
御代官
目付方与力
同
目付方同心
同
雑色同
惣墓
墓守
此寺下宿
英鏡院
空寺
寺
悲田院年寄
悲田院村制度ス
矢来
入口
道
門番
門
松原通
南
堀川
東

下宿英鏡院席之図

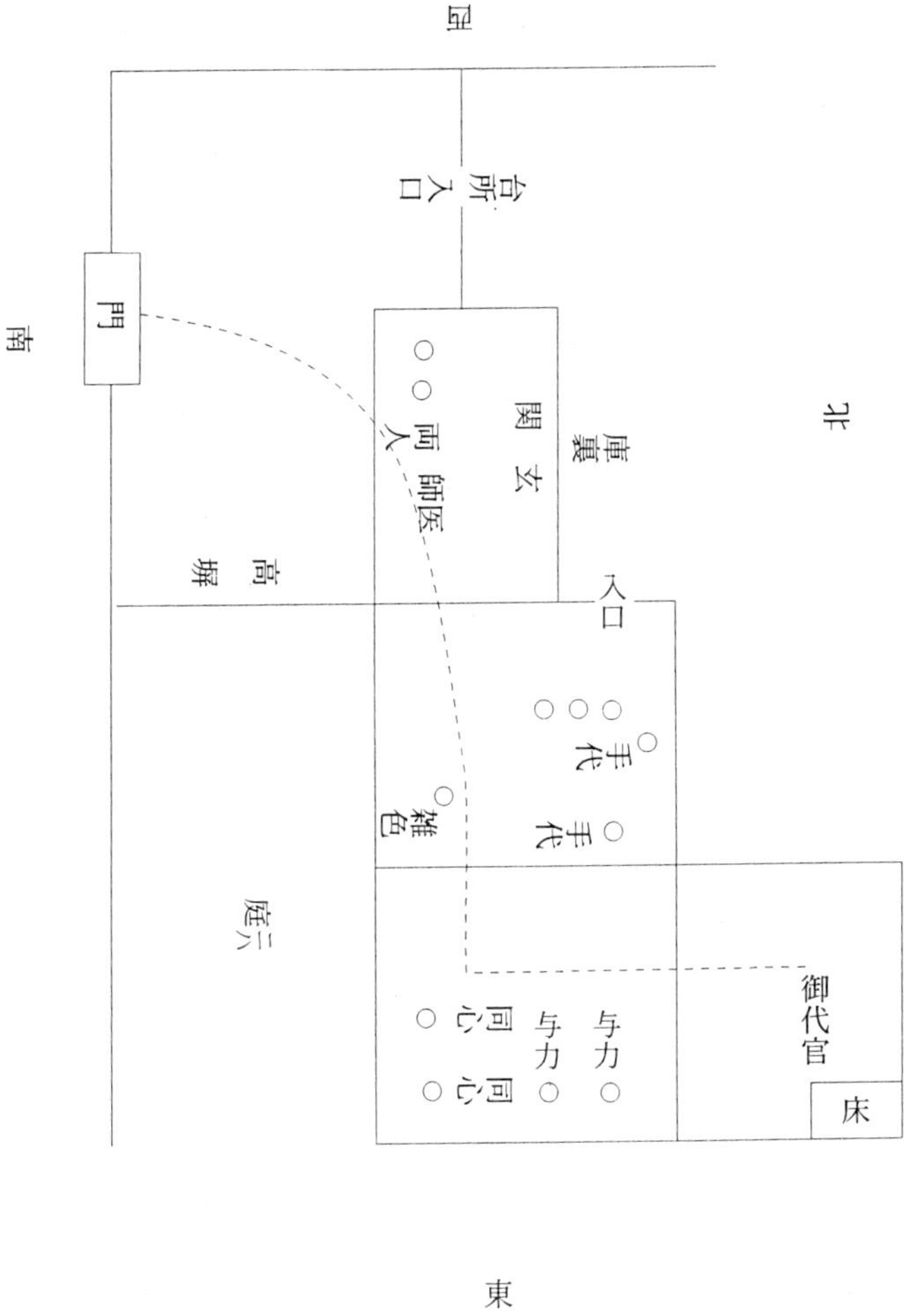
北
西
南
東
台所入口
門
庫裏
玄関
医師両人
高塀
入口
手代
手代
雑色
庭
与力
与力
同心
同心
御代官
床

○挿図ハ別掲二一九頁。

一夫ゝ御施行相済、夕七ツ時目付方同道帰宅、尤御代官都築金三郎殿者御居残ニ付、先江帰宅之事

悲田院年寄ゟ左之通、目付方手代幷此方江書付差出

半紙ニ而
御施行米頂戴仕候覚

一惣人数七千五拾壱人

此米四拾三石八斗五升
但シ壱人ニ付六合弐夕三才

此訳

施行米頂戴ノ覚

衣掛ケ	一弐拾四人		衣掛ケ
参宮人	一参拾五人		参宮人
只人・新非人・古非人	一五千五百八拾八人		只人
	一百五拾三人		新非人
	一三百六十五人		古非人
坂・鳥羽・物吉	一六拾壱人		坂・鳥羽・物吉共
与次郎	一三百弐拾五人		与次郎
	一四百六拾人	是者壱人ニ付四人前宛被下置候	小屋頭百拾五人分
	一四拾人	是者壱人ニ付十人前宛被下置候	悲田院年寄四人分

右之通、老若男女とも一同難有頂戴仕候、以上

弘化四未年二月七日

悲田院年寄

勇次郎

忠三郎

幾三郎

浅次郎

右之通さし出候事

八日

悲(マヽ)番

一御詰松村小弥太殿、中座万蔵・幾蔵出勤事

初午

一今日初午ニ付、欠所方ゟ赤飯・煮染被下候事

九日

加番

一御詰松村小弥太殿、詰津田安之進、部屋ヤ用(衍カ)津田正三郎出勤之事

一公事訴訟被成御聞候事

十日

加番之処当番村上氏入魂ニ付八ツ時分迄出勤

一御詰荻野勝之助殿、御出勤之事

十一日

普請見分出役

神泉苑以下見分

一昨日出宅ニ而神泉苑始其外幷愛宕山江御越之上、水尾村宿ニ而、今日梅之宮ゟ方内見分、東目付方与力石崎謙三郎殿、西同断木村与三郎殿、東新家方椛橋麻八郎殿、西同断竹尾秀助殿御出役、松村小弥太殿同道、物書松勝召連、明ケ六時ゟ出宅、ケ所左之通

梅之宮

出来 西梅津村 梅之宮
出来 岡村 閑管庵
出来 塚原 氏神 此村岡村ゟ呼寄セ申渡
出来 寺戸村 宝菩提院 此寺灰方村ゟ呼寄セ申渡
杭打見分 灰方村 心光院
前見分 奥海印寺村 瓦竈引移
出来 円明寺村 小倉社 此社奥海印寺村ゟ呼寄
出来 昼支度所 聖徳寺

〆八ヶ所

役人ハ普賢寺郷ニ泊ル

奥海印寺村ゟ南山城江御越、今夜普賢寺郷宮之口村泊之由候事

一夜四ッ時分帰宅之事

十三日　上当番

一御詰荻野勝之助殿、加番岡本徳三郎出勤之事

囚人ノ収容人数

一四人何人ゟ以下壱ト間ニ不差置哉、素極有之哉、同心目附藤井才次郎殿御尋ニ付、右者取極与申者承り不申候得共、是迄者先五人以下不用心ニ付差入不申心得ニ而、在牢之もの三人位ニ相成候節ハ無請牢江御差置、又者いつれ之間ニ而も番之者御差置ニ相成候様、□承候旨申上候事

但、右者今日入牢被仰付候者之内、同間不相成候もの有之候処、此節在牢之もの無数、本牢東之口一ト間ニ御差置ニ付、無拠右同間不相成ものハ、会所江御差置相成候趣事

小屋下預

一小屋下預城刕之鸖吉外拾人、入牢被仰付事

無足人

一南山城辺ニ藤堂和泉守殿無足人与申者有之、右者都而方内ゟ通達いたし幷訴訟等ニ御役所江罷出候得共、諸訴ニ罷出事有哉、公事方ゟ御達、松尾殿江懸合是迄罷出候例数之御書出し有之事

十四日　下詰之処振替　上当番

一御詰松村小弥太殿、加番村上英之助出勤事

一譲御割印願相出事

一在牢信夛之文次郎外九人、口合被仰付候事

駕籠訴

一城夛相楽郡菱田村百姓吉次郎代弥太郎、今朝御奉行二条ゟ御帰懸、馬場日暮口ニ而御駕籠訴いたし、
御召帰之上於御前訴訟ニ付願出候様、被仰渡候事

十五日　　加番

一当日御礼、隣家幷同役江罷越候事

一御詰松尾熊三郎殿、加番永田源次郎出勤之事

十六日　　上当番

一公事訴訟被成御聞、御詰松尾熊三郎殿、加番岡本徳三郎出勤事

中追放

一右公事ゟ東目附方懸り入牢之部ニ而、小屋下預被仰付候城夛之たき、御吟味筋落着之上、中追放被
仰付候事

十七日　　加番

一御詰松村小弥太殿、詰中井冨之助出勤之事

一明日押込被仰付置候湯浅多一郎御召、以端書御達事

十八日　　介
上当番

一御詰荻野勝之助、加番山村之処、入魂ニ候事

押込御免

一今日湯浅氏押込御免ニ相成候事

過怠牢御免

一過怠牢被仰付候丹後（カ）之まち、過怠牢御免相成候事

十九日　後出
一御詰松尾熊三郎殿、詰村上英之助、加番岡本徳三郎出勤候事
廿日　上当番
一御詰荻野勝之助殿、御出勤之事
一終日御用無之事
廿一日　下詰
一見座池本藤右衛門、茶番万蔵出勤之事
清涼殿常御殿修復普請出来
一清涼殿　常御殿、右御修復中出火ニ付仲ヶ間壱人駈付被仰付候処、右御普請皆出来ニ付、右駈付ニおよひ不申旨、御達之事
一軽罪御仕置取組、御達之事
一東本願寺饒姫君薨去之節、松村殿一組ゟ昆布一台献上いたし候ニ付、今日御目録金三百疋被下之、一組へ配当之事
牢内臨時改
廿二日　上当番
一今日牢内臨時改いたし候処、無滞相済別条無之ニ付、其段東西御役所江申遣候事
廿三日　悲《（マヽ）》番詰
一御詰松村小弥太殿、加番村上英之助、後出岡本徳三郎出勤之事
廿四日　東駈付
一御詰松村小弥太殿、御出勤之事

近日御清祓アリ

一近〻御清祓有之候ニ付、仲ケ間出役名前書出し候様、目付方ゟ御達ニ付、東詰御年寄方ゟ御書出し有之候事

但し、此間出役可致旨、廻状到来之事　　悲番

廿五日

一御年寄方御出勤無之事

東奉行牢屋敷見廻リ

一今日東御奉行当御役所御見廻り有之、直様牢屋敷御廻り之事

一東様牢屋敷御見廻り無滞相済候旨申来、公事方・目付方江申上ル

悲田院年寄名前替

一悲田院年寄名前替、左之通届出ル

半紙
私共同役浅次郎儀、浅左衛門与改名仕候

一同幾三郎儀、吉左衛門与改名仕候

右之通改名仕候ニ付、此段御断奉申上候、以上

弘化四未年二月廿五日

悲田院
年寄忠三郎　印

右之通相願候処、御月番御役所公事方ニ而御聞届ニ相成候旨ニ而、右書端合《（マヽ）》八通持参、夫〻差出呉候様申し候ニ付、壱通当部屋江留置、残七通公事方、勘定方、目付方、欠所方、証文方、同心目付、御番所江さし出候処、一同請取候ニ付ニ付《ミヽ》其段右年寄江申渡候事

但、仲ケ間廻状ハ東御役所ゟ御差出し事

廿六日　　加番

一御詰荻野勝之助殿、当番津田安之進出勤之事

知恩院宮関東ヨリ帰館

一来ル晦日知恩院宮関東ゟ御帰館ニ付、御道筋町〻不礼無之様、当日手桶箒差出候様、御達之事
但、天部村入組見苦敷物不差置様、無急度申通置候様、目付方ゟ御達之事

廿七日　東駈付

御清祓出役

一明廿八日涼闇明御清祓付、出役可致旨申来ル、後刻左之通廻状到来、上当番ゟ到来

下宿名前

丸太町堺町東江入 下宿 木具屋弥左衛門
新烏丸切通信冨町 同 勝山琢文
中御霊表町 同 香具屋新次郎
相国寺門前大門町 下宿 中村屋和助
中立売烏丸西江入 同 三川屋喜次郎
烏丸下長者町下ル 下宿 黒川三次郎
供廻り 俵屋らい
供廻り 川端道喜

川端道喜

烏丸武者小路東江入 同 平野屋豊助
石薬師寺町西江入 浜屋六平
烏丸下立売下ル 同 小刀屋平兵衛
供廻り 山形屋久兵衛

右ハ夫〻下宿名前ニ御座候間、為御心得申上候、尤御組御出役之方今暁八ツ時過御出宅ニ付、其御心得ニ而御出役可被成候、以上
尚〻中座・年行事共、右刻限前夫〻御出宅江向罷出候様、急度御申付可被成候、以上

今出川御門

本多弥太郎殿
砂川健次郎殿

触頭

中立売御門
此中立売御門者触頭ニ候事

新在家御門

山田駒三郎殿
早沢庄次郎殿
浅賀貞之助殿
真壁久三郎殿
雑色
小嶋吟次郎
町代
本郷茂助
中座林助

草間州五郎殿
三浦締次郎殿
末吉郡次郎殿
大河原重三郎殿
島田唯五郎殿
木村栄次郎殿
雑色
山村定右衛門
町代
古久保新三郎
中座喜兵衛

平塚啓三郎殿
奥村長太夫殿
小木源次郎殿
森　辰　弥　殿
吉田民五郎殿
山内倉三郎殿
雑色
町代
永田貞五郎
藤　井　権　八
中座岩　吉

乾御門

山田規矩太郎殿
深谷隼之助殿
松　原　条　蔵　殿
中　川　定　一　殿
丁代
太田岩之助殿
楷　本　弥　兵　衛
年行事

武家町御門

巽御門

関根幸五郎殿
不破久馬太郎殿
吉竹中一殿
田村辰之助殿
山田為太郎殿
丁代
山中覚太郎
年行事
本多只一郎殿
神沢虎之助殿
吉竹藤左衛門殿
福田小一郎殿
広瀬武之進殿
杦原敬次郎殿
雑色
中井十右衛門
町代
早川孫三郎
中座万蔵

石薬師御門

四方田酉作殿
熊倉成太郎殿
高屋助蔵殿
芝田勇四郎殿
上田助之烝殿
雑色
村上英之助
町代
岸惣八
中座丑之助

下立売御門

野
真譬ミ勇之助殿
棚橋寿三郎殿
飯田彦五郎殿
斉藤永次殿
太田直五郎殿
町代
石川嘉兵衛
年行事

御出役右之通ニ御座候ニ付、為御心得申上候、以上

上当番
湯浅多一郎

二月廿七日

出役之もの名前
〻
〻
〻
〻
下タ詰様
見座ゟ左之通廻状到来
明廿八日御清祓御出役ニ付、雨具持夫ゝ刻限無遅ゝ、御宅江罷出候様申付置候、尤御弁当も先例之
通、御年番用ニ而都合両度分、支度若狭屋八兵衛江申付置候ニ付、夫ゝ刻限ニ場所江向推参候積ニ
付此段申上候、以上
二月廿七日　牢屋詰
見座
〻
〻
〻
〻
廿八日　涼闇明ニ付御清祓出役
一夜八ツ時ゟ出宅、麻上下ふくさ小袖着用、供壱人・雨具持壱人召連、下宿相国寺門前中村屋和助方
江罷越、扣居候
服装

場所之図

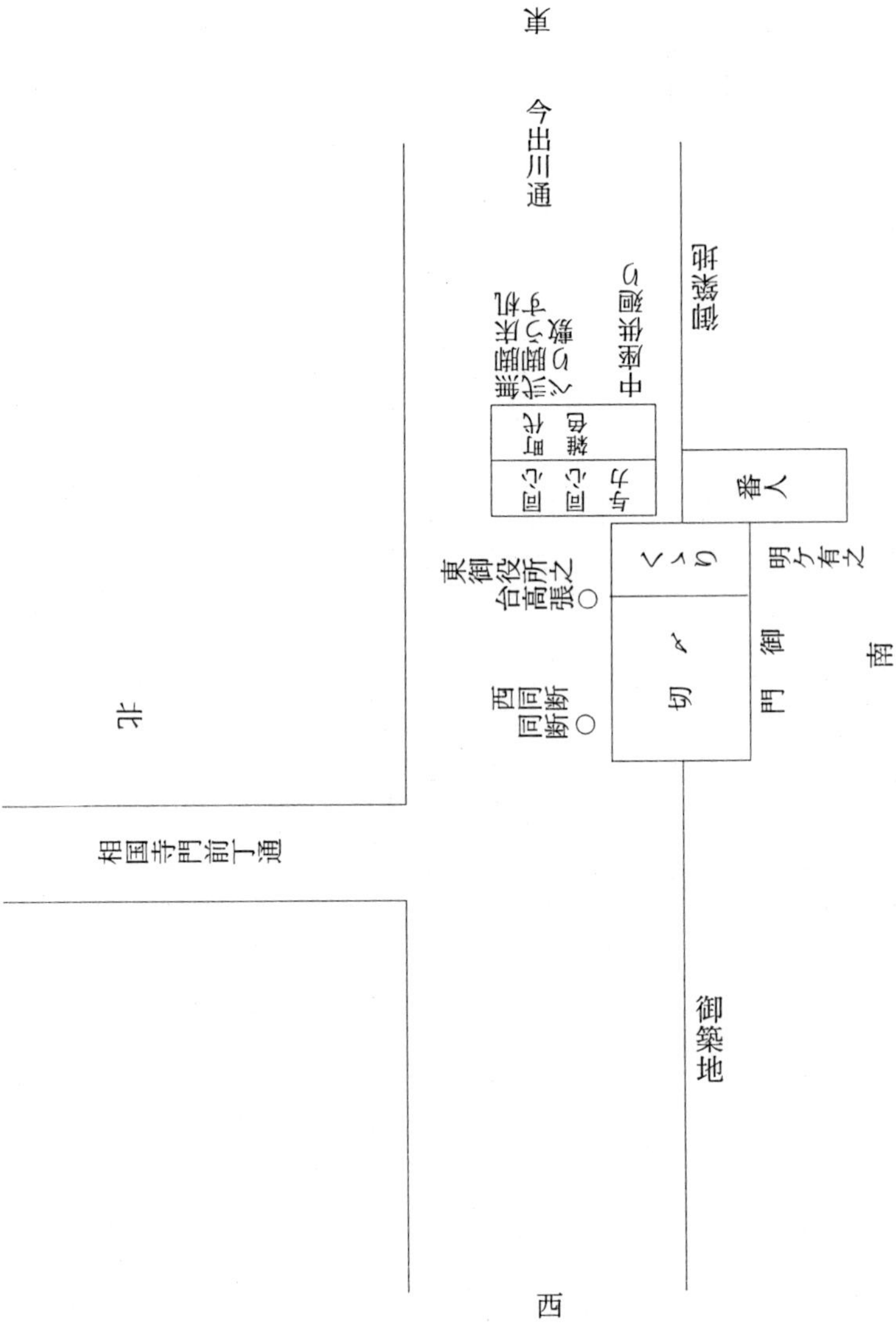
東
今出川通
西
北
南
相国寺門前丁通
御築地
御築地
番人
明ケ有之
御門
〆切
くゝり
東御役所高張之台
西同断
同断
同心
町代
同心
雑色
与力
無脚床机
弐脚うすべり敷
中座供廻り

但、往返着流し、警固之節麻上下着

一追ゝ御組御越有之処、朝五時触頭中立売御門ゟ警固立申来、夫ゟ御門江東西代ル〳〵御詰、此方共町代も同様代ル〳〵相詰候事

僧尼通行不可

但、御用之外者一人も往来不為致、雖為御用僧尼者通行不相成趣之事

一四時前警固引ケ之儀、触頭中立売御門ゟ申来候ニ付御引取有之、尤右組者烏丸中立売下ル町ニ而一同御寄集有之候得者、此方ゟ途中ゟ引取候事

○挿図ハ別掲二三二頁。

廿九日　　　　下詰

一詰見座田辺元次郎、茶番岩吉出勤之事

臨時改メ異常ナシ

一今日牢舎人入湯定日ニ候処、病人多有之故、臨時改いたし候処、何之相変儀も無之ニ付、東西御役所江相届候事

御使早沢庄次郎殿牢屋廻り、荻野勝之助殿御出勤、悲田院年寄例之通手下召連罷出候事

乱心者会所預トナル

一昨日御清祓ニ付九門之内六門固メ之内、清和院御門江右京与申僧、乱心候而通行可致旨申聞候ニ付、右固メ御出役之衆ゟ御附江御引合之上御召(捕)帰有之、会所江当分御預ニ相成有之候事

三月　　　　東　伊奈遠江守様続御月番

朔日　　　　東駈付

一当日御礼、隣家幷同役江罷越候事

二日　　　　加番

一御詰松村小弥太殿、当番村上英之助出勤之事
一公事訴訟被成御聞候事
三日　下詰
上巳ノ礼
一上巳之御礼、出勤懸ヶ隣家并同役江罷越候事
但、二条御礼、村上英之助出勤之事
一医師桂以中・礒谷元菴御出候事
四日　手明
一何之御用無之事
五日　東欠
一同断
六日　加番
一詰松尾熊三郎殿、当番津田安之進出勤之事
七日　下詰
一詰見座田辺元次郎、茶番林助出勤之事
一医師両人出勤之事
八日　悲《マヽ》番詰
一御詰松村小弥太殿、御出勤之事
六孫王社開帳ニ出役ノ先例焼失ニ付不明
一来ル十三日ゟ日数三十日之間、大通寺六孫王権現本地仏為拝ニ付、右寺ゟ雑色見廻り之儀願出、然

ル処元禄年中右寺開帳之節、警固出勤致候先例有之趣申立居間、取調可申旨公事方ゟ御達ニ付、左
之通差出ス
半切ニ認
元禄十五年六孫王社本地仏開帳中、警固出勤罷在候哉取調候処、右節之書面焼失仕、出勤有無難分
候
類例
文化八未年三月五日ゟ因幡薬師開帳中、出勤罷在候
右之通ニ御座候、以上
三月六日
松村三吾
右公事方喜多尾平次殿江差出ス
一手附筆耕松屋勝次郎悴政次郎出勤願、左之通差出ス
片折ニ而認
奉願口上書
一私悴政次郎与申もの、今度御部屋江差出、渡世筋諸書物為見習申度、此段奉願上候、何卒右之趣御
聞届被成下候へ者、難有奉存候、以上
弘化四未年二月
松屋勝次郎 印
永田貞五郎様
小嶋吟次郎様
右之通書面持参いたし候ニ付、松村殿江内覧ニ入置、同役連名ニ而此方共仲ケ間一同江廻状差出候
処、一同存寄無之ニ付、隣家江差出候処、後日聞届可申渡旨御達ニ付、勝次郎呼寄其段申渡候事
手附筆耕見習出勤ノ願書

九日

一追訴無之、訴訟丈被成御聞、御詰荻野勝之助殿、加番山村定右衛門、後出湯浅多一郎出勤事　加番之処入魂ニ付上当番

一四人口合并落着御前有之候事

在京目付巡見延期

一明日在京御目附愛宕筋御巡見可有之処、御用有之御延引ニ相成候旨、御達ニ付五十嵐殿江申上ル

六孫王社出役

一六孫王本地仏其外、来ル十三日ゟ日数三十日之間為拝候ニ付、右宝物之内御大切之御品も有之候ニ付、下雑色壱人ツヽ、見廻之儀頼度旨、願出候ニ付御聞済ニ相成候間、出勤可致旨公事方山田省三郎殿御達有之事

十日

一御詰松村小弥太殿、御出勤之事　悲番（マヽ）

十一日

○コノ所袋綴ノ内ニ切紙アリ。

一御詰荻野勝之助殿、加番岡本徳三郎、部屋用津田正三郎出勤之事　上当番

六孫王見廻り出役

一来ル十三日ゟ六孫王権現本地仏為拝ニ付、右寺門内ニ番所有之、三ツ道具幕折三度斗見廻り呉候様、尤下宿櫛笥蓮華寺ニ頼置有之候旨、尤昼後ゟ罷越呉候様并右日限中挨拶向等、右寺役者ゟ内談有之候、尤夕方一度分支度及入魂候積ニ懸ケ合置候事

　右ニ付左之通通達いたし候

（切紙）「見廻り出役ニ付挨拶

　高七両之内ニて

一金五両　日数四十日見廻之両人配当

但し八匁ツ、
一同一両一歩　同断中座共へ
但し弐匁ツ、
一同三歩　同断年行事共へ
〆
右之通御割方仕候へハ、一ヶ度分支度出来不申候故、今日寺門へ松村殿御掛ヶ合被下候筈、何分数日出役之事故、日〻五人分支度、尤入魂およひ度候事
一見廻り方ハ昼飯早〻ゟ出かけ、中座一人、年行事一人、供両掛持、〆五人召連候
但し、年行事日〻も大儀之事故、出入方之内入交召連可申候積、○松村殿出入方も差挟候積
鉄棒ヲ引カス幕・三ツ道具
一寺門内ニ幕三ツ道具建候、番所有之夕方迄ニ三度斗鉄棒為引、見廻候心得之事
一下宿ハくしけ蓮華寺ニ而も用意可有之候也
三月十一日　永田
小嶋様
」
一下詰江
六孫王社出役ノ日割
御詰御苦労奉存候、然者明後十三日ゟ日数三十日之間、大通寺六孫王権現本地仏為拝ニ付、右日限中壱人宛出役いたし候ニ付、左之日割候通御割□置可被下候、以上
三月十一日　永田
小嶋
三月

〇上欄ニ横書ス。
「此見廻り之内持番□之」
十三日　永田　十四日　小嶋　十五日　永田　十六日　小嶋　十七日　小嶋　十八日　永田　十九日　永
田　廿日　小嶋　廿一日　永田　廿二日　小嶋　廿三日　永田　廿四日　小嶋　廿五日　永田　廿六日
小嶋　廿七日　永田　廿八日　小嶋　廿九日　永田　晦日　永田
四月
朔日　小嶋　二日　小嶋　三日　永田　四日　小嶋　五日　永田　六日　小嶋　七日　永田　八日　永田
九日　小嶋　十日　小嶋　十一日　永田　十二日　小嶋
右之通御割□置可被下候、尤日限中永田両人勤御断申上候、以上

召連ノ供

一召連者、左之通申付ル
中座壱人　年行事壱人　雨具持壱人
右者明後十三日ゟ大通寺六孫王権現本地仏開帳ニ付、日数三十日之間見廻り出役供ニ召連候間、日々昼早支度いたし、左之日割之通銘々宅江罷出候様、御申付可被下候、以上
三月十一日　永田　小嶋
牢屋詰
見座中様
日割略之
一御詰御苦労存候、然者明後十三日ゟ六孫王開帳中見廻り出役いたし候ニ付、三ツ道具幷幕同寺江御遣し可被下候、以上
三月十一日　永田　小嶋

牢屋詰
見座中様

右三通、牢屋敷江遣ス事

十二日

一御詰荻野勝之助殿、当番山村定右衛門出役之事　　加番

将軍宣下・日光参詣済赦

一明十三日将軍宣下并日光御参詣済御赦被仰渡候ニ付、調松村三吾殿、津田安二・永田貞五郎出勤之事

東西奉行所へ出役届

一明日六孫王開帳ニ付出役届、左之通東西御役所江差出候事

明十三日ゟ日数三十日之間、六孫王権現本地仏為拝ニ付、見廻之儀頼ニ付罷出候様被仰付、右為拝中私共壱人宛出勤仕候ニ付、此段御届申上候、以上

未三月十二日　　雑色
永田貞五郎
小嶋吟次郎

右之通東西御番所江さし出候事

十三日

一御詰松村小弥太殿、当番津田安之進、加番湯浅多一郎出勤并此外御赦懸一同、出勤之事　　後出

部屋用助津田正三郎出勤之事

赦ヲ命ジル

一御奉行二条表ゟ御帰後、在京御目附加藤修理殿御立合、御赦被仰付、御目付御退座後、公事被成御聞、夕七ツ時帰宅之事

一今日見廻り、永田貞五郎出勤之事

十四日　　　　雨天
　　　　　　　大通寺見廻り

蓮華寺開帳場見廻り

一昼九時ゟ出宅、下宿櫛笥蓮華寺江中座壱人、年行事壱人、供壱人、雨具持壱人召連罷越、開帳場前
　三度見廻り候事

一今日雨天ニ付参詣人無数候ニ付、中座其外共、別段見廻り不差遣候事

一夕刻支度割合差出候事

一夕七ツ時閉帳ニ付帰宅之事

西奉行上京

一明日西御奉行水野下総守殿御上京ニ付、今晩為御迎松村三吾殿、津田安二・永田貞五郎出勤之事

暮六時廻状到来

盛姫逝去ニツキ六孫王開帳順延（11―二五）

一盛姫君様御逝去ニ付、今十四日ゟ来廿日迄鳴物停止、普請者不苦候旨、御触御差出有之候事
　但し、右ニ付六孫王開帳順延之事

十五日　　　　上当番

一御詰松尾熊三郎殿、加番岡本徳三郎出勤之事

一今日西御奉行様御上着ニ付、西詰合松村小弥太殿、湯浅多一郎、麻上下ニ而恐悦申上候事

一盛姫君様御逝去ニ付、以先格御機嫌伺之儀、松尾殿以書面公事方江御窺有之処、勝手次第可罷出旨
御沙汰、東御広間江松尾熊三郎殿・松村小弥太殿、加番岡本徳三郎・永田源次郎・拙者罷出、西御
役所江松尾熊三郎殿・松村小弥太殿、岡本氏・永田氏、西詰湯浅多一郎御広間江被仰上候事
　但し、二条表江松尾殿・松村殿、岡本氏・永田氏被罷越事

一当日御礼、右之通之次第ニ付不被仰上候事
　但、町方寺社之向者、当日ニ付罷出候趣ニ而罷出候様、昨日御触御差出有之候事

西奉行初入目見ノ礼

一西御奉行水野下総守殿御上着之旨、東公事方ゟ御触御差出有之候事

一明日明ヶ六半時、西御奉行御初入、御目見被仰付候ニ付、右刻限打揃居候様、西詰ゟ廻状到来候事

　扇子料弐拾疋、今日ゟ用意事

壬生寺大念仏モ順延

一今十五日朱雀村権現為拝ニ付、開扉幷壬生寺大念仏、今日ゟ可相始之処、右之通御停止ニ付差扣、順延致、来ル廿一日ゟ相始度、届出候事

　但、六孫王ゟも開帳延日之旨、届出候事

十六日　加番

一及入魂在宿之事、尤御停止中ニ付公事訴訟無之事

一今日西御奉行御初入ニ付、御逢有之事

　但、扇子料弐拾疋献上之事

十七日　東駈付

一終日御用無之事、在宿之事

十八日　牢屋詰

一詰見座田辺元次郎、茶番忠兵衛、居残り番惣吉出勤之事

一終日何之御用無之、静謐ニ候事

十九日　悲（マヽ）番詰

一御詰松村小弥太殿、筆耕中嶋清太郎、中座万蔵・岩吉出勤之事

廿日　手明

一無事

廿一日　下詰

一詰田辺元次郎、茶番万蔵出勤之事

礒谷元庵剃髪ヲ願ウ

一礒谷元菴過日剃髪いたし度旨願書差出有之処、右之届可申渡旨、年番松尾殿ゟ申来ニ付呼寄セ、其段申渡候事

廿二日　六孫王見廻り

六孫王社見廻り

一中座壱人、年行事壱人、供壱人召連、昼九時過ゟ下宿蓮華寺江向罷越候事

但、両三度場所見廻り候事

一引物等追〻罷越候ニ付、場所江中座、年行事代ル〳〵附添候事

一役人鵜飼近江挨拶ニ罷越候事

一東西目付方見廻り有之候事

廿三日　悲《マヽ》番

一御詰松尾熊三郎殿、御出勤之事

一来ル廿七日松尾社出輿、来月十二日還幸ニ付、見廻り出勤可致旨、御達之事

但、御出者永田氏出候役番ニ候事

廿四日　見廻り

一例之通ニ而何之相変之儀無之事

礒谷元庵頓死

一礒谷元菴儀、当廿一日夜頓死いたし候ニ付、左之通願書差出候事

元庵ノ口上書

乍恐口上書

一私儀牢舎小屋下御預囚人療用被仰付、数年無滞相勤難有仕合ニ奉存候、然ル処、私儀段〻老衰仕候上、急病差発り候ニ付、病中療治之義本道医師共より相兼、療治被仰付被下候様、乍恐宜被仰上可被下奉願上候、右願之通被仰付被下候ハ難有奉存候、以上

弘化四年未

三月廿四日

外治
礒谷元菴　印

右元菴願之通被仰付被下候得者、一統難有可奉存候、以上

桂　玄佐　印

同　以中　印

柳　恕軒　印

牢屋詰

御詰中様

右之通願書差出候ニ付存寄無之候得者、年番御年寄方江可申上旨、牢屋詰ゟ廻状到来之事

廿五日

牢屋詰

一詰見座田辺元次郎、茶番茂助出勤之事

薬改メ定日

一薬改定日ニ付、本道外治兼帯柳恕軒罷越候事

一牢屋廻り松尾熊三郎殿、御越之事

一外治礒谷元菴病気ニ付、療用方兼帯之儀昨日願書差出候処、聞届可申渡旨、年番松尾殿ゟ申来候ニ

付、医師呼寄其段申渡候事

東西奉行牢内見廻リ

一明日東西御奉行牢内御見廻り有之候旨、御達之事

廿六日

一九時出宅、下宿蓮華寺江罷越、両三度見廻り、追ミ引物等罷越候ニ付、中座、年行事代ル〳〵場所江附置候事

六孫王見廻り

一支度割合差出、夕七ツ時閉帳ニ付引取候事

廿七日

後出

一御詰松尾熊三郎殿、後出松村小弥太殿、当番湯浅多一郎、加番岡本徳三郎出勤之事

一西様御立会被成御聞公事、七ツ斗有之、夕七ツ時分帰宅之事

廿八日

六孫王見廻り

一例刻出宅、都而毎之通ニ而相変儀無之事

一役人鵜飼近江、村方ゟ挨拶ニ罷越候事

廿九日

助上当番

一御詰荻野勝之助殿、加番村上英之助、部屋用助津田正三郎出勤之事

一明日拙者持番之処、同役永田氏六孫王見廻り番之処、俄ニ御藪御用右方江出勤、源次郎儀病中ニ付、拙者右見廻り出役ニ付、割余下詰江申遣候事

六孫王見廻り

晦日

一例刻出宅之事

目付方見廻り

一東西目付方御見廻り有之候事

一今日者至而人寄薄ク候ニ付、中座場所江附置不申、見合七ツ時引取候事

四月　　　東　伊奈遠江守様御月番

手明悲（マヽ）番御馬先心懸ケ

朔日

一当日隣家江出礼之事

早鐘

一昼九ツ時分早鐘鳴候ニ付、直様西御役所江駈付候処、御奉行御出馬無之ニ付引取候事

火元上加茂梅ヶ辻町百性家壱軒斗焼失之事　　　六孫王見廻り

二日

一毎之通、相変儀無之事

三日　　　上当番

一御詰荻野勝之助殿、加番今日者泉涌寺般舟院勤番有之、無人ニ付西へ相廻り候事

日限済シ

一前川五郎左衛門出訴御取上、於御次日限済方被仰付候事

四日　　　六孫王見廻り

一例刻出宅、今日東西御奉行代拝之使参向有之候事

五日　　　加番

一御詰松尾熊三郎殿、当番山村定右衛門出勤事

一追訴公事被成御聞候事

向日明神々事

一明後七日向日明神社神事ニ付、警固之儀願出候ニ付、例之通出役可致旨御達之事

六日　見廻り
一毎之通、変儀無之事
一明日向日明神〻事ニ付出役ニ付、見座并年行事三人供・雨具持等申付置候事
一御届差出候事
七日　向日明神社神事ニ付出役
向日明神社ニ出役
一五時分同役永田源次郎同道、池本藤右衛門其外召連罷越、何之相変儀も無之、夜四ッ時分帰宅之事
八日　悲（マヽ）番詰
一御詰松村小弥太殿、御出勤之事
九日　六孫王見廻り
一例刻出宅、今日者雨天ニ付参詣人無数候事
一明日西本願寺御門主御参詣ニ付、大体九ッ時頃御参詣、御参詣之節寺門之番所江出張居呉候様、寺門ゟ頼有之、尤下宿蓮華寺も右御門主御越之節、下宿ニ相成候ニ付、鵜飼近江方へ罷越呉候様、役者申遣事
十日　見廻り
一例刻出宅之事
西本願寺広如参詣延引
一今日西本願寺御門主御参詣可有之処、強雨ニ付御延引被成、来ル十三日御参詣之由之事
一引物等罷越候ニ付、中座、年行事代ル〳〵附置候事
十一日　牢屋詰

一詰見座田辺元次郎、茶番忠兵衛出勤之事
一何之御用無之、静謐ニ候事

十二日　　松尾還幸ニ付出役

松尾社神輿還幸

一昼九ツ時ゟ出宅、松村小弥太殿同道、見座池本藤右衛門、中座両人、年行事壱人、供壱人、外ニ出入方之もの壱人召連出役致候処、朱雀村八ツ時分出輿之事

制道

一朱雀村ゟ川原迄、松村殿同道祭礼之先へ罷越、川原ニ而松村殿者東川縁之番所、此方川向ひ之番所ニ而制度（道）、夫ゟ惣神輿跡江相立候事、尤雨天之様子ニ付、半てんぶつさき（打裂）着用之事

洪水ニテ諸橋落ツ

一夕七ツ時松尾本社江到着、一同支度いたし、然ル処一昨日以来之桂川供水（洪）ニ而嵯峨渡月橋初、淀迄之橋いつれも流落候趣ニ付、郡村村役人江申付、帰懸ケ上野橋際迄船差出置候様、申付候事
一一度分支度、松村殿・此方一緒ニ昨日若狭屋八兵衛方江申付候事

十三日　　見廻り

西本願寺広如六孫王社参詣

一今日者西本願寺御門主御参詣ニ付、例刻ゟ早め罷越候事
一八ツ時分御門主御参詣、御道筋台所門大宮南江、七条通西江、大通寺前通下江、大通寺北之門ゟ御入、成就院ニ而御休息ニ付、南之門入口此方番所江罷越居候処、無程成就院門前下江御越、石橋御渡り、本社江御参詣、夫ゟ灵宝場御廻り、方丈玄関ゟ御駕籠ニ而櫛笥町林重三郎方御成之事
　但、番所前御通行之節、下座いたし候事

十四日　　牢屋詰

一詰見座田辺元次郎、茶番林助出勤之事

一医師桂以中本道兼帯罷越候事　見廻り

一当日御礼、隣家江罷越候事

十五日

一例刻ゟ出宅、下宿蓮華寺江罷越候事

一何之相変儀無之事

十六日　上当番

一御詰松尾熊三郎殿、加番岡本徳三郎、後出村上英之助出勤之事

一西様御立会ニ而公事訴訟被成御聴候事

石清水八幡宮臨時祭、当年ハ儀式多シ

当年ハ立后成其外御式多分在之候ニ付、当月ニ相成候事

一来ル廿四日八幡臨時祭之旨、此方西臨時祭懸りゟ御達ニ付、今日松尾殿執奏家幷勅使御引合之御越在之事

執奏　広橋殿　勅使　野々宮宰相殿　奉行　甘露寺殿

弁当

一同日明ヶ六時、清和院御門ニ而相揃候積、尤同所ニ而相用ひ候弁当申付候事

「此弁当御年寄方夫銀之内ニ而取賄」○コノ文章上欄ニ横書ス。

素足

一中座、年行支之外、供廻り天使迄素足之事

一天使ニ而遣ひ候弁当ハ御銘々御持参可被成事

一御列立之砌、鑓鋏箱中座蛤御門外廻し置候様

右之通廻状到来之事

四月十六日　松尾

見廻り

十七日

一例刻ゟ出宅之事

一夕渓毎之通支度さし出候事

一夕七ツ時過、帰宅之事

一明日稲荷神事ニ付、中座両人、年行事同役共、番人・雨具持両人、明ケ六時差出候様、牢屋詰見座江申付置候事

不動堂

一明日稲荷神事ニ付出役致候ニ付、例之通小屋頭六人、其内不動堂向寄小屋頭差加へ差出候様、悲田院年寄江申付候事

十八日　　稲荷神事ニ付出役

稲荷神事出役

一朝五ツ時分松村小弥太殿、永田源次郎同道、宮本江罷越、尤召連もの中座弐人、年行事弐人、供弐人、雨具持両人、小屋頭六人、外ニ銘〻出入方之もの両三人ツヽ、召連候、尤小屋頭者宮本へ罷越居候事、尤支度（差出候）いたし候事

一稲荷社役人幷御輿練(棟)梁、挨拶ニ罷越候事

一御輿練梁ゟ綸旨海道迄(繰)出し之節、中座差出呉候様申来候ニ付、差出し候事

着流シニテ見廻リ

一四ツ時前綸旨祭礼本社発向ニ付、同役此方先ニ立、松村殿跡ゟ御立、是者見廻りニ付着流し之事

一昼前時分、旅所江到着之事

一西九条下宿江引取、例之通酒飯差出候

駕輿丁等ノ石投打・喧嘩

一旅所ニおゐて西塩小路村之加(駕)輿町(丁)之もの、不動堂加(駕)輿丁之もの大勢石投打、喧嘩いたし候趣ニ付、

年行支、中座、小屋下等差遣候処、無程相治り、怪俄人有之候得共、内済いたし候由之事

東寺ノ神輿

一夕七ッ時於東寺神供相済、神輿舁出候ニ付、永田氏ハ祭礼之先へ罷越、拙者者二輿目之間江這入、
松村殿五輿目御越、途中無滞相済、本社初更時分還幸之事

制道

但、小屋頭両人ツヽ、五輿之間ミ江差入、制度(道)為致候事

十九日　見廻り

一於本社例之通支度いたし、本社役人并旅所神主・御輿練梁(棟)、挨拶ニ罷越候事
一例之通ニ而何之相変儀も無之事

廿日　上当番

一御詰松村小弥太殿、加番村上氏之処、入魂ニ候事

御蔭神事

一今日下詰中井冨之助之処、明日御蔭御神事ニ付、初天ゟ出役ニ付、夕方ゟ上下振替り之儀頼来候ニ
付、下江出勤之事
一見座元次郎、茶番万蔵出勤之事

廿一日　見廻り

一例刻ゟ蓮華寺へ罷越候事

東寺縁日ニ付見廻リ

一今日者東寺御縁日ニ付、参詣人多分有之候ニ付、度ミ見廻り之事
一今日者御蔭御神事ニ候事

廿二日　悲(マヽ)番詰

一御詰松村小弥太殿、御出勤之事

一何之御用も無之、静謐ニ候事

廿三日　　上当番

一御詰松尾熊三郎殿、加番中井冨之助出勤之事

一前川五郎左衛門出訴御取立、於御次有之候事

在京目附巡見

一明後廿五日、在京御目附宇治筋御巡見有之候旨、御達ニ付、下へ申遣候事

廿四日　　六孫王見廻り

一例刻ゟ罷越候事

妙法院宮六孫王社参詣

一今日俄ニ大仏妙法院宮本地堂江御参詣、夫ゟ灵宝場御覧ニ付、直様番所出張居候処、御通行ニ付下座致候事

一右開帳今日中ニ而日限相備（満）候事

一明日八幡臨時祭ニ付、中座弐人、年行事四人、雨具持四人、供四人、津田・永田・村上・此方、一統ニ申付候事

一昼於天使遣ひ候弁当、此方四人丈者若狭屋八兵衛方へ申付置候事

葵神事

一今日葵御神事ニ候事

廿五日　　終日雨天　八幡臨時祭警固

八幡臨時祭ノ警固

赤ノ塗鞭

一朝明ケ六時、年行叓、供、雨具持召連、清和院御門へ向ケ罷越、着用もの麻上下小袖、塗鞁（鞭）赤之方持参、着用物等宿懸ケニ付、心付ケ用意之事

一清和院御門ニ而一同相揃候上、名札相認、松尾殿・松村殿、永田・此方同道、執奏広橋殿、勅使野

ミ宮殿、奉行甘露寺殿江参着届いたし候事
一四ツ時支度いたし候事
一四ツ時過御催ニ付、檜垣茶屋前詰居候処、摂家方追ミ日之御門ゟ清和院御門通東側ニ而御連座、祭列御覧有之、例此方一組者御幣櫃之先へ相立罷越、尤雨天ニ付高股立はらん(カ)す着用、尤御摂方(家脱カ)御列座之前ニ而挨拶等決而不及候事
　但、中座鑓者寅前ゟ蛤御門江廻し置候事
一昼過時分天使江着支度いたし、夫ゟ小枝橋ニ休息、例之通下鳥羽村ゟ握り飯差出候事
一夕七ツ半過時分、淀江着休息し、出立時分挑燈相用ひ候事
一八幡江初更時分着、宿屋池之上町畳屋ニ而休息、支度等致候、八幡当職役人幷番人山角惣左衛門、挨拶ニ罷越候事
一夜四ツ時分御登山ニ付、例之通御先いたし、到着之上、広橋殿雑掌江見合引取候旨、松尾殿御面会之上、被仰上候事
一八幡宮神前門際上之坊等申所、此方共下宿ニ兼而当職ゟ用意いたし有之候事
　但、夜八ツ時分宿屋へ引取候事
廿六日　　同断
一朝五ツ時分松尾熊三郎殿・松村小弥太殿、永田源次郎・此方同道、広橋殿・野ミ宮殿御下宿へ罷越、勝手ニ引取候旨、御届申上候事
八幡ヨリ舟ニテ帰京
一八幡神幸道際ゟ乗船、下鳥羽村江四ツ時分着、例之通支度幷酒肴等差出し、夫ゟ猶又乗船、上鳥羽

村迄罷越、夕七ツ時分引取候事　　村上氏之処振替
下詰

廿七日

一田辺元次郎、茶番万蔵出勤之事

一御鍵番菊地米三郎殿御越、医師外治兼帯桂以中罷出候事

牢舎人人数書提出

一西公事方下田定平殿御見廻り有之候ニ付、例之通牢舎人人数書差出候事

西奉行牢内見廻り

一明日西御奉行、牢内御見廻り可有之旨御達ニ付、其段夫々申遣候事

廿八日

二条斉信逝去、鳴物停止令（11—一三六）

一二条左大臣殿逝去ニ付、昨廿六日（脱カ）明後廿八日迄、日数三日之間鳴物停止之旨、御触出候事
今日下詰之処村上氏出勤
二欠

一何之御用無之事　　加番

廿九日

一御詰松村小弥太殿、当番中井冨之助出勤之事

五月　　西　水野下総守様御月番

朔日　　加番

一御詰荻野勝之助殿、当番津田安之進出勤之事

一当日御礼、隣家江罷越候事

二日　　手明

一終日在宿之事

一夕方ゟ用向有之、上桂辺迄罷越候事

三日
一詰見座田辺元次郎、茶番茂助出勤之事　下詰
行水定日
一行水定日ニ付、牢舎人行水いたし、為見分芝嘉左衛門殿・藤井才次郎殿、牢屋廻り荻野勝之助殿御出勤之事
大通寺開帳出役礼金ノ配分
一大通寺ゟ開帳中日々出役いたし候ニ付、挨拶金七両到来、左之通割方いたし候
一金弐両弐歩　同役
銀三匁八分五りツヽ、此間
但し壱家分
一銀五拾五匁　中座江
但し一日壱匁五分
一銀三拾五匁　年行吏江
但し一日壱匁之積
右之通割いたし、夫々相渡し候、尤中座、年行吏者先方ゟ之挨拶ニ而者無之、全此方共ゟ之心添之吏
但し、中座・雨具持日々附出し候事
四日
一詰田辺元次郎、茶番亀松出勤之事　下詰
賀茂競馬
一明日西御奉行加茂競馬為御覧御越、自然上辺出火之折、加番御馬先之もの上加茂江駈付、下辺出火之折者、丸太町新町江寄集り之積、御達事
遠島者
一明日遠嶋もの出帆ニ付、津田安二出勤之事
五日
一荻野勝之助殿同道、朝五時分参上いたし　二条御礼加番兼帯

御門江若党と出役　上雑色　荻野勝之助　下雑色　小嶋吟次郎

於例席御目見無滞相済、四時分帰宅、夫ゟ隣家始夫〻江廻礼之叓

御広間江差出　下雑色　〳〵

一夕方下詰永田貞五郎頼ニ付、泊り出勤之事

六日　手明

今日ニ限リ月番奉行交替

一今日一日丈ケ俄ニ御月番東ニ相成候事

　但、西御奉行御親類之内ニ御死去有之故之事

七日　手明

一今日下詰之処、永田源次郎江及入魂候事

八日　加番

一御詰松尾熊三郎殿、当番津田安之進出勤之事

一今日下詰永田源次郎之処、八ツ時分ゟ泊り出勤之事

一詰田辺元次郎、茶番惣吉ニ候事

室町頭道正東半町
庭田家々来
佐〻木大学

庭田家々来佐々木大学揚リ屋入リ

　揚り屋入

右之もの砂川健次郎御召捕帰り、当分会所江入置候様御達有之候処、俄ニ暮六時分御役所江被召出、於御前御吟味之上、揚り屋入被仰付、夜四ツ時分牢屋敷罷越候事

　夜分俄ニ番之もの用意申付候事

九日　悲（マヽ）番

一御詰荻野勝之助殿、御出勤之事

十日　加番

一御詰荻野勝之助殿、当番山村定右衛門出勤、御用無数御座、昼後帰宅之事

十一日　上当番

一御詰松村小弥太殿、加番入魂、何之相変事無之事

十二日　駈付

一在宿之事

十三日　悲番

一御詰松尾熊三郎殿、御出勤之事

十四日　加番

僧侶ノ破戒不行跡ヲ警ム（11―一三三）

一今日御月番西御役所ゟ諸寺院之僧侶不法破式（戒）不致様、御触御差出有之候事

一御詰松尾熊三郎殿、当番永田源次郎出勤、昼後ゟ在宿之事

一橋慶寿逝去、普請鳴物停止（11―一三〇）

一徳川民部卿殿逝去ニ付、今十四日ゟ廿日迄、日数七日之間鳴物停止、普請者今日ゟ明十四日（マヽ）迄停止之旨、御触之事

十五日　上当番

一御詰松村小弥太との、加番津田安之進出勤之事

一当日御礼、隣家江罷出候事

一橋慶寿死去
東西奉行ヘ弔問、所司代ヘハ行カズ

穏便中ナレド
祇園会ハ実施

二条斉信葬送
嵯峨二尊院ニ葬ル

一徳川民部卿殿御逝去ニ付為御機嫌(脱アルカ)、西御広間江荻野勝之助殿・松村小弥太との、津田安之進・拙者罷出候、尤東江も被仰上、但し先例所司代表江者御越無之事

一右ニ付当日御礼被仰上候事

但、是迄罷出来候寺社町人江者、当日ニ付罷出候趣ニ而罷出候様、御触出候事

十六日　手明

一終日御用無之事

十七日　村上氏之処振替 下詰

一詰田辺元次郎、茶番茂助出勤之事

一行水ニ付為見分、今井小弥《平》太との、松田新六殿、松村小弥太殿御越事

一来ル廿日例年之通吉符入之処、此外御隠(穏)便中ニ付、来ル廿一日ニ致度旨祇園社ゟ申来ニ付、其段御伺有之候処、伺済ニ付津田・山村・湯浅氏連名ニ而、長刀鉾ゟ夫〻江通達いたし候様申遣候事

十八日　手明

一今日下詰之処、村上氏出勤之事

十九日　欠付

一終日御用無之事

廿日　悲番詰

一御詰松村小弥太殿御出勤、終日何之御用無之事

一今日二条殿嵯峨二尊院江御葬送ニ付、上組一同出役之事

但、引取明朝ニ相成候趣ニ候得共、湯浅・山村大体五時迄ニ相済候ニ付、相済次第吉符入之方へ出役
之旨、廻状到来之事
一明日吉符入之処、下詰ニ付外ニ入魂いたし候もの無之、津田安之進相済候迄、下詰出勤頼置候事

祇園会吉符入

廿一日　吉符入
一松尾熊三郎殿・松村小弥太殿、湯浅多一郎・山村定右衛門・津田正三郎、祇園町井筒ニ而待合、五
時分御揃ニ付、町役ヲ以祇園江及案内候処、何時ニ而も不苦旨、返答有之候事
但、祇園町〻役、河原請負人、木戸番等、例之通罷出居候事

社代・社役人

一社代山本主馬始其外社役人、例之通祝盃いたし候事
但し、少々列相変り候儀ニ付、社代ゟ相談候事
○コノ所ニ貼紙貼付。
「一毎年宝寿院挨拶ニ被罷出候処、病気ニ付不参之旨断有之候処、今年者断無之ニ付右尋候処、追而返
答可致旨、申聞候事
（貼紙）
「此儘ニ而返答無之ニ付、猶又明年沙汰可致積」
一毎年之通、御年寄方長刀鉾町・函谷鉾町被仰渡有之、夫〻江津田与相別レ町〻江申渡候事
一四ッ時分帰宅、夫ゟ牢屋敷江出勤之事
一詰田辺元次郎、茶番丑之助出勤之事
一何之相変儀も無之事

廿二日　加番
一御詰松村小弥太殿、後出荻野勝之助殿、当番村上英之助、後出津田正三郎出勤之事

一公事七ッ有之、引続小屋下預囚人御吟味有之、入牢被仰付、此方牢屋使ニ付添、八ッ時帰宅之事

今宮神事

一今日今宮神事ニ候事

廿三日　手明

一今日上鳥羽村辺罷越候事

廿四日　悲番(マヽ)

一二条表ニ乱心もの請□□もの有之、加番湯浅多一郎出役被致候事

廿五日　加番

一松村小弥太殿御出勤、終日御用無之事

一御詰松尾熊三郎殿、当番安之進、後出永田源次郎出勤之事

一追訴被成御聞候事

御所普請完了、下賜アリ

一今日御所御普請無滞、東御奉行様被為勤候ニ付、関東表ゟ御時服御拝領ニ付、此方部ヤへ御酒肴赤飯被下候御事

廿六日　悲番詰

一御詰松村小弥太殿、御出勤之事

口合

一今日牢舎鷹ケ峯岩吉外五人、口合小屋下預建仁寺町常吉外五人、御吟味之上入牢被仰付候御前有之候事

但、別役牢屋使見座差出候事

一明日於御前落着もの御前候旨、目付方ゟ御達ニ付、下へ申遣

縄付
一四人縄付小屋頭十八人分御達、悲田院年寄へ申遣候事

重病紏
一但刕力蔵外十七人、重病紏御差出之事

中追放
一明日中追放其外御仕置被仰付候ニ付、手組之儀御達、松村との夫〻御取斗之事

廿七日　上当番

一御詰松村小弥太殿、加番永田源次郎、後出湯浅多一郎御出勤之事

公事訴訟ヲ聴ク
一公事訴訟被成御聞、御詰同断、右前四人大津之太吉外六人、落着ニ候事

廿八日　手明

廿九日　二欠(駈)

祇園会御輿洗
一今日祇園会御輿洗有之事

六月　伊奈遠江守様御月番

朔日　神事用

地ノ口米相場
一今日朝之内、例之通石井筒町行事両人、地之口相場承り罷越候ニ付、例年之通祝盃有之候事
　但、地之口相場百目、五十嵐殿ゟ廻状御差出候事

一来ル十四日ゟ下詰ニ付、父子勤之方へ頼状差出候事　加番之処上当番中井入魂ニ付 上当番

二日

一公事訴訟被成御聞、御詰松村三吾殿、当番中井冨之助、後出永田源次郎出勤之事

引廻・獄門・刎首
引廻之上獄門　西陣之政吉　同断　摂刕之真成　西土手刎首獄門　大坂之靍吉

右之通被仰渡、一件之もの落着被仰渡候事

三日　　上当番之処
　　　　中井出勤　手明

一何之御用無之事

四日　　悲（マヽ）番詰

一御詰荻野勝之助殿出勤之事

五日　　神事用

長刀鉾曳初見分

一津田正三郎同道、朝五ツ時分例之通、長刀鉾江曳初見分ニ罷越、祝盃いたし、帰り懸ケ鉾丁ゝ江明日鬮取申付、帰り懸ケ石井筒町江罷越、祝盃いたし候事

地ノ口納

一昼後津田同道、松村殿へ罷越、例之通石井筒町行叓地之口納ニ罷越、祝盃有之事

六日　　悲番詰

一松村小弥太殿、御出勤之事

西奉行山鉾見物

一明日西御奉行山鉾為御覧、四条寺町大雲院へ御越ニ付、御先中座御達ニ付、例之通申付候事

桐木座

一右御覧之義ニ付、昨日津田ゟ桐木座四人連名ニ而長刀鉾丁江通達被致候事

新調物

一芦刈山外両町新調もの届書持参ニ付、年番松尾殿ゟ申上候処、御聞置ニ付其段呼寄申渡、尤書面不都合之処有之ニ付、懸ケ紙いたし為直候事

祇園会神事

七日　　祇園会神事

一恒例之通、少しも相違無之事

一今日者上当番ニ付、火事将（装）束用意之事

八日　　在宿

一何之御用無之事

九日　　加番

一御詰松尾熊三郎殿、当番津田安之進御出勤事

一今日追訴御聞無之、役人限ニ相成候事　　永田氏之処振替下詰

十日

一詰見座田辺元次郎、茶番与八出勤之事

行水定日

一今日行水定日ニ付、為見分大嶋勝五郎殿・丹波政八殿牢屋廻り、松尾熊三郎との御越、悲田院年寄例之通手下召連罷出事

牢破リノ計画ヲ発見

一右四人行水之節、本牢東之間相改候処、莚之内ニ本三寸之釘壱本隠し有之を見付出し候ニ付、同間之もの段ゝ相糺候処、右者当二日御仕置相成候西陣之政吉義、戸前口際天井板箇辞放し、右釘抜罷在候処、右之通当月二日御仕置相成候後、鷹ケ峯之岩吉所持、莚之内へ隠し置候旨申立候ニ付、右天井見改、右箇辞放し跡ニ紙ニ石塔を書張付有之ニ付、右紙取放し跡見受候処、凡三寸四方斗釘ニ而切取候様子相見へ、其外板間等ニ自然之損所も相見へ候ニ付、見分之同心目付方江右之訳合申上候、

取敢ズ間替

不取敢本牢東之間もの共、不残切支丹牢北之方へ、本牢西之間之もの共、不残切支丹牢中之間江間替いたし、段ゝ同心目付衆へ御談申上候処、右者内ゝ目付方迄届可置御噂ニ付、行水相済後、早速見座元次郎東御役所へ差遣し、其段御年寄方ゟ目付方へ被仰上候処、右者書面ヲ以可届旨御達ニ付、左之通御認御差出有之事

但、間替之儀損所相見へ候ニ付、不取敢間替致候旨旨（衍カ）東西へ御届申上候事

一件ノ届書

半切ニ而

今十日在牢舎人江行水被仰付候付、本牢東之間相改候処、莚中ニ釘壱本隠シ有之を見付、同間之もの共江相調候処、当御役所懸りニ而当月二日御仕置被仰付候西陣之政吉与申もの、同所天井板外シ取出シ候ニ付、其儘所持罷在候旨、同御懸り鷹ケ峯岩吉与申もの申し罷在候付、不取敢同間之もの切支丹牢北之間江差入、同西之間之者共同中之間江差入置候付、右釘差上此段申上候、以上

釘ヲ発見

月日

牢屋詰
雑色

右之通御認御差出有之処、昼後西尾滝之助殿・芝田小兵衛殿御越、右鷹ケ峯之岩吉御吟味有之候処、右者当四月比、右之手続ニ而釘抜取、西陣之政吉并摂刕之真成、右釘ヲ以、天井又者根太板ニ而も切取、牢抜可致旨申合居候内、右西陣之政吉・摂刕之真成両人共御仕置ニ相成候ニ付、其後莚ニ隠し所持罷在候申立居候事

当月二日御仕置相成候

（脱アルカ）

右ニ付、荻野勝之助殿御出勤、御鍵番佐伯殿御越候事

一右之一条廻状ヲ以、仲ケ間一同へ為心得申廻候事

廻状ヲ以テ仲間ニ知ラス

一右相牢之もの、明日速ク御吟味御越有之ニ付、用意之儀、上当番ゟ通達有之候ニ付、縄付人足申付候事

右ニ付、牢屋廻り御年寄方并仲ケ間老分之もの壱人、出勤之儀申遣候事

○コノ所ニ貼紙貼付。十一日条迄。

一在牢西新屋敷之万吉外三人、口合被仰付、祇園丁之亀吉外弐人、入牢被仰付候事

唐物抜買

一唐物抜買いたし候長崎之万吉、今夜七ツ時分中座半兵衛召捕帰、今晩之処会所へ差入置候様、木村

勘助殿御達事　　下詰之処永田出勤
手明

十一日

一今日右一件御吟味ニ付、松尾熊三郎殿、津田安二・此方、別段出勤いたし候事

牢抜ノ吟味

一五ツ時分東目附方西尾滝之助殿・芝田小兵衛殿、西目附方野村鉄三郎殿・山田倉三郎殿御越、相牢之もの共段〻御吟味有之候処、一向不存旨申立之、尚又鷹ケ峯之岩吉再応厳敷御吟味有之処、昨日之手続全偽ニ而、右者岩吉入牢被仰付節、御役所ニ而右釘落有之を見付候ニ付、足之指ニ而直様雪隠江罷越、右雪隠ニ而小手縄解キ有之ニ付、右釘を裂ニ而巻肛門《シリノアナ》江入、入牢之節持這入、政吉倶〻牢抜申合セ候儀ニ而、戸前ロ天井も右釘ニ而切取候儀候而、宼初申立候手ニ而固辞放し候義、偽之旨申立候、昼後目付方御帰り有之事

敲ノ上重追放

「(貼紙)未七月十九日、岩吉儀、敲之上如元重追放被仰付、依而左之通被仰渡
此程牢抜企候者有之、右者企候節ゟ日数を経見付、且者昨年牢抜有之後、間も無之、右之次第如何ニも相聞候得共、此度者御咎之御沙汰ニ者不被及候間、以来者弥以鞘内繁〻見廻り、牢内改方共厚心を付候様、可致旨被仰渡候、上田鉄之助・西尾滝之助申渡
右之通詰合江被仰渡候事」

十二日　　加番

一御詰松尾熊三郎殿、当番村上英之助出勤之事

一昼後及入魂帰宅之事

十三日　　二欠(駈)

六角堂鬮渡

一今晩七ッ時、於六角堂鬮渡ニ付、出役いたし候事

祇園会神事

十四日　祇園会神事

一恒例之通、何之相変儀無之事

一今日下詰之処、永田貞五郎出勤被致候ニ付、引取後早速交代之事

十五日　手明

一当日御礼、隣家并同役江罷越候事

一今日用向有之、上鳥羽村迄罷越候事

十六日　手明

一今日上当番之処、用向有之候ニ付、後出湯浅多一郎江及入魂候事

一津田安之進・村上英之助同道、五条橋下辺迄罷越候事

十七日　手明

東本願寺ニ粽献上

一今日東本願寺江松村殿一組、暑為窺参殿、例之通粽一台献上いたし候事

但、今年者永田氏粽番ニ候事

暑気窺

一右帰り懸ケ、知恩院宮其外江暑気窺参殿之事

十八日　悲(マヽ)番詰

一御詰五十嵐勇左衛門殿御出勤、何之相変儀無之事

祇園御輿洗

一今日祇園御輿洗之事

泉涌寺新清和院一周忌法事

一明十九日・明後廿日、泉涌寺并般舟院於両寺　新清和院様一周御忌御法事有之候ニ付、勤番被仰付、

検校涼塔

然ル処泉涌寺之方松尾殿一組御出役之処、村上氏儀明日検校涼塔有之、差支候ニ付、泉涌寺勤番之方語（談）合之儀、松尾殿ゟ松村殿江御懸合有之候ニ付、出勤可致旨御達ニ付、松尾殿江御請参上いたし候事

一明日召連もの、中座壱人、年行支弐人、雨具持相合ニ而壱人申付候事

但、明ケ六時出勤候様、松尾殿ゟ御申越有之候事

十九日　泉涌寺勤番

勤番所

一朝明ケ六時、年行支壱人、供壱人召連、松尾殿江向罷越、松尾熊三郎殿、津田安二同道、泉涌寺勤番所江罷越候事

但、今日者所司代番所無之、尤支度并酒菓例之通取出、尤八ツ時相済候事

廿日　上当番

一御詰荻野勝之助殿、加番入魂之事

明日所司代桂川ニテ漁ス

一明日御所司代様、桂川筋上久我渡場ゟ上へ、上久世村土橋際迄御漁有之、夫ゟ西山筋之内粟生光明寺・乙訓寺御巡見ニ付申通書、御道筋書、車留、方内出役并証文方御召連、中座夫ミ暁八ツ時差出候様、御達ニ付下江申遣候事

紋付ノ絹幕

但、御漁之節、船ニ打候所司代御紋付絹幕弐張、御奉行御紋付晒紋弐張御渡、松村殿江遣

一明日御巡見之方、拙者出役ニ付、今暁泊り永田貞五郎江相頼、引取候事

一明日之弁当、御奉行焚出し方、山田屋喜兵衛へ一緒ニ頼置候事

巡見出役

廿一日　御巡見出役

久我船渡場

一暁七ツ時前松村三吾殿同道、中座壱人、物書壱人、供三人、雨具持壱人召連、久我船渡場罷越候事

過書座役人

一船渡場ニ而過書座役人江、所司代様御幕幷御奉行御幕とも相渡候事
右相済後、久世ニ而猶又請取、東御役所江直様遣し置候事
一御漁之節、松村殿漁船ニ御乗有之、都而淀御漁之節等同様之事
一此外例之通、何之相変儀無之、夜五ッ時帰宅之事

廿二日　　悲（マヽ）番詰
一御詰荻野勝之助殿、御出勤之事
一御帰後、御吟味もの御前有之候事

廿三日　　引籠
一暑気当りニ而不□勝候ニ付、引籠候事

廿四日　　同

牢屋敷練塀・矢切ノ調査

一牢屋敷練塀、大地震御修復之節ゟ寸尺高ク相成候趣ニ付、相調可申旨、東公事方中川滋右衛門殿御達候処、牢屋敷ニ留無之ニ付、其節御修復懸り親共懸りニ付、右一件帳相調候様御尋ニ付取調候処、留無之ニ付其段返事致候事

廿五日　　同
一牢屋敷矢切、大地震御修復之節ゟ丈夫ニ相成候趣ニ付、是又親共御修復懸りニ付、取調候様御達、相調候処留無之ニ付、其段返事致候事

廿六日

廿七日　引籠、何之御用無之事

廿八日　　　　　　　　　　　　　下詰
一詰見座田辺元次郎、茶番惣吉出勤之事
廿九日
一今日牢屋敷本牢・切支丹女牢為見分、東公事方上田鉄之助殿・中川滋右衛門殿、西公事方不破喜間太殿・今井小平太殿、東目附方田中寛次郎殿、同心目付寺田亮助殿、西目附方下田耕助殿、同心目附芝嘉左衛門殿、東欠所方平塚啓三郎殿・栗山勝之烝殿、西欠所方棚橋寿三郎殿・柏原時次郎殿御越、練(棟)梁乾基三郎罷出、右ニ付松村三吾殿、津田安二御出勤事

牢屋敷修復ノ為見分

但シ、右者牢間鞘内風窓等、格別丈夫ニ無之ニ付、無之ニ(衍カ)付、此度御仕法替ニ相成候趣ニ候事
晦日　　　　　　　　　　　　　助下詰
一詰見座同断、茶番茂助出勤之事
　　　　　　　　　　七月
西　水野下総守殿　　御月番
朔日　　　　　　　　　　助上当番
一今日永田源次郎当番之処、俄ニ遠足致行衛不相知ニ付、加番ゟ当番出勤之事

当番行方不明

一御詰荻野勝之助殿、加番出勤無之事
一牢舎高台寺新助外五人口合被仰付、小屋下預丹州之新七外二人入牢被仰付、牢屋使元次郎付添罷越候事
二日　　　　　　　　　　加番
一公事訴訟被成御聞、御詰荻野勝之助殿、当番山村定右衛門、後出中井富之助出勤之事

三日　　下詰
一見座元次郎、茶番岩吉出勤之事

在牢者五十人

一在牢五拾人之内二十五人行水いたし、為見分菊地門次郎殿・寺田亮助殿御鍵番御越、牢屋廻り荻野
勝之助殿御越候事
四日　　悲（マヽ）番詰
一御詰荻野勝之助殿、出勤之事
五日　　後出
一追訴公事被成御聴、御詰松尾熊三郎殿、当番山村定右衛門、加番岡本徳三郎出勤之事
六日　　二条欠（駈）付
一何之御用無之事
七日　　下詰
一詰田辺元次郎、茶番茂助出勤之事

七夕ノ礼

一七夕御礼、隣家并同役江罷越候、二条表江松村殿、荻野殿、村上御越之事
八日　　駈付
一在宿之事　　加番之処、当番山村氏与振替上当番
九日
一追訴無之、訴訟被成御聞、引続落着もの御前有之、御詰松尾殿、加番山村相詰事
十日　　加番之処入魂在宿

一何之御用無之事

十一日　手明

一松尾殿、津田・中井同道、嵯峨辺江罷越候事

十二日　悲番

一御詰松村小弥太殿、御出勤之事

四条金蓮寺境内ニテ大相撲興行

一来ル十六日ゟ於四条道場金蓮寺境内ニ而大角力興行致候段、熊倉仁左衛門ゟ届来、右場所町代持場ニ付、仲ケ間一同ゟ出役之簾ニ付、右之段上当番廻章到来之事

十三日　後出、夕方ゟ泊り出勤

一橋慶喜元服ノ赦

一追訴公事被成御聞、右前大納言様御元服之御赦被仰渡、懸り永田貞五郎出勤之事

一御詰荻野勝之助殿、当番津田安之進、加番村上英之助出勤之事

当番又々出勤セズ

永田源次郎ノ不法

父貞五郎モ心得違アリ

一今日永田源次郎儀、上当番之処、又ミ行衛不相知趣ニ而出勤無之ニ付、則永田貞五郎江段ミ引合、殊之外無法与申聞、一同御白洲相廻り居候留主中、何之無挨拶其儘被引取候ニ付、源次郎儀者是迄度ミ右様之儀、既ニ貞五郎江引合節者、終ニ跡引請出勤不被致、不束之引合も被致候儀、是悲度ミ余り不法之儀ニ付、一同ゟ彼是申居候折柄、又候右様之訳柄ニ付、今日之詰合三人幷冨《中井》之助、下詰岡本徳三郎申談、以来源次郎代勤之御断申上度、貞五郎殿直ミ出勤可被致、尤右様不法之源次郎殿ニ御同道申、得出役御付合難申候ニ付、都而私共者得御付合不申上間、以来貞五郎殿直ミ御出勤有之様、右五人ゟ永田へ申遣候処、度ミ貞五郎殿ゟ断之書面参り、以来右様之事有之節者、早速跡引請出勤可致間、忰者押込置候ニ付、改心次第是迄之通引廻し呉候様被申候得共、元来貞五郎ニも甚

心得違之被申候儀も、是迄度〻有之ニ付、猶談し候上、御答可申上候旨、返答致置候事

十四日　　　加番

一詰村上英之助出勤、今日ゟ支度帰り御免ニ付、加番出勤不致候事

十五日　　　上当番

一常服ニ而出勤之事

傾城町ニテ傷害
鳶部屋

一当月十一日夜、於傾城町上屋敷、中間鉄次郎与申もの与西九条村亀次郎・常吉・駒吉其外拾人斗与口論致候処、鉄次郎江疵付候ニ付、十二日夜右常吉義を、所司代鳶部屋江連帰り候趣、今ニ事済不致趣、目付方ゟ御聞込ニ相成候ニ付、今日右之もの共被召出候処、常吉儀者右之通取込、連居駒吉江(マヽ)十二日夜ゟ行衛不相知、断出候処、右鉄次郎儀、居町日暮丸太町上ル町江被召出、即右丁ゟ召連出、鉄次郎幷亀次郎被召出、御吟味有之候処、常吉儀鳶部屋ゟ差帰し候趣ニ而、村方ゟ召連出、段〻御吟味之上、一同村預幷町預被仰付、尤駒吉儀者、早〻尋出し召連出候様被仰渡、夜四ツ時分相済候事

村預・町預

十六日　　　二条駈付

行水・髪月代

一今日在牢舎人行水・髪月代等被仰付、例年之通、仲ヶ間一同召出候、永田父子当病ニ而出勤無之事

大相撲興行延期

一今日ゟ四条道場大相撲興行之処、差支有之、来ル十八日ゟ興行致候段、牢屋敷へ熊谷ゟ届出候事
右ニ付、仲ヶ間一同出役之割取拵置、尤御年寄方者、東西立会目付被罷越候節ニ御越之事

永田源次郎下
女ト密通

一永田源次郎儀、元召遣ひ居候下女与兼而密通罷在候処、彼是混雑致候訳合有之ニ付、先十一日暇差遣し候処、其後三条屋敷深谷平左衛門殿ニ奉公罷出候処、先日以来度〻源次郎呼出し罷越候処、又

候当十二日人ヲ以右女呼出しニ遣置、三条中筋辺ニ待居候処、右之訳合深谷殿被聞込、弥源次郎ニ相違無之哉、下男為見ニ被遣候処、追ミ不知名前同心衆其外多人数ニ、源次郎儀手込ニ合、其節一刀帯居候趣、風聞有之ニ付、右者不容易儀付而者、仲ケ間一同之外聞ニ拘り候儀ニ付、先此方ゟ沙汰致候迄者、出勤差扣居候様可申付旨、松村殿ゟ御沙汰ニ付、其段貞五郎江通達致候事

（父貞五郎ハ出勤差控）

但、源次郎右之通出勤差扣松村殿ゟ被申付趣、仲ケ間江内ミ申廻し置候事

十七日　　村上氏之処振替　下詰

一詰見座田辺元次郎、茶番茂助出勤之事

（西奉行ノ室平産）

一西御奉行奥方御平産有之ニ付、明日ゟ御月番俄ニ東様へ御伝達ニ付、其段可相心得旨御達之事

但、廿二日迄東様御月番之由

十八日　　下詰

一詰同断、茶番亀松出勤之事

（大相撲興行初日）

一今日道場大相撲、初日興行之旨届来候事

（御霊社出輿）

一今日御灵社出輿ニ付、仲ケ間出役、中座差出候事

（源次郎打擲ニ遭ウハ事実）

一今日松村殿ゟ書面ニ而、永田源次郎打擲ニ合候一条ニ付、段ミ申付承合候処、実ミ相違無之趣ニ而、風聞至而高ク相成居、殊西公事方ニ而内評も有之趣ニ而、是迄至而不身持ニ而、於御役所も不敬之義とも段ミ有之、無法もの出勤之程も無覚束様ニも風聞有之ニ付、右呼出しニ罷越候手続相認差越候様、貞五郎江可申付旨御達ニ付、其段貞五郎江申遣候事

一明日此方角(力脱カ)廻りニ付、中座、年行事、雨具持申付候事

相撲廻リ出役ノ際ノ先例

一今日津田安之進儀、角力廻り出役之処、一同江挨拶ニ廻り候節、新屋同心目付ゟ提刀ニ而上り候ニ付、先例与相違致候旨、以茶番申来候ニ付、安之進直ミ罷越面会之上、先例提刀ニ而上り、已ニ両組屋敷も提刀ニ而揚り来候旨、段ミ申聞候処、左候得者今日者沙汰不致姿ニ心得居呉候様申居候ニ付、其段心得居候様伝達有之事

町代ハ絵図ヲ提出セズ

一同断安之進出役致候処、町代義絵図其外等不差出候ニ付、天明度之節も差出候訳ニ付、御組同様此方共ゟも差出候様、段ミ引合候処、彼是申立、已ニ今日ハ立会与力目付出役此方共、桟敷隣迄罷越、此方不差出段不埒之段、段ミ引合候処、左候得者以来絵図其外共差出候旨、町代ゟ引合済ニ付、其段相心得呉候様、是又伝達有之事

十九日　　相撲廻り

一朝五ツ時分、二日目相撲興行致候旨、茶番届来候事

一昼九ツ時分ゟ中座太兵衛、年行支平六、供壱人、雨具持壱人召連、罷越候処、四条寺町辻ゟ世話人弐人、頭取壱人、茶番壱人先ニ立、案内致、桟敷江上り候事

一熊倉仁左衛門儀、今日之組合持参、挨拶ニ罷越候事

相撲頭取、勧進元

一角力頭取幷勧進元、悲田院年寄、元〆仲ヶ間幷市懸鍵屋、挨拶ニ罷越候事

一立会同心目付御越ニ付、桟敷ゟ下り候、今日者立会与力目付無之ニ付、同心目付之外、町廻り其外共、往返とも桟敷ゟ下り不申候事

町代ト相撲興行ニツキ相論

一町代奥田佐兵衛・樫本専助ゟ昨日津田様江段ミ御引合有之候、私共絵図幷勝負付等持参之儀、昨日段ミ御引合申上、隣桟敷ニ御立会も御出役之事故、是悲(マヽ)隣迄罷出候儀ニ付、都而外様之通、書面持

参可致旨申上候置候処、今日御立会与力目付衆御出役無之故、当番ニ為持遣候段、程能申上呉候様、物書三宅三次郎江申聞候ニ付、其段三宅三次郎儀、此方江申聞候ニ付、何分町代直ミ可被罷越、面会之上可及引合旨、三次郎江申聞候処、後刻町代樫本専助罷越候ニ付、先刻三次郎ヲ以被申聞候ニ者、昨日津田安之進江引合候節、立会与力目付出役無之節之儀、引合落し候旨、彼是与申立候得共、右者角力之儀、全貴様方者弁無之儀と被存候、天明八酉年当所ニおゐて大相撲有之節、其方かた仲ヶ間被仰渡候一条、角力之儀者雑色支配ニ付、町代御申渡有之趣、公事方、目付方ゟ為心得御達有之、右被仰渡之簾ニ相違致候儀も有之、是等之儀、彼是此方ゟ中立候得共、其方ニ者外聞ニも拘り可申間、此儀者以勘弁白地ニ申聞、則其節勝負万端貴様方ゟ被差出候儀ニ付、先例ヲ以申聞候ニ付、立会与力目付御出役有無ニ拘り候儀ニ而者無之間、以来書面持参可致旨申聞候処、中相撲之節も先年以小番差出候趣、申聞候ニ付、小番ニ而用捨いたし□様申聞候ニ付、右者小番与申ものハ中座与者匂ひ、表御用ニ可立ものニ而者、畢竟貴所様方召連之もの之儀ニ付、小番者論外之ものニ付、決而為持遣候義者難相成、中相撲之儀を、彼是被申立候得共、右者日数も無之、貴様方先例も不弁取斗候を、此方共仲ヶ間不案内之もの斗出役致候ニ付、終ニ流弊ニ相成候訳ニ付、此度相改、先例天明度之振合ヲ以引合候旨申聞候処、左候へ者先例者此方ニおゐて不存候得共、角力相果候後者、勝負付丈者持参いたし候ニ付、承引致呉候様申聞候ニ付、猶一同談之上可及沙汰間、今日ハ三度とも貴様方持参いたし候様、申置候事

右天明度之品ミ町代江被仰渡、畢竟町代者角力ニ付無用之身分ニ付、桟敷江上り候儀者決而不相成、床机ニ而角力見受候様被仰渡有之処、此度ハ不目立様平桟敷ニ上り居ニ付、右書面之儀、彼

（衍カ）（置カ）（無之脱カ）

天明度ノ先例ヲ主張、相撲ハ雑色支配

中相撲

流弊ヲ改ム

勝負付ノ取扱

町代ハ相撲ニ無用ノ身分

是申立候得者、右桟敷之訳相尋可申心得之事

番附以下必要ノ書附

一町代樫本専助書付夫〻持参致候、寅初ハ桟敷江揚り候節、番附弐通・相撲場絵図壱通・相撲場間数
間(衍カ)数之覚書壱通、表木戸銭・桟敷銭高書壱通、都合六通持参、中入之節ニ中入迄之勝負附壱通・見
物人入高并上り高書附壱通、都合弐通差出、角力相果候後、中入迄(マヽ)之勝負付持参致候事

新屋敷同心目附

一新屋敷同心目附より、是悲(マヽ)後刻挨拶ニ可被罷越候、其節御談申上度儀有之候儀ニ付、外様御挨拶御
仕舞、跡ニ而罷越呉候様、以茶番申来候ニ付承知致候旨、申答置候事

同心目附ニ挨拶

一同心目附御越ニ付、桟敷ゟ下り及挨拶候、此外町廻り・新屋敷同心目付等、往返共桟敷ゟ下り、挨
拶致不申事

桟敷ヘ提刀ニテ上ル事

一一同御揃之上、茶番頭取案内為致、同心目付并町廻り并新屋敷同心目付江及挨拶候、何れも提刀ニ而
桟敷江揚り候事

即新屋敷同心目付方江外挨拶相仕舞罷出候、先刻御申越之趣承知仕候、右者何等之御談用ニ候
哉相尋候処、三輪清左衛門殿被申聞候ニ者、外之儀ニ而も無之、昨日同役共ゟ津田氏江御引合
申上置候、貴所様方御挨拶ニ御越之節之提刀一条、昨日同役初一同評議致候処、右者昨日段〻
被申立候儀とも御尤ニも被存候、此方斗ニ而も無之、町奉行組江御挨拶之節も提刀ニ而御揚り之

旧記ノ先例ニ拠ル

旧記ヲ改メルハ困難

事故、御懇意之間柄簾立、強而彼是申立候儀ニ而者更ニ無之、於此方ハ旧記を堅ク相守り、自
然相違之儀有之候得とも、其日出役之もの之越度ニ可相成程之儀ニ而、旧記今更相改候儀、甚
六ヶ敷次第ニ候得共、実〻御差支ニも相成候趣、承知致居候、乍去昨日提刀ニ而御揚り有之ニ
付、跡ゟ右之訳御尋申上候処、直〻御越之御引合有之候儀ニ而、右ニ而者此方ゟ御尋申上候ニ

付、差支之訳被申立候次第ニ相成、右ニ而者此方旧記難相改候ニ付、実ミ御差支之訳ニ候へ者、強而彼是不申間、別段差支之次第之次第（衍カ）被申立候得者、尚同役一同江談之上、可然取斗可申間、此儀御一同江御談之上、御返答可被下旨被申聞候ニ付、承知仕候、尚一同評議之上何れとも可申上旨、申置候、今日も差支之相成候儀色ミ申立、既供之もの刀為持上り候而者、甚不案心ニ存御覧被附候通、桟敷下者諸人通行之道筋、殊ニ今日者群集も致居候、右様之人中ニ小者位ニ刀を為持置候儀、実ミ不案心、如何様之故障出来候も難斗候ニ付、先例之通提刀ニ而揚り度、段ミ申入置候事

供ノ者ニ刀持タスハ不安心

　但、此一件幷町代一条、明日出役之者江伝達致候事

一角力相果引取之節、同心目附斗桟敷ゟ下り挨拶致候、其外挨拶不致候事

一物書三宅三次郎罷出候事

手附・物書ハ雑色ヨリ出ス

　是迄町代持場ニ相撲有之節、町代物書召連候得共、角力者此方支配之儀ニ付、此方共手附物書差出候事

一今日者東西立会、与力目附、新屋敷与力目付御出役無之、御年寄方も同断之事

同心目付　大嶋勝五郎殿・太田五郎太夫殿

東町廻り　塩津定之助殿・櫛橋麻八郎殿・井上虎次郎殿

西同断　下田耕介殿・太田儀兵衛殿・吉田民五郎殿

新屋敷同心目付　三輪清右衛門殿・三浦（マヽ）殿

相撲廻リ

一角力廻りニ付、日記年番ニ有之、此方ニ而も別段写有之事

廿日　悲（マヽ）番詰

一御詰松尾熊三郎殿、御出勤之事

牢抜企露顕ニ仲間ノ責任問ワズ

一当六月十日行水改之節、露顕いたし候、釘持這入牢抜企候鷹ヶ峯岩吉儀、昨日敲之上、如元重追放被仰渡、依而仲ヶ間一同江左之通被仰渡候旨、今日詰合松村小弥太殿、中井冨之助ゟ廻状到来
此程牢抜企有之候、右者企候ゟ日数を経見付、且者昨年牢抜有之後、間も無之、右之次第如何ニも相聞候得共、此度者御咎之御沙汰ニ不被及候間、以来者弥以鞘内繁〻見廻り、牢内改方共厚心を付候様可致旨被仰渡、公事方上田鉄之助、目付方西尾滝之助申渡ス
右之通書付御渡有之候ニ付、中座定番等者詰合も申渡、尤於公事方悲田院年寄ゟ定番見廻り方心付候様、被仰渡候事

永田源次郎打擲ニ逢ウ一件手続書

一永田貞五郎ゟ源次郎手続書、左之通被差越候ニ付、松村殿江差出置候事
半紙
私儀、当十二日夜、三条中筋西江入町辺ニ而人体不分もの与口論之上、打擲ニ逢候始末、御尋ニ御座候
○上欄ニ横書ス。
「此一件、後日此度之処ハ格別之訳ヲ以、隠(穏)ニ事済いたし、出勤相成候、尤仲ヶ間ゟ不付合之儀も、同様頼ニ付此度之儀者勘弁いたし置候事」

密通ノ女手切ヲ望ム

此儀、私儀つ祢与申者与兼而密通いたし罷在候処、先月廿六日夜、錦堀川辺ニ而右女ニ出逢候処、手切いたし可呉旨申聞候ニ付、私心易仕候六角堀川東江入町〻用人弥助方へ召連参り、何故暇呉候様申聞候哉、訳合承候処、何分此度国元但馬表へ帰り度申候ニ付、実国元へ罷帰り候儀ニ候ハヽ、暇遣し可申旨、乍併何れ九月中ニハ上京致、屋敷方へ奉公致可申心得之旨

屋敷方ヘノ奉公

承居候間、右者弥屋敷方へ奉公致可申心得ニ候哉之旨相尋候処、猶又上京いたし候共、屋敷

古手屋ニ奉公シ国元ヘ帰ルト言ウ

女ヲ呼出ス

暇状ノ処理

方へ奉公いたし不申段申聞候付、左候得者国元へ一ト先罷帰り可申旨、申聞セ差帰し候儀ニ而、右者実ゝ国元へ罷帰り候儀与存居候処、其後深谷殿ニ奉公罷在り旨承り候付、つ祢宿堀川御池下ル町山城屋甚兵衛方へ尋ニ遣し候処、甚兵衛方ハつ祢宿いたし不申候故、存不申段申答候故、国元江飛脚之旨ヲ申、西新屋敷飛脚弥助与申者ヲ以、つね伯母名前尋ニ遣候処、存不申旨、乍併つ祢妹烏丸五条下ル町東側古手屋ニ奉公いたし居候旨、申答候付、当朔日頃大宮蛸薬師上ル町若茂方名前不分居候者を相頼、右古手屋江遣し候処《ミミ》、つ祢伯母方相尋候処、右者雪踏屋町室町東江入丁絹屋とよ与申方之由申聞候付、猶又右方へ罷越、つ祢儀実ゝ国元江罷帰り候哉相尋候処、右等之儀存不申段申聞候付、つ祢儀ハ深谷殿ニ奉公いたし居候由ニ付、前書手続訳合申聞、深谷殿へつ祢呼ニ参り呉候様申聞候処、つ祢伯母儀深谷殿へ参り、つ祢召連帰り、前書堀川山城屋甚兵衛方へ参り候付、右六角之弥助悴を甚兵衛方へ呼ニ遣し候処、俄ニ甚兵衛北隣近利与申方をつ祢宿ニいたし、引続伯母同道堀川六角辻迄罷越、つ祢儀者弥助悴江預ケ、伯母儀ハ罷帰り候付、つ祢儀者弥助方江召連参候故、私儀ハ弥助方ニ罷在、国元へ不罷帰趣ハ如何之儀ニ候哉、つ祢へ相尋候処、国元へ同道罷帰り候飛脚、先へ帰国いたし候付、宿元ゟ段ゝ被相頼、深谷殿江奉公ニ参り候由申聞候付、其節者先(カ)つ祢罷帰り候儀ニ而御座候、右跡ニ而六角弥助妻申聞候ニ者、暇遣し候方可然旨申聞、然ルニ上者暇遣し候間、奉公いたし候共、屋敷方ニ奉公いたし呉間敷旨申聞候処、其段弥助妻ゟ右山城屋甚兵衛方へ申聞候処、御屋敷方へ者奉公ニ遣し不申旨、申し候ニ付、暇之儀ハ伯母へ遣し可申間、暇状元ニ罷越候様申聞候処、当五日伯母儀弥助方へ罷越、暇之儀ハ暫相待呉候様申し候ニ付、

再ビ女ヲ呼出ス

未暇状ハ遣し不申候儀ニ御座候、然ル処当十一日夜つ祢ニ面会いたし度候間、国元江用事有之候趣を申、甚兵衛方小者ヲ以深谷殿へ呼ニ遣し候処、つ祢儀三条屋敷南出口迄罷越候処、右者私儀面会いたし度よし、甚兵衛小者申聞候付、つ祢儀ハ引返シ罷帰り候よし、然ルニ翌十二日夜、猶又前書小者ヲ以深谷殿へつ祢呼ニ遣し申処、つ祢儀罷出不申、私儀ハ三条中筋

帯刀人ニ襲ワル

西入丁ニ罷在候、帰り掛り候処、跡ゟ不見知帯刀人様之もの四五人罷越、相待候様呼留、何用有之此方下女を呼出し候哉之旨、申聞候ニ付、用事有之宿元ゟ呼ニ参り候旨申聞候処、用事有之候ハヽ、此方宅ニ而面会為致候旨申聞候付、右者宿元ゟ呼ニ参り候儀ニ而、私儀者呼出しニハ参り不申段答候処、後ロゟ私衿を持引倒しシ(衍カ)、右之者共一同立掛り、理不尽ニ手ヲ以打擲いたし、右之内横手ゟ壱人刀歟脇差歟を抜、峯打ニ私背中等を打候故、無是悲(ママ)右刃物もきとり候処、其節私手首ニ少ゝ疵付キ、刀者捨置、其儘罷帰り候儀ニ而、尤私儀ハ其節一刀を帯シ罷在候儀ニ御座候、乍併右様不束之儀付而者、打擲ニ合候儀与も重ゝ奉恐入候、何分御憐愍之御沙汰奉願上候

右之通手続ニ御座候、以上

七月　　永田源次郎 印

牢屋詰

廿一日

一詰見座池本藤右衛門、茶番万蔵出勤之事

行水定日

一行水定日ニ付、為見分寺田亮助殿・太田五郎太夫殿・松村小弥太殿出勤、此外悲田院年寄手下召連罷出候事

但、切支丹中之間・北之間・南間之処、人数無数ニ付、不残北之間江間替いたし候、人数三拾人

一本道外治兼帯桂以中出勤之事　湯浅之処入魂　同断

一奈良熊吉、陸田夘兵衛、東御役所江被召出、口合被仰渡候事

雨天ニ付相撲延引

一今日角力雨天ニ付延引之段、届出候事

廿二日

一詰見座池本藤右衛門、茶番忠兵衛出勤事

五十敲洛中払　尾刕　吉五郎　一同断　同刕　春吉

右之通被仰渡、為見分木村雄祐殿・櫛橋麻八郎殿御越、此外例之通罷出候事

相撲延引

一雨天ニ付道場角力延引いたし候段、届来候事

廿三日　二条駈付

西奉行ノ月番トナル

一今日ゟ猶又西御月番ニ相成候事

相撲延引

一今日も角力延引之事

廿四日　伊奈遠江守様御悲(マヽ)番　悲番詰

一御詰松村小弥太殿、筆耕清太郎、中座惣吉・林助出勤之事

相撲勝負附ニツキ町代ヨリ書状

一先達而金蓮寺角力廻り之節、町代ゟ相撲勝負附持参一件ニ付、左之通町代ゟ御年寄方へ申上候

以手紙得貴意候、残暑難凌御座候処、弥御安健可被成御座、珍重奉賀候、然者此度下拙持場四条道場ニ而大相撲興行有之、御窺申上候上、先格之通致出役候処、初日津田御氏ゟ天明八申年十月金蓮寺ニ而大相撲有之節、右場所ニ而中入与果与両度勝負附、持場之者ゟ差越候旨書留有之ニ付、此度も

中入・果

立会目附出役ノ節小番ヲ以テ持参セシム

立会無キ時ハ帰リニ渡ス

方内出役ヘハ小番ヲ以テ伝達ガ近例

同様致呉候様御申越有之、右者近例小番ヲ以御達申居候旨、専助ゟ御答申候処、御立会御目附方御桟敷江持参之事ニ候得者、隣桟敷之儀ニ付、其序手ニ差越呉候而も大事有間敷旨御申ニ付、達而申候義も御気之毒ニ存候付、左候得者御立会御越之節、何れ隣御桟敷之儀ニ付、其節一緒ニ持参、専助ゟ直ニ右書附御渡し可申旨、御返答申置候処、翌日二日目ニハ小嶋御氏御出役之処、御立会御越無御座候付、小番ヲ以書付御達し可申旨、御断合申候得共、既ニ昨日引合済之旨御申、御承知無之、乍然前日之御引合者御立会御越之節之儀ニ而、御立会御出無之節之御引合者不致候ニ付、其砌者小番を以中入之節勝負附御達し申置候、乍然夕景御役人中御引取之節者、何れ大木戸迄罷越候儀ニ付、其節者専助ゟ直ニ御渡し可申旨、下拙ゟ御挨拶申置候、則引取後旧記取調候処、天明八申年之節者、下拙方先代病気ニ而同役共代り出役いたし候故、委細書留無之、其後寛政年中寺町筋ニ而大相撲・中相撲共度ゝ興行有之、猶又去ル天保十四卯年金蓮寺ニ而中相撲有之、近例何レ茂勝負附等其外等、場所ニ而頭取ゟ差越候節、持場之者ゟ御役人中江差上候而、御方内御出役江ハ小番ヲ以御達し申候ニ付仕来ニ御座候、併右体之儀を彼是申候而者不隠(穏)候儀と存、下拙持場限、前書之通御示談申候事ニ候処、御立会御越無之節も、御方内江専助ゟ直ニ持参候様御懸ケ合有之候而者甚迷惑仕、何欤廉立候様相聞、重而外ゝ之差支ニも相成候得者、何卒事隠(穏)ニ御用向相勤申度存心ニ御座候間、以来御立会御越無御座節者、近例通小番ヲ以右書付類御達し申上度、此段御承知被下度宜奉頼上候、乍御面倒御返事為御聞可被下候、以上

七月廿三日　奥田佐兵衛

松尾左兵衛様

松村三吾様

右之通町代ゟ御年寄方江申上候ニ付、今日則松尾殿・松村殿ゟ安之進幷此方へ、右之書面ニ而勘弁いたし遣可申旨、御書面到来致、然ル処、右者津田・此方両人ニ而存寄申立候儀ニ而無之ニ付、仲ケ間一同へ申談候処、町代之書面文中ニ甚不得其意文言、其上序之節持参いたし候様ニ認有之、甚不都合ニ存候ニ付、左之通松尾殿・松村殿へ返書差出候事

下雑色当事者ノ反論

昨日御書面之趣承知仕候、右者尊公様方御出役之節砌ニ者、別帋書面之通ニ而相極り有之儀ニ而、此度之引合者私共一分出役之節之儀ニ付、尊公様へ申出候儀筋違之様奉存候ニ付、申出候へ者私共之内へ申出候様、被仰付被下候様奉願上候、是悲(マヽ)今日十右衛門儀出役仕ニ付、其節可引合心得ニ御座候、尤昨日御書面之趣委細差心得、決而手強引合不仕、隠(穏)ニ可引合積ニ付、右之趣御承知被成下候様奉願上候、以上

七月廿五日

吟次郎
安之進
十右衛門
貞五郎
安二郎

松尾左兵衛様
松村三吾様

右之通相認、明朝可差出旨心得之事

廿五日　　後出出勤

一御詰松村小弥太殿、当番津田安之進、加番永田貞五郎殿御出勤事

軽罪仕置

一今日追訴、俄ニ役人切ニ相成候事

一左之通軽罪御仕置被仰付

中追放　庭田家ゝ来
　佐ゝ木大学

軽追放　小川一条上ル町
　無宿亀吉

敲洛中払　城刕西加茂村
　無宿伊之助

敲洛中払　尾州名古屋足軽
　横井弥兵衛悴
　亀吉

重敲洛中洛外払　鞍馬口卯之助悴
　無宿
　真吉

右之通被仰渡候事

近江大森村へ検使派遣

仲間出役中絶ノ事情

一江刕八幡近在之由、大森村ニ検使有之ニ付、中座茂助召連度間、差出呉候様芝嘉左衛門殿被申聞候ニ付、牢屋詰相達ス、尤仲ケ間出役之儀、往古ゟ仕来御座候処、私共ゟ度ゝ相断不参仕ニ付中絶之処、近頃東西ニ申上、出役罷在候旨申上候処、右者尤之儀、既御奉行江者雑色、中座、悲田院年寄召連候段申上有之ニ付、出役有之候而も宜敷候得共、同役江未談無之ニ付、尚談之上御沙汰可致旨申聞候事

上雑色ノ町代宛返書

一昨日之書面松尾殿・松村殿両家へ差遣候処、左之通返書御遣し有之趣、承知致候

御手帋致拝見候、残暑之節ニ愈御安勝被成、御勤役珍重ニ存候、然者此度四条道場ニ而大相撲興行御座候処、勝負附御差出方之儀ニハ、安之進ゟ及御引合、其後吟次郎ゟも及御談候処、先例之節共相違之由ニ而彼是不隠(穏)候付、私共ゟ宜敷取扱之儀被仰聞御尤承知致、則両人江も程克事済之儀、早速申聞候処、右者両人ニ限り候儀ニ而も無之由ニ而、彼是気合致兼候趣ニも相見候間、此上野拙共ゟ厳敷申聞候様ニ而者、却而存寄ニ茂振合、都而之義重立候様ニ而も如何歟、心痛致シ候間、

何卒改右一条者彼等老分之者へ御談被下方、穏ニ可有様被存候ニ付、此段宜御承知可被下候、右之次第ニ而御報延引相成候、彼是又御断得御意候、以上

七月廿五日　松村三吾
松尾左兵衛

奥田佐兵衛様

コノ件ハ老分ニ交渉サレタシ

右之通返書被差遣候、則今日角力廻りニ中井十右衛門儀出役いたし、町代呼寄候処、樫本専助罷越候付、色〻申引合候処、何分勘弁いたし呉候様申聞候ニ付、左候得者果一度挨拶ニ可被罷越、其節書付類一緒持参可被致、何分小番被差越候達而不承知之旨被申聞候処、今日者奥田も出役不致候ニ付、為談之上御報致可申旨、申聞候事

廿六日　悲番詰

一御詰松尾熊三郎殿御出勤、筆耕中嶋清太郎、中座□(惣)吉・丑之助出勤之事
後御立会有之節、三度共持参、御立会無之節ハ果一度持参致候旨、申答候事(マヽ)

一何之御用無之事

廿七日　上当番

一御詰松尾熊三郎殿、加番岡本徳三郎、後出湯浅貞五郎出勤之事

一小屋下預囚人弐人、於大坂被御引渡之事

上使巡見ノ例ヲ調査

一寛永七午年酒井雅楽頭様御上使御上京、其後天明元丑年酒井雅楽頭様御上京迄、其間御上使御方〻御巡見有之例被調様、証文方手嶋□次郎殿御達、四方内牢屋敷へ申達事

廿八日　助上当番

一御詰松村小弥太殿、加番村上英之助之処、用向有之入魂之事

廿九日　加番

一御詰松村三吾殿、当番岡本徳三郎出勤、昼後入魂いたし帰宅之事

晦日　下詰

一詰見座池本藤右衛門、茶番丑之助出勤之事

東奉行牢内見廻り

一東御奉行様牢内被成御見廻り、無滞相済候事

一江刕大浜村惣助・今出川寺丁丹波屋熊次郎、右之もの大坂表ゟ末吉孫蔵殿御召連帰、会所ニ差置候様、御達之事

一椹木丁之利助、右草間州五郎殿ゟ会所江差置被成候差置（ミミ）旨、（マヽ）仲座利助附来申聞候事

松尾神事相撲興行見廻り

一明日松尾神事、相撲興行ニ付、例之通頭取壱人、右場所江罷出居為申付置事

但、物書壱人、中座壱人、年行支壱人、供壱人、雨具持壱人申付置事

八月　東　伊奈遠江守様御月番

八朔　松尾相撲廻り

一昼九ツ時分ゟ出役、同心目付寺田亮助殿・芝嘉左衛門殿御越、例之通取斗、夕七ツ時分相済、暮六時分帰宅之事

二日　二条駈付

三日　上当番

一御詰松尾熊三郎殿、御出勤之事

一前川五郎左衛門出訴御取立、御前有之候事

布屋丈助等召捕、会所預等ノ処置

一中筋浄福寺東江入丁布屋源助《丈助》・黒門元誓願寺下ル丈助兄布屋和助・丈助妻ちよ・娘小靏、右丈助・和助儀、一昨日ゟ丈助儀者妻子召連、実父西陣中猪熊丁布屋源助方江無心ニ罷越、手荒之儀いたし候而訴出候ニ付、御番方四方田酉作殿ゟ右之もの捕ニ遣候様被仰付、中座清助・岩吉・喜助差遣し候処、無程召捕帰、段々御糺之上、今晩之処丈助・和助牢屋会所江預、丈助妻子儀者町分江御預被仰付事

　翌日公事方へ渡り、丈助・和助小屋下預被仰付候事

四日　加番

一御詰松村小弥太殿、当番中井冨之助、出勤之事

五日　悲番（マヽ）

一御詰松尾熊三郎殿、御出勤之事

六日　加番之処悲番江廻ル

一御詰松村小弥太殿、御出勤之事

七日　加番

一公事訴訟被成御聞、御詰松村小弥太殿、当番村上英之助、後出岡本徳三郎出勤之事

一夕方ゟ泊り出勤之事

八日　手明

九日　悲番

一御詰松村小弥太殿、御出勤之事

十日　加番

一入魂いたし在宿、今日用向有之、四ッ塚辺迄罷越事

十一日　下詰

一詰見座田辺元次郎、茶番惣吉出勤之事

雉学院薨去

一今日近衛殿御裏雉学院様御薨去ニ付、大徳寺江御送有之、上組弐組出役之事

十二日　二条駈付

十三日　手明

一今日竹田村江罷越候事

十四日　下詰

一詰田辺元次郎、茶番茂助出勤之事

牢舎居風呂、病人多ク入湯無シ

一今日牢舎居風呂定日之処、此節病人多、入湯いたし候もの無之ニ付、今日臨時改いたし候処、無別条候事

十五日　悲番詰

一御詰松村小弥太殿、御出勤之事

一当日御礼、隣家并同役江罷越候事

一当日御礼、御広間江小弥太殿被仰上候事

西本願寺新門入輿

一西本願新(寺脱カ)御門主、此度御殿江御入輿被為在候ニ付、松村殿一組并仲ヶ間一同恐悦して参　殿いたし

候処、今日仲ヶ間一同此方共へ壱〆文ツヽ、松村殿一組之方同役此方壱〆文ツ、被下候、明日為御
請御仲ヶ間此方一組とも参殿之事

十六日　上当番

一公事訴訟被成御聞、御詰松村小弥太殿、加番湯浅多一郎、後出村上英之助出勤之事

一勘定方ゟ入札触之差出有之候事

十七日　二条駈付

十八日　湯浅氏之処入魂ニ付下詰

一詰見座池本藤右衛門、茶番惣吉出勤之事

御霊社神事

一今日御灵神事ニ付、中井・山村・村上・永田出勤之事

十九日　悲（マヽ）番

一御詰荻野勝之助殿、御出勤之事

廿日　上当番

一御詰荻野勝之助殿、加番岡本徳三郎出勤之事

銭箱ヲ捨テル禁裏附役人ヨリ懸合書面

以手帋致啓上候、然者昨十九日之朝、内丸太町東入口番所西之方ニ銭箱様之もの捨有之候ニ付、往来も有之候間、当月取扱番西口門番吉六方江預置候段、東入口番人喜左衛門ゟ書付差出候趣ヲ以、広橋大納言殿・唐橋三位殿右両家家司ゟ届書、唯今伝奏衆ゟ到来ニ付、拙者共組之者為見分差出候処、書面之通相違も無之旨申出候、依之右届書二通差進候間、御組之もの被遣、宜御取斗御座候様致度候、尤其節為立会拙者共組之者差出候間、御組之もの被遣候節之刻、御報□御中聞御頼存候、

右可御意得如斯御座候、以上

八月廿日

内藤安房守

明楽大隅守

伊奈遠江守様

水野下総守様

御帋面之趣致承知被遣候、届書弐通致落手候、右品為請取追付雑色差遣可申間、左様御承知可被成候、以上

八月廿日

伊奈遠江守

水野下総守

右之通御附ゟ御懸合有之候ニ付、早ゝ為請取出役可致旨、公事方中川三九郎との夜七ッ前時分御達ニ付、尤右者先例近町聞合承、持主不相知候得者、近町之もの町役江も□帰候様御達ニ付、其段下江申遣事

先例ヲ近町ニ聞合ス

但、右ニ付物書壱人、是者捨ものニ者召連不申候得共、右之通近町被召儀ニ付壱人場所江出役之儀申遣、且右銭箱抔人足両人右場所江差出候様、悲田院年寄江申遣事

廿一日　加番

一御詰荻野勝之助、当番永田貞五郎殿出勤之事

銭箱ヲ請取ル

一昨夜御達有之候御所表請取もの、山村定右衛門出役被致、今朝御届被申上事

廿二日　加番

公事訴訟聴ク

一公事訴訟被成御聞、御詰松尾熊三郎殿、当番湯浅多一郎出勤之事

廿三日

一御詰荻野勝之助殿、加番岡本徳三郎出勤事　上当番

一前川五郎左衛門御取立、御前有之候事

江戸馬喰町吉兵衛忰
無宿
由吉
二十七歳

牢屋使

右之もの於御白洲、当十四日夜故院御所江忍入、品物盗取幷有栖川宮其外江盗ニ罷越候始末、御吟味之上入牢被仰付、牢屋使見座田辺元次郎付添、罷越候事

廿四日　二条表　駈付

廿五日　上当番

一追訴公事被成御聴、御詰松村小弥太殿、加番村上英之助、後出岡本徳三郎出勤之事

江州表へ検使

一唯今ゟ江刕表江為御検使高屋助蔵殿御越ニ付、中座壱人早ゝ差出候様御達ニ付、直様牢屋敷江申遣事

廿六日　加番

一御詰荻野勝之助殿、当番村上英之助、部屋用津田正三郎出勤之事

五条天神出輿ニ付見廻リ

一来ル晦日・来月十日、五条天神社出輿神事ニ付、例年之通見廻り之儀願出候間、出勤可致旨、公事方西尾新太郎殿御達之事

廿七日　手明

廿八日　　　　　　　　　　　　　悲番詰（マヽ）
一御詰荻野勝之助殿、中座岩吉・惣吉出勤之事
一徳川昌丸様御逝去ニ付、普請者今廿八日より来月朔日迄三日、鳴物者同五日迄七日、停止之旨御触、
御差出有之事
徳川昌丸死去普請・鳴物停止ノ触（11―二四七）
但、右ニ付晦日五条天神出輿并来月三日六孫王出輿、夫〻延引相成候事、尤天使者六日出輿、十
日神事、六孫王十二日出輿、廿一日神事之事
五条天神・六孫王ノ出輿ハ延引
廿九日　　　　　　　　　　　　悲番
一御詰松尾熊三郎殿、中座忠兵衛・丑之助出勤事
一徳川昌丸様御逝去ニ付、御伺之上、東西御玄関江御機嫌伺被仰上事
但、先例二条表者無之事
九月　　　　　　　　　　　　西　水野下総守様御月番
朔日　　　　　　　　　　　　　　加番
一及入魂在宿之事
二日　　　　　　　　　　　　　　手明
一今日昼後ゟ四ツ塚町迄、自用ニ而罷越候事
三日　　　　　　　　　　　　　　牢屋詰
一詰見座田辺元次郎、茶番茂助出勤之事
一本道外治兼桂以中、昼後罷越候事

四日　　　　　　　　　　　　　　　　　二条駈付

五日　　　　　　　　　　　　　　　　　上当番

一御詰荻野勝之助との御出勤之事

一御停止中ニ付終日御用無事

六日　　　　　　　　　　　　　　　　　二条駈付

七日　　　　　　　　　　　　　　　　　下詰

一詰見座田辺元次郎、茶番定遣佐助出勤之事

一東目付方懸り会所ニ御差置越前隼人外八人、被召出口合被仰付、牢屋使福田五郎殿・佐伯栄次郎殿御越、村上英之助付添御越事

入牢

一東御懸り尾邵之庄兵衛外七人、入牢被仰付、牢屋使前同断

一西御懸り祇園加助・紀邵恵能外二人、入牢被仰付、牢屋使山田為太郎殿・北村土岐助殿・久下熊之助殿御越、見座藤右衛門付添来候事

小屋下預

一東公事方懸り西七条村栄太郎・法皇寺たみ・城邵清吉右三人、入牢之部ニ而今日ゟ小屋下預被仰付候旨、悲田院年寄ゟ中来候事

一今日入牢之分都合十二人、切支丹中之間江差入事

一今日ゟ明朝迄西御奉行様忌服ニ付、御月番東御役所ニ候旨、今日七ツ時分上当番ゟ廻状到来ニ付、今晩之処御悲《(マヽ)》番御役所江悲番中座為泊置事

首無シ死体発見

一油小路下長者町下ル町、拾四五歳斗之丁稚首切有之、胴体斗有之、首者無之旨訴出候ニ付、為検使

芝田小兵衛殿御越ニ付、中座壱人可差出、暁七ッ時分申来候ニ付、不取敢会所番中座万蔵差遣候事

上久世村川原ニテ砲術丁打

一来ル十一日・十二日・十三日之間、上久世村於川原砲術丁打有之ニ付、申通書御差出松村殿江差遣、右ニ付方内出役之儀も御達ニ付候事

八日　　加番

一御詰松村小弥太殿、当番湯浅多一郎出勤之事

九日　　重陽ニ付二条御礼

重陽ノ礼

一松村殿、永田始下組一同廻礼之事

所司代不快

一松村三吾殿同道、東西御役所江申上候、夫ゟ一条表江罷越候処、所司代様御不快ニ付御逢無之事

一今日昼後、朱雀辺迄松村殿同道、自用ニ而罷越候事

一明日天使江出役ニ付、御届差出候事

十日　　天使神事見廻り

天使神事、鉄棒引

一鉄棒引年行支壱人、年行支壱人、供壱人召連、八ッ時出宅宮本江罷越、神主宅ニ而休息候事

一夕七ッ時分神輿舁出し候ニ付、途中年行支付添差出候、暮六ッ時過無滞相済候事

十一日　　上当番　牢屋詰〃〃

臨時改

一今日臨時改いたし候処、別条無之事

一詰見座池本藤右衛門、茶番佐助出勤事

御払

一昼後木村勘助殿御越、昨日仮預被仰付候千本卯之助・土屋丁伊兵衛・浄福寺伝七、右三人御払ニ相成候事

十二日　　　上久世村江丁打出役

一朝五ツ時分ゟ出役いたし、新屋敷東西御組下宿江別段挨拶ニ罷越不申候得共、東西御組之方ハ一寸

下宿江罷越、留守可申事

東西町廻リ

一昼後東西丁廻り御越ニ付、下宿江挨拶ニ罷越候事

一新屋敷大目付、与力目付、同心目付、別段挨拶ニ不罷越候事

一昨日松村小弥太殿御出役、明日者永田氏出役事

十三日　　　六孫王出輿出役

六孫王出輿

一昼四ツ時半時分ゟ出役、松村小弥太との、永田貞五郎同道、出役之事

一例年之通、相変候儀無之事

一今日久世丁打、永田源次郎出勤之事

十四日　　　悲番（マヽ）

一御詰松尾熊三郎との、中座丑之助・林助出役之事

十五日　　　上当番

一御詰荻野勝之助殿、御出勤之事

一小屋下預織田主膳・井筒屋鉄次郎、其外一件之もの被召出、於御白洲落着被仰渡候事

上使松平斉貴上京

一明後十七日御上使御京着ニ付、為御先払西目附方砂川健次郎殿御出役ニ付、寂前蹴上ニ而下宿申付

可置旨御達有之ニ付、下宿申付有之処、蹴上ニ而者差支有之候ニ付、三条白川橋東入丁ニ而休息所用

意致可置旨御達ニ付、其段荻野殿江申遣候事

車方ニ車留ヲ命ズ

一明後十七日御上使松平出羽守様御上京ニ付、鳥羽・嵯峨・東九条車方之もの被召出、前日当日車留被仰付、尤伏見表江も通達可致旨、御達有之候事

上使道筋ノ見分

一明日御上使御上京御道筋為見分、東西目付方御出役ニ付、道筋江通達之儀、御達有之事
但、右ニ付方内出役之儀、御達ニ付松尾殿・荻野殿江申上候、尤右ニ付天部村穢多年寄共、三条蹴上御仕置場所江被出候様、御達ニ付其段直ミ申付候事

一明後日御上使出羽守様御道筋、三条烏丸、西洞院御自分御屋鋪江御入ニ付、道筋触御差出候事

十六日　上当番　助

一御詰荻野勝之助殿、加番湯浅多一郎、後出岡本徳三郎出勤事

一公事訴訟被成御聞候事

奉行上使屋敷ヲ訪問
上中座

一明十七日、御上使松平出羽守様御屋敷江御奉行様御越ニ付、御先中座壱人四時差出候様、御差出ニ付上中座利助江申付事

暁八半時　砂川健次郎殿　暁八半時　木村勘助殿
暁八半時　飯室源兵衛殿　同断　田中寛次郎殿
暁七ツ時　手嶋柔次郎殿　暁七ツ時　平塚啓三郎殿

右頭書之刻限ニ中座壱人ツヽ、差出候様、御達ニ付、東西目付方之分四人、上中座江申付、跡手嶋殿・平塚殿方へ之中座牢屋江申遣事

雇中座

一明日御奉行様御上使屋敷江御越、是迄御案内方為遠見小番被召連候処、明日者小番出払ニ而罷出候もの無之ニ付、賃銭ハ小番ゟ差出候ニ付、雇中座之内壱人差出呉候様、尤刻限者明ケ六時、大塚伝

吉郎殿宅江罷出候様御達ニ付、其段下江申遣候事

蹴上ノ楠屋

一明日御上使御入京ニ付、御跡押へ御出役之目付方下宿、蹴上之楠屋与申方用意致置可申旨、御上使懸り方御達ニ付、其段松尾殿へ申遣事

十七日　悲(マヽ)番詰

一御詰五十嵐勇左衛門殿、筆耕中嶋清太郎、中座忠兵衛・幾蔵出勤事

十八日　下詰

一今日御上使松平出羽守様、無滞御入京被為在候ニ付、御奉行御自分御屋敷江御越有之候事

一詰見座田辺元次郎、茶番定遣太兵衛出勤之事

御鍵番

一御鍵番吉竹中一殿御越、医師柳恕軒罷出候事

十九日　在宿

一明日西公事方目付方懸り、明ヶ六前時御前可有之旨、御達有之事

城南離宮神事

廿日　城南離宮神事ニ付出役

一例年之通、相変儀無之、故障等無之事

一松村小弥太殿、永田源次郎、見座池本藤右衛門、中座岩吉・丑之助、年行叓可出役之事

六孫王神事

廿一日　六孫王神事ニ付出勤

一例年通相変候儀無之、昨日之通出役、尤中座丑之助壱人出役事

廿二日　加番

一御詰松尾熊三郎殿、当番湯浅多一郎出勤事

孝明天皇即位警固

一別段松村三吾殿出勤、明廿三日御　即位ニ付弁当幷中座、年行叓等御申付有之事
廿三日　南門警箇（固）
廿四日　堺御門堅メ
廿五日　建春門警箇（固）
右夫々委敷別帋一件帳ニ認有之事
廿六日　悲（マヽ）番詰

一御詰松尾熊三郎、筆耕中嶋清太郎、中座岩吉・林助出勤事

城南馬場ニテ喧嘩刄傷アリ

一今昼八ッ時御門前人立いたし、殊之外騒敷候ニ付、右者何事候哉承り候処、御城南番（馬）場口論有之、手疵人倒居候趣風聞ニ付、早速其段目付方江申上候処、如何様之事候哉承りニ罷越候様御達ニ付、早速中座召連罷出候処、御役所供待江中間体之もの逃込、頭其外ニ手疵負倒居候ニ付、此者ニ一応趣意相尋、番場江罷越候処、丹波口ゟ二丁程東之方ニ待（侍）壱人、大宮口ゟ壱丁半程西之方ニ草履取様之もの壱人、数ヶ所手疵負相隠居候ニ付、委細承り合候処、右両人之もの者小堀勝太郎殿手代村田良五郎与申もの、今壱人ハ中間之由ニ而、今日小堀勝太郎殿御所司代、両御奉行、両御目付江御越有之、則東御役所江御出御帰り懸り、番場ニ十五人斗まちふせいたしゐ、理不尽ニ酒井若狭守家来之趣ヲ申、中間様之もの待（侍）壱人、刀脇差ヲ以切付懸り、壱人者御役所江手疵之儘逃込、跡両人者倒居候趣ニ付、早速罷帰り其段申上候処、目付方之場所江御越有之候処、通行之柴屋始終存居候ニ付、供廻り江御役所御召帰様子御尋有之、尤幸ひ医師長柄春龍御役所江参り合居候ニ付、同人番場両人之手疵人療治為致、夫ゟ御役所江逃込候もの圏之前江取寄、目付方蒲団其外等下り、右春龍色々療治為致厚

小堀氏家来ト所司代家来ノ争イ

御世話有之、右ニ付牢医師柳恕軒呼寄申置候事、尤小堀勝太郎殿者無別条、三輪之屋敷江被罷越候趣候事

御所使役

右之意趣者、昨日御所司代御家来御所使役三浦翁助与申仁参　内被致、小堀勝太郎殿ニも参　内被致候処、右途中行違ひ口論出来、小堀ニ中間壱人、三浦之方中間ニ弐人程出来、右意恨ニ而今日右之始末ニおよひ候由、▨中間所ニ而待伏居候もの凡八十人有之由、尤不残御国中間之由候事

御国中間

一右ニ付中座三人呼寄番為致置、御役所之中間幷小堀之中間罷越、介抱いたし居候事

一三人手疵人、今晩之処ハ格別之儀有之間敷候得共、いつれ深疵数ヶ所有之ニ付養生六ヶ敷趣、医師申居事

一夜明ケ六前時、右手疵人小堀江御引渡ニ相成候事

廿七日　上当番

一御詰松村小弥太殿、加番岡本徳三郎、後出永田源次郎出勤事

一今日公事訴訟被成御聞候事

廿八日　二条駈付

廿九日　在宿

上使松平斉貴参内
傷害犯人酒井氏ヨリ引渡ス

一今日御上使松平出羽守様御参　内ニ付、下詰湯浅氏儀御棺(館)入ニ付出役いたし候ニ付、夕七つ時迄入魂ニ付、下江出勤之事

羽替縄

一当廿六日於番場小堀勝太郎殿供廻り江手疵為負候もの共、今日御所司代ゟ御引渡ニ相成候ニ付、御請取之上於御白州御吟味之上、入牢被仰付候ニ付、仲ヶ間手明之もの不残出勤、手当中座拾人羽替

縄十五筋差出候様申来候事

一明晦日御上使御発駕、暁七ツ時ニ付下宿釜座二条上ル丁蛭子屋梶方江夜九ツ時ゟ罷越候様、松村殿・松尾殿ゟ申来候ニ付、雨具持・年行支等申付置候、尤今晩ゟ下宿迄罷越積之事

一東垣ケ内丁江帳切ニ出役之事

喧嘩当事者ノ入牢処分

一御請取之上入牢被仰付候もの、左之通

酒井若狭守殿中間

佐衛門 三十六歳	小八 廿七歳	仁右衛門 三十九歳	助右衛門 四十二歳
西公目懸り 藤吉 廿三歳	甚兵衛 三十二歳	権蔵 三十一歳	助八 廿九歳
善四郎 四十五歳	佐十郎 四十六歳	藤次郎 廿歳	岩吉 廿三歳
幸次郎 廿七歳	亀蔵 廿三歳	嘉太郎 三十歳	文兵衛 四十歳

〆十六人

右夫々於御白洲御吟味之上、入牢被仰付候事

但し、夜九ツ時入牢之事

小堀勝太郎中間

西目懸り 仁助 三十四歳	嘉蔵 廿八歳	安五郎 廿七歳
熊吉 三十歳	松五郎 廿二歳	清吉 廿一歳

右当廿五日、所司代御所使役之もの供(ママ)与口論いたし候始末、御吟味之上入牢被仰付候、入方之部ニ而小屋下預ケ被仰付候事

本牢以下改造ニ着手

一当六月廿九日、東西公事方、目付方、欠所方立会大見分有之候、本牢其外牢鞘仕法替之儀、明日ゟ取懸り被仰付候ニ付、日〻与力見廻り候ニ付、詰之もの右普請場ニ附切居、木材等改候様御達有之、右ニ付松村三吾殿右修復中見廻り被仰付候事

上使発駕見送リ

晦日　御上使御発駕ニ付御見送

一松村三吾殿・松尾熊三郎殿、村上英之助・永田源次郎・山村定右衛門出勤之事

一暁八ツ時下宿江相揃、御屋敷西洞院二条上ル丁江代ル年行亊附置、御門開キ候得者早速為知候様申付候処、夜七ツ時前分開門之旨申来候ニ付、松村殿・松尾殿、山村・永田名札持参、参着届ニ御越之事

一七ツ時分列御くり出しニ付、御屋敷御門前迄出張、御出之節之通、御書箱之先江相立候事

千本松迄先払ヲ勤ム

一昼四ツ時分蹴上江御着、御小休有之、夫ゟ猶又千本松迄御先いたし、同前ニ而名札差出、御目見いたし候事

若八・井筒屋

一朝支度者若八ニ而申付有之、帰り懸ケ者蹴上井筒屋ニ而支度いたし候事

東　伊奈遠江守様　十月　御月番

朔日　加番

一当日御礼、隣家江罷越候事

一今日不快ニ付及入魂、在宿之事

二日　手明

三日　上当番

入牢ノ沙汰

一御詰松村小弥太殿、加番中井冨之助出勤之事

一御帰後左之通被仰渡、小弥太殿、冨之助被相詰事

一手錠（小屋下預）　小倉村 無宿　捨吉　一入牢（仮預）　江刕　恵浄　一入牢（仮預）　長崎　万吉

一入牢（小屋下預）　東洞院　伊三郎

右之通被仰渡、牢屋使見座藤右衛門付添、罷越候事

四日　加番

一御詰松村小弥太殿、当番永田源次郎出勤之事

一譲り御印願罷出候事

五日　後出

一御詰松尾熊三郎との、当番湯浅多一郎、加番永田源次郎出勤之事

一追訴公事被成御聞候事

六日　在宿

井戸ハマリ見分

一今日乙訓郡友岡村ニ井戸はまり有之、訴候ニ付検使ニ相成、依之今日在宿相断、夕七ッ時分出宅、向日町ニ待居候物書弐人、場所江差遣置事

一初夜時分、検使末吉孫蔵殿・芝嘉左衛門殿御越有之事

一検使今はん(晩)ニ難相分候ニ付、明日者拙者持畠村人足ヲ以、同役幷下詰江割余之儀申遣候事

七日　同断

一今朝五ツ時検使相済、帰宅事

八日　加番

一松尾熊三郎との、当番山村定右衛門出勤事

一昨日之けんし(検使)帰り罷出ニ付、取斗遣事

本圀寺法華会式

一来ル十二日・十三日、本圀寺法華会式ニ付、例年之通警固之儀願出候ニ付、出勤可致旨御達有之事

九日　下詰

一詰見座田辺元次郎《池本藤右衛門》、茶番林助出勤事

一牢内江差入不申禁物之品〻素極幷差入物者、月何ヶ度差入候与申素極、早〻相調候様、東公事方目付方ゟ御達ニ付取調候事

十日　欠附(駈)

修復所見分

一御修復所為見分、栗山勝之烝との・松村三吾との御越之事

十一日　下詰

一見座田辺元次郎、茶番林助出勤之事

一御修復普請所為見廻り、西公事方不破喜間太殿・今井小平太との御越之事

牢内へ差入レザル品々

上帯下帯ハ差入ヲ許サズ

一東公事方目方方(マヽ)ゟ尋有之、牢内江差入不申品幷月何ヶ度差入申候与申素極、段〻取調候処、月何ヶ度差入与申素極丸切無之、禁物之品者以前《寛政》迄者、上帯下帯之外者何品ニよらす差入有之、金銭或者干菓類・肴類差入有之、元〻禁物之品与申御役所ゟ御沙汰有之候儀ニ而者無之、全其懸り役人思食与被存候、乍併享保四亥年十一月留東目附江差出候書面ニ、上帯下帯ハ牢内江差入不申、自分扶持

牢屋敷取締方

之ものハ右替りニ宿元ゟ三尺木綿取よせ入申候与留有之、其後寛政弐戌年三月牢屋敷御取締方被仰渡候節、此間仲ケ間ゟ之伺之内ニ、是迄牢舎人申立候節者、宿元ゟ金銭等取寄セ遣候得共、右者如何敷儀ニ付、御差留被成下候様申立有之、右者公事方ゟ御聞届有之、其後金銭者決而差入不申候旨留有之、天保十三寅年六月東目付方ゟ尋之節、当時差入不申品、左之通書出し有之

差入レザル品

一夜着　一羽織　一襦袢　一帷子　一俗(浴)衣

一足袋　一手拭宿扶持之ものハ木綿四尺之内壱尺手拭ニ致遣　一上帯

一下帯　一酒　一酢　一餅　一菓子類但思召者格別之事

一たんこ(団子)　一肴類骨付有　一せうか(生姜)　一唐からし其外都而からきもの

一判類

慣行ニシテ原則ニアラズ

右之通当時差入不申品ニ而、是迄も素ゝ極有之候儀ニ而者、(無之脱カ)全仕来而已之事ニ而、右之内ニも上帯下帯ハ前ゝゟ差入不申品ニ相見へ、右之内之品ニ而も是迄御懸り之思召ニ而差入被成候事も有之ニ付、右之段口上ヲ以公事方中川清太郎殿・目付方芝田小兵衛との江申上事

本圀寺法華会式

十二日　本圀寺法華会式警固出勤

十三日

一両日とも松村小弥太との、永田源次郎、見座池本藤右衛門、中座林助出勤之事

一例之通、相変候儀無之事

十四日　下詰

一詰見座池本藤右衛門、茶番忠兵衛出勤之事

牢舎人行水

一牢舎人行水いたし、為見分土屋丈助殿・村田留五郎との御越、牢屋廻り松村小弥太殿、此外例之通
出勤之事

女院崩御ニツキ鳴物普請停止(11―一五八)

一今朝
女院崩御ニ付鳴物普請停止、日数之儀者追而可相触旨、御触御差出有之事
但、三日之内魚店差留、自身番被仰付事
一右之通自身番被仰付候得共、風廻り者無之事

葬送ニ付入札

一泉涌寺龕前堂其外葭簀囲ひ幷仮建物損料物之儀、女院御葬送ニ付入札被仰付候ニ付、望之者只今
ゟ中井岡次郎方江罷越候様、御触御差出有之事

真如堂十夜

警固ハ不要

一明十五日明後十六日、真如堂十夜ニ付、仲ヶ間警固之儀願出、御聞済相成、出勤可致旨被仰付置候
処、御停止中ニ付十夜隠(穏)便ニ相勤候ニ付、雑色警固之儀断申出候間、出勤致ニ不及旨、公事方より
御達有之ニ付、其段荻野殿一組江申遣候事

東奉行泉涌寺五条橋見分

一明日御奉行様、泉涌寺幷五条橋為見分御越ニ付、方内之もの出役之旨、凶事御用懸りより御達ニ付、
其段松尾殿江申遣候事

十五日　悲(マヽ)番詰

一御詰荻野勝之助殿、物書清太郎、中座万蔵・林助出勤之事
一御奉行様御母公御死去御忌中ニ付、当日御礼不仰上事

十六日　上当番

一御詰松村小弥太殿御出勤事

一御停止中ニ付、公事訴訟無之事

十七日

一御詰松尾熊三郎殿、当番岡本徳三郎出勤事　加番

新朔平門院葬送ノ道筋

一新朔平門院様御葬送、左之御道筋、右御用懸り為見分御越ニ付、丁々年寄五人組罷出候様、尤方内之もの罷出居候様御達事

中立売御門ヲ西江、室町を南江、夫より三条通を東江、京極通を南江、夫ゟ五条通東江、伏見海道を泉涌寺迄

但、右ニ付中座壱人罷出候様御達、尤木村勘助との御出役事

野諷経停止

一女院御葬送之砌野諷経之儀、諸寺諸山停止之事ニ候、此旨洛中洛外諸寺諸山江申触可置(カ)之旨、御触出候叓

十八日

一御詰荻野勝之助、物書三宅九兵衛、中座万蔵・忠兵衛出勤之事　悲番詰

触穢

一新朔平門院崩御ニ付、明十九日より触穢之儀被仰出候間、洛中洛外江可相触旨、東御役所ゟ御触出候事

十九日　助　上当番

一御詰松村小弥太との、御出勤之事

在京目付吉田筋巡見

一明後廿一日在京御目付吉田筋御巡見之旨被仰出、荻野殿江申遣候事

一此度御葬送御用之諸品、泉涌寺江運送道筋丁々江為心得申通候様、書面壱通御用懸りゟ御渡、松尾

殿・荻野殿江申遣事
一此度御葬（送脱カ）一件調、松尾熊三郎殿出勤之事
一明後廿一日御目付御巡見所之内、吉田社ハ触穢中ニ付御越無之旨御達ニ付、其段申遣事
廿日　上当番
一御詰御葬送調兼、松尾熊三郎殿御出勤之事
雲州屋敷ヨリ発駕出役ノ挨拶銀ト書状
一雲𠮷屋敷ゟ左之通申来
以手帋得御意候、寒冷之節御座候処、弥御堅固ニ成御勤、珎重御事ニ御座候、然者出羽守発駕之節、御出役ニ付為御挨拶銀弐枚、被相贈候ニ付致進達候間、御受納可被成候、此段可得貴意如斯御座候、以上
十月十八日　川崎五郎左衛門
小嶋吟次郎様
小嶋氏ノ返書
御書面拝見仕候、如仰寒冷節ニ御座候処、先以御安康被成御勤役、珍重御儀奉存候、然者　出羽守様御発駕之砌出勤仕候ニ付、白銀弐枚被下之候ニ付、御進達ニ成難有拝納仕候、尚御請参上可仕候得共、御報迄如斯御座候、以上
十月廿日　小嶋吟次郎
川崎五郎左衛門殿
右之通返書遣し置候、尤後日仲ヶ間惣代として、両三人罷越候積之事
廿一日　加番

一及入魂、在宿之事

廿二日　　手明

廿三日　　上当番

一御詰松尾熊三郎殿、加番入魂之事

牢内臨時改メ

一明日牢内臨時改致度段申来ニ付、公事方へ目付方へ其段申入候、尤公事方者五時御鍵番御遣し被下候様申入候事

一明日御葬送御道筋為見分、御凶事懸り中川定市との御出役ニ付、町〻役人共罷出居候様御達ニ付、松尾殿江遣候事

廿四日　　加番

一加番之処、入魂在宿事

普請鳴物停止解除（11―二六二）

一女院崩御ニ付普請鳴物停止申付置候処、普請者幷渡世鳴物者、明後廿六日より差免、来月十二日御葬送当日より、猶又右鳴物停止申付候、且御所近辺者渡世たりとも可為遠慮、右之通御触御差出之事

廿五日　　下詰

一詰見座池本藤右衛門、茶番忠兵衛出勤之事

差入物

一所司代中間十六人幷大宮四条上ル丁源助江、差入物持参改差入遣事

廿六日　　助
下詰

一見座池本藤右衛門、茶番太兵衛出勤之事

一御鍵番吉竹中一との御越、医師桂以中罷出候事
一大宮元誓願上ル喜助幷猪熊高辻下ル兵助江、差入物持参改差入遣候事

早鐘
一夜九ツ時分早鐘鳴候ニ付、例之通夫江中座差出候事
　但、火元五条坂西大谷ニ候事
一明日より公事訴訟被成御聞候旨、上当番より廻状、上当番より被差出候事

廿七日　　後出
一詰松村小弥太殿、当番村上英之助、加番永田源次郎出勤事
一訴訟五ツ、公事壱ツ、被成御聞之事

廿八日　　二欠(駈)

廿九日　　下詰
一詰見座池本藤右衛門、茶番岩吉出勤之事

病死人死骸取捨
一丸太町熊次郎病死いたし、為検使森善次郎殿・太田五郎右衛門殿御越、右死骸取捨候様、西尾滝之助との御達之事

牢入中間ノ療養
一酒井若狭守殿中間文兵衛重病ニ付、西目付下田耕助殿御越、右御屋敷中間頭江御預ニ相成、然ル処文兵衛儀療用方之儀、是迄之医師頼度旨申居ニ付、若頼ニ参候へ者罷越療治可致旨御同人御達ニ付、其段医師江申渡置候処、後刻神泉苑町御同人御屋敷内山中定之助と申候方ゟ呼ニ来候ニ付、罷越療治いたし候旨届来候ニ付、其段為念下田殿江申上置候事
一御修復所為見廻り、棚橋寿三郎殿・柏原時次郎殿御越之事

一明日之湯伺差出候処、例之通取計候様、御達之事

晦日　悲番（マヽ）

一荻野勝之助殿、物書九兵衛、中座岩吉・丑之助出勤事

十一月　西様御忌中ニ付　伊奈遠江守様続御月番

朔日　上当番

西奉行忌中

一御詰荻野勝之助殿、被出勤候事

一勘定方より、下立売橋懸替入札触御差出書分ケ下江中遣事

橋ノ掛替入札

二日　加番

一松尾熊三郎殿、当番村上英之助、後出岡本徳三郎出勤之事

一公事訴訟被成御聞之事

火焚（11―二六五）

一火焚ニ付物騒敷儀等無之様、此節柄之儀、別而触穢中相慎可申候得共、自然心得違之もの有之候而者如何ニ付、右体之儀無之様、洛中洛外江持場限可申通事

未十一月十二日

右之通御触出候事

三日　下詰

一詰見座田辺元次郎、茶番茂助出勤之事

一御修復所為見廻り、田中寛次郎殿御越之事

四日　手明

山崎辺へ行ク

一今日自用ニ而山崎辺迄、松村殿同道罷越候事

五日　下詰

一詰見座田辺元次郎、茶番与八出勤事

入牢者

一小屋下預浄福寺久太郎・大坂利助・下総義応・五条太七・城𠮷多市・江𠮷定次・千本庄三郎入牢被仰付、切支丹牢北中之間江差入候、牢屋使草川権之丞殿・北村土岐助殿御越、見座田辺元次郎付添来候事

六日　悲《(マヽ)》番詰

葬送道筋（11—二六二）

一来ル九日御葬送御道筋為見分、御奉行様御越ニ付、丁役人共罷出候様申通書到来、松尾殿へ遣事

一松村小弥太殿御詰之事

一此度御葬送御道筋町〻江為警固罷出候、当組決而馳走ヶ間敷儀無之様可致旨、御触東御凶事懸り江御出シ有之事

七日　牢屋詰

一詰見座田辺元次郎、茶番太兵衛出勤之事

一御修復所為見廻り、平塚啓三郎殿・栗山勝之丞殿御越之事

一医師桂以中見舞事

八日　加番

一入魂在宿之事　加番

火ノ用心（11—二六八）

一来ル十二日酉刻　新朔平門院様御葬送ニ候条、御道筋火之元入念候様御触出候事

九日　　二条駈付
十日　　頼合
十一日　　上当番
一御詰松尾熊三郎殿、加番中井冨之助出勤之事
女院葬送出役
一明日御葬送ニ付、目付方出役、御先払御跡押之方江中座四人、昼九ツ時罷出候様、御達之事
風廻リ
一明日風廻り、目付方西尾滝之助殿御出役ニ付、中座一人九ツ半時差出候様、御達ニ付下江申遣候事
一明日御奉行様之御先払、見座幷中座八ツ時前差出候様、御案内方ゟ御達ニ付、其段通達いたし候事
一明日御召連もの、供壱人、雨具持壱人申付置候事
一明日者御葬送之節、御築地内丈御先江六門番人、御跡者三門番人罷出候ニ付、此方共仲ヶ間者、御先者御先之六門之先江相立、御跡者三門之跡江相立候様、御凶事懸り山田省三郎殿御達有之処、寅早夕景ニ付拙者承置、明日場所ニ而一同江可申聞旨、申上置事
一年行支、悲田院、穢多年寄御呼寄、明日之手組松尾との御申渡有之事
一今日者泊番御免ニ付、夕方御番所江相届引取候事
一左之通廻状到来之事
新朔平門院葬送供奉ノ次第
十二日御葬送供奉
松村三吾
松尾熊三郎
御先払
村上英之助

小嶋吟次郎
永田源次郎
津田正三郎
荻野勝之助
五十嵐代勤 松村小弥太
岡本徳三郎
中井冨之助
湯浅多一郎
山村定右衛門

御跡押

御月番詰 御悲（マヽ）番詰兼帯 五十嵐勇左衛門
御月番当番 二条御馬先兼 永田貞五郎
御悲番詰 二条駈付兼 津田安之進
牢屋敷詰 中井十右衛門

翌十三日

泉涌寺勤番
松村熊三郎
村上英之助
永田源次郎

般舟院勤番
五十嵐勇左衛門
中井冨之助
山村定右衛門

御月番詰
松村小弥太

同　当番
津田安二

同　加番
小嶋吟次郎

御悲番詰
荻野勝之助

同　当番
湯浅多一郎

牢屋詰
岡本徳三郎

二条駈付
津田安之進

右者、御葬送御当日并翌十三日両寺勤番ニ付、人割書面之通、御承知可被成候

御中陰尽七日
初七日　十一月十四日　　六七日　十一月廿八日
二七日　同　　十六日　　七七日　十二月二日
三七日　同　　十九日
四七日　同　　廿二日
五七日　同　　廿四日

供奉ノ位置

来ル十二日　新朔平門院御葬送之節、先格之通供奉被仰出候間、松尾様松村弐組御先払、下北面之先江御立被成候、五十嵐様荻野弐組者御跡、上北面之跡江御立可被成

葬送時ノ服装心得

一着用、熨斗目麻上下着用之事

一羽織袴着若党両人宛、草履取青竹之杖為御持、箱挑燈弐張、鑓挟箱、笠籠御召連可被成候

但、箱挑燈之儀者、草履之外両人御召連、御先鑓箱者武家方方(衍カ)惣同勢之跡江可相廻事ニ付、馬挑燈壱張宛御持セ可被成候

黒塗鉄棒

一若キ衆之儀着用、熨斗目麻上下高股立、黒塗鉄捧可被相携、供方之儀者、草履取ニ箱挑燈持兼両掛持可被召連候

但、御先払之笠籠両掛ハ、御列四五丁程先江可相廻候、併御当日之模様ニ可取斗、御跡之分者、武家方惣同勢之跡へ相廻候事

一御所表下宿壱度分、洞雲菴ニ而壱度分、両度弁当申付置候付、御持参不及候事

但、壱度分者追而御銘々ゟ御割出し之儀、申廻し候事

素足、看板

一惣同勢《供廻り》素足、看板着用之事

烏丸上長者町下ル
北之端
下宿
藤屋和助

右下宿江御当日八ツ時迄ニ相揃候上、修理職へ可相届候間、刻限無間違、御出宅可被成候

但、雨天之節者、手傘御免ニ付、御用意可被成候

修理職

一列立之儀、文政六未年六月　新皇嘉門院様御葬送之節之通、御本所御門下ゟ相立、泉涌寺ニ而者、龕前堂前ニ而平伏可致候

但、列立刻限者、御当日列方ゟ差図有之候筈、途中辻堅メ其外泉涌寺惣門内ニ二条表御組固可有之間、通行之節不作法無之様、御供廻り江篤と御示シ置可被成候

一御道筋辻固メ役人中会釈不及候

一両寺勤番中見習入交り出勤之事

一御当日泉涌寺下宿幷勤番中止宿

泉涌寺門前
洞雲菴

一御葬送之節、御当日前夜ゟ翌朝迄、当番幷御非番御馬先、御法事中先格之通、御役所泊番風廻り御免候事

一東御奉行様御先、見座罷出候叓

仲間留守中ノ措置

右之通伺済ニ候間、夫々御承知可被成、且仲ヶ間出払之上ハ、牢屋敷格別ニ御心掛ケ、東西御役所中座斗ニ付、火之元別而厳重御申付可被成候、役人中夫々出払ニ相成候間、先格を以東西御役所組

屋敷門幷牢屋敷手当之儀、悲田院年寄・穢多江申付有之、御当日辻堅メ之方江罷出候年行𫝶牢屋敷江罷出候間、夫〻差図致、御遣し可有之候、猶相洩候儀者、御心添可被下候、以上

未十一月　　松村

荻野

松尾様

五十嵐様

熊三郎様

小弥太様

若キ衆中

津　永　中　岡　▨　安　村　冨　小　源　湯　山　正殿

若キ衆中

十二日　　供奉

一昼八ッ時分、供壱人、雨具持壱人召連、麻上下熨斗目着、下宿烏丸上長者町下ル藤屋和助方江罷越候事

黒塗鞭

一支度若八ゟ持参ニ付、弁当用意不致候事

但、黒塗鞭持参之事

一夕七ッ過時、修理式（職）ゟ御催ニ付出張候様、為知有之事

但、若党壱人ッ、代ル〳〵御凶事門下江差出置ニ付、右若党江修理式ゟ沙汰いたし候事

金鞭

一此方共金鞭者、都而御年寄方若党江為持置事

辻固メ

一辻堅メ触頭ゟ御催し、并出車為知呉候様頼有之ニ付、中立売御門際辻メ(堅脱カ)西尾新太郎殿・中川清十郎殿之事

但、左之通端書ヲ以為知候事

御催之事	御出車之事

一御凶事御門下ニ一同扣居事

一薄暮御出車ニ付、下組一同御先六門(御築地内丈ケ)之先江相立、尤辻堅メ当組之衆ゟ会釈不致候事

築地内ハ高股立

一御築地内丈ケ高股立、御築地外ゟおろし候事

一夜九ツ時分泉涌寺江到着、龕前堂前ニ而平伏いたし、見斗引取候様、修復(理)式中ゟ被申聞候付、下宿洞雲菴江引取候事

但、若八ゟ一度分弁当持参候事

赤飯・煮染

一寺門ゟ赤飯にしめ弐箱、例之通差出事

一明日之勤番松尾殿、村上・永田御居残り、其外不残引取事

一右一件別帳ニ委敷認有之事

十三日　　　　　　　　加番

一御詰荻野勝之助殿、当番津田安之進出勤事

一公事訴訟被成御聞候事

一明日勤番ニ付今晩ゟ罷越候、尤勤番中銘ミ上当番、欠付、加番等ニ而も、前夜より罷越候儀ニ付、

今日勤番ゟ引取候もの者、明日之勤番之もの、今晩ゟ罷越儀ニ付、今晩罷越候もの相持（待）居候、欠（駈）付

其外相持可申筈候事

一明日より自身番差免之旨、御触出候事

十四日　勤番

一松村小弥太殿、津田正三郎同道、中座岩吉、年行吏清吉召連、朝五時分出張之事

但し、御当日者年行吏両人召連候、前以御中陰書相渡し達置候事

一所司代番所江手札差出及挨拶候、未出張居不申ニ付申置事

下座

一宮様其外御参詣ニ付、下座いたし候事

一昼後、例之通酒菓差出候事

一今熊野村役人共、茶番ニ寺門ゟ申付有之候事

一勤番所左之通

○挿図ハ別掲三一九頁。

所司代番所へ挨拶

一役人挨拶ニ参候、夕七ッ時前御法事相済候旨届来、同過時分引取之儀申来候ニ付、所司代番所江壱人挨拶ニ罷越候事

十五日　上当番

一御詰荻野勝之助殿、加番津田安之進出勤事

一明日之訴訟、今日被成御聞候事

一明日風廻り、本多弥太郎殿御出役ニ付、中座壱人九ッ時差出候様、御達之事

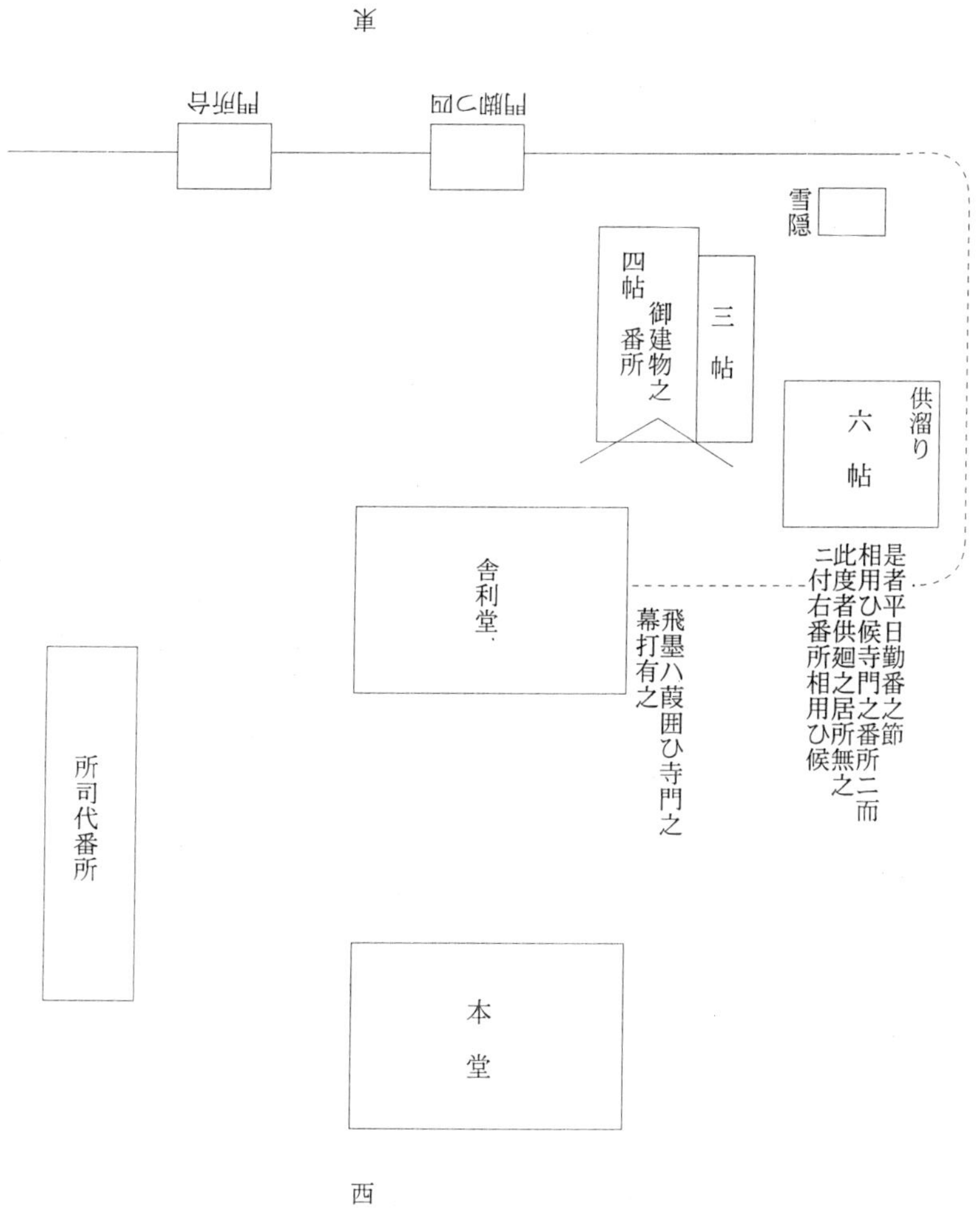
東
四ツ脚門
台所門
雪隠
四帖
番所
御建物之
三帖
供溜り
六帖
舎利堂
飛墨ハ葭囲ひ寺門之幕打有之
是者平日勤番之節相用ひ候寺門之番所ニ而
此度者供廻之居所無之ニ付右番所相用ひ候
所司代番所
本堂
西

一夕方御番所へ相届引取候事
一明日勤番ニ付、今晩ゟ罷越候事

十六日　勤番

所司代番所へ名札提出

一松尾熊三郎殿、津田安之進、中座林助、年行支清吉・平吉罷出、五ツ時前ゟ出張、例朝之通所司代番所江名札差出及挨拶、尤いまた出張居不申候ニ付申置事
一今日者御当日ニ付、御奉行、御目付其外御参勤有之事

風廻リ

一風廻り、本多弥太郎殿ゟ滝尾之稲荷ニ罷在ニ付、御法事相済候得者為知呉候様申来ニ付、年行支ヲ以御法事済為知候事
一夕七ツ時過、引取之儀申来、所司代番所江壱人挨拶ニ罷越候事
一昼後、酒菓差出候事
一御法事相済候後、御廟幷御仏殿其外拝見致候事
一明日も勤番ニ付、止宿いたし居候事

十七日　勤番

一松尾殿、津田安之進、中座林助、年行支清吉出勤事
一毎朝之通、相変候儀無事

頭年行事ヨリ申入

一頭年行支罷越、此度者御当日ニ而も、御代向有之節ハ御先も無之趣ニ付、日々一人ツヽニ而勘弁いたし呉候様申来ニ付、承置候事
一今日村上氏下詰之処、明日勤番ニ付引取、後下江泊り出勤事

十八日　下詰
一見座池本藤右衛門、茶番惣吉出勤之事
一東西御鍵番御不参、医師外療兼桂以中罷出候事
十九日　加番
一及入魂、在宿之事
一明日勤番ニ付、今晩ゟ罷越候事
廿日　勤番
一連日之通、相変儀無之事
廿一日　下詰
一詰見座池本藤右衛門、茶番万蔵出勤之事
一今夜ゟ泉涌寺江罷越候ニ付、今晩泊り津田氏出勤之事
廿二日　勤番
一松尾熊三郎殿、永田源次郎出勤、毎朝之通五ツ時分ゟ出張、所司代番所江名札差出及挨拶候事
一連日之通、相変之儀無之事
先払不要ノ噂
一此度者御代向等之節、此方共先払ニ罷越ニおよひ不申よし、寺門役人噂いたし居事
廿三日　同断
一松尾熊三郎殿、村上英之助出勤、毎朝之通、相変儀無之事
廿四日　加番

一及入魂、在宿之事

一明日勤番ニ付、今晩ゟ罷越事

廿五日　勤番

一松村小弥太殿、永田源次郎出勤之事

出退勤時所司代番所ニ挨拶

一出張懸ヶ引取懸ヶとも、毎朝之通、所司代番所江及挨拶候事

廿六日　勤番

一松尾熊三郎殿、津田正三郎出勤、毎朝之通、相変儀無之事

廿七日　上当番

一公事訴訟被成御聞、御詰松尾熊三郎殿、加番山村定右衛門出勤之事

御用仕舞

一今日御用仕舞ニ付、赤飯煮染被下候ニ付、名札持参、御広間江御礼申上候事

一明日御奉行泉涌寺般舟院両寺江御越ニ付、御先中座御達之事

一明日泉涌寺近辺風廻り、山田規矩太郎殿御越ニ付、中座之儀御達ニ付、下江申遣事

一夕かた御番所江相届、引取事

一明日勤番ニ付、今晩ゟ泉涌寺江罷越候事

廿八日　勤番

一松尾熊三郎殿、津田安之進出勤之事

一毎朝之通、相変之儀無之事

一御法事御当日ニ付、毎之通御法事附持参之事

廿九日　　悲（マヽ）番

一御詰荻野勝之助殿、御出勤之事

十二月　　水野下総守様御月番

朔日　　悲番詰

一御詰松尾熊三郎殿、御出勤之事

一当日御礼、隣家幷同役江罷越候事

鳴物停止免許（11―一七五）

一先達而相触置候鳴物停止之儀、追〻相触置候処、明後三日より鳴物停止一同ニ差免候間、洛中洛外江可相触もの也

十二月朔日

右之通、西御役所江御触出候事

二日　　勤番

一松尾熊三郎殿、津田安之進出勤之事

満中陰

一今日ニ而満中陰ニ付、役人挨拶ニ罷越候事

三日　　上当番

一御詰荻野勝之助殿、御出勤之事

一明四日明ケ六時御前有之旨、御達ニ付其段申遣候事

顔見世興行

一今日四条北側芝居、顔見世大入興行いたし候事

四日　　手明

五日　悲番（ママ）
一松尾熊三郎殿、御出勤之事
六日　二欠（駈）
七日　上当番
一公事訴訟被成御聞、御詰松尾熊三郎殿、加番村上英之助、後出中井冨之助出勤之事
在京目付ノ見廻リ
一明八日、在京御目付牢内・小屋下御見廻り有之ニ付、過日達置候得共、猶無間違取斗候様御達之事
八日　同断　下詰之処振替
一御詰松村小弥太殿、御出勤之事
一今日御目付牢内御見廻り、無滞相済候旨届来候ニ付、其段公事方、目付方江申上候事
九日　手明　悲番詰之処村上氏之下詰振替
十日
一見座田辺元次郎、茶番忠兵衛出勤之事
一御鍵番三田助之烝殿御越、柳恕軒罷越候事
一御鍵番芝幸三郎殿御越、江劦之定次会所御差出相成候事
一目付方田中寛次郎殿、御修復所江御見廻り有之候事
女牢・本牢ノ修復成ル
一女牢・本牢御模様替御修復、皆出来ニ付届書差出候処、明日東西公事方、目付方、欠所方立会、見分可致旨申来候事
口触

先達而相触置候触穢之儀、相触置候処、来ル十二日子刻触穢限、来ル十三日御所御清祓有之候、此旨為心得洛中洛外在町幷寺社方江不洩様可相触もの也

触穢限御所清祓(11—一七八)

未十二月九日

今日下詰之処振替
加番

十一日

一及入魂、在宿之事

上使見送リ弁当代銀ヲ出ス

一銀八匁五分

右者御上使御上京、拙者御見送り之方江罷越候処、右之通弁当代差出候様、御年寄方江申来候、右者先例右様之儀者、御年寄方御取集夫銀之内ニ而御賄之処、此度者御年寄方多分御入用相懸り、銘〻ゟ持出し居候付、此度者御挨拶も有之儀ニ付差出呉候様、御入魂有之ニ付出銀いたし候事

年寄方

一銀七匁七分五厘

右者勤番中蒲団借賃幷洞雲菴庄(屋)や挨拶入用、松尾殿ゟ廻状出来出銀候事

知恩院宮寒中見舞

一知恩院宮初出入、屋敷其外江寒気見舞罷越候事

十二日　悲番

一松尾熊三郎殿、御出勤之事

一東本願寺ゟ寒中見舞ニ罷越候ニ付、金五十疋到来事

筆・扇子箱

一明春入用之筆・扇子箱、員数取調夫〻江申付置候事

十三日　加番

一御詰松尾熊三郎殿、当番永田源次郎、加番拙者、後出留之助出勤之事

一公事訴訟被成御聞候事

十四日　下詰

一詰田辺元次郎、茶番佐助出勤事

入湯定日

一入湯定日ニ付、在牢之もの入湯いたし候事

一所司代中間佐十郎外十一人之もの江差入もの持参、改差入候事

一詰所其外奥之損シ所、例年之通申立候事

十五日　在宿

歳暮祝儀品

一松村殿・松尾殿江例年之通、歳暮祝儀品物相送り候事

一当日御礼、隣家江罷越候事

十六日　上当番

一公事訴訟被成御聞、御詰松尾熊三郎殿、加番永田源次郎、後出湯浅多一郎出勤之事

一公事前落着、西御前有之候事

牢死者ヲ仮埋

一牢死致候江刕之定次死骸、仮埋ニいたし置候様、公事方下田定平との御達之事

十七日　加番

一御詰松村小弥太殿、当番岡本徳三郎出勤之事

一目付方懸り牢舎人口合、御前有之候事

中座ノ遣方

一東目付方田中寛次郎殿ゟ中座付出し方之儀ニ付、左之通御達

　中座共遣方、先達而革改(マヽ)後も兎角御用多有之、減方不相成儀ニ者有之候得共、猶又此度為取締、

御月番之節者、日〻御用出し三人者、目付方御用与書出し、其外御用出之もの者、其御用筋申付候与力、同心、目付之名前書顕シ候様、中座共江申渡置候間、右之趣を以出人数取調、帳面江記可差出事

未十二月十七日　　東目付方

雑色江

十八日　　二欠（駈）

十九日　　加番

一公事訴訟被成御聞、御詰松村小弥太殿、当番山村定右衛門、後出中井留之助出勤事

廿日　　上当番

一御詰松尾熊三郎殿、御出勤之事

廿一日　　手明

廿二日　　悲（マヽ）番詰

一松村小弥太殿、御出勤之事

廿三日　　上当番

一御詰松村小弥太殿、加番永田源次郎出勤之事

喧嘩刃傷ノ事件処置

所司代

一酒井若狭守殿家来御所使役三浦翁助、并地組足軽伊藤彦次郎被召出、於御前先達而若狭守殿御用承り、御所江御使ニ参り候節、供方之もの小堀勝太郎供之もの与口論およひ、右〻事起、翌日御城番場ニ而中間共儀、小堀勝太郎供方之もの江刃傷およひ候始末、御吟味之上、翁助儀右一ト通御尋之

上御差返シ、彦次郎儀者付添預被仰付候事

廿四日　手明

廿五日　牢屋詰

一詰田辺元次郎、茶番忠兵衛出勤之事

一本道外治兼桂以中罷出候事

一当五月中□□詰所西之方縁其外為見分、栗山勝之烝殿・嶋田唯五郎殿御越有之事

廿六日　加番

一及入魂、在宿之事

廿七日　悲（マヽ）番

一御詰荻野勝之助との、御出勤之事

一久世殿・郡山其外ゟ例之通御目録被下候事

廿八日　村上氏入魂ニ付二欠候処下詰

一何之御用無之事

廿九日　下詰

洛中洛外払

一西目付懸り牢舎留蔵敲・洛中払、井筒屋新兵衛中追放、喜助洛中洛外払、恵能入墨之上重敲・洛中洛外払被仰付候、例之通取斗候事

暮ニ入墨引廻ニナリタル者ノ払ノ先例

但、是迄入墨引廻ニ相成有之砌、年内ニ御払ニ相成候哉、又者翌年御払ニ相成候哉、西目付方ゟ尋来候ニ付、則取調候処、廿八日入墨被仰付候もの、翌廿九日ニ御払ニ相成、又者翌年ニ御払ニ

相成候事も有之、区々ニ候旨申上候処、右恵能者明日可相払旨、御達有之事

晦日　　　　　　　　　　　　　　　　　　手明

一下組一同江歳暮ニ罷越候事

一明日御礼、暁七ツ時揃ニ而被成御請候旨、廻状到来事

編集・解題

朝尾直弘

京都大学史料叢書 7
京都雑色記録一

平成十五年(二〇〇三)六月一日 発行

定価:本体一四、〇〇〇円(税別)

編 者 京都大学文学部日本史研究室
発行者 田中周二
印刷所 株式会社図書印刷同朋舎
発行所 株式会社 思文閣出版
京都市左京区田中関田町二—七
電話(〇七五)七五一—一七八一(代)

ISBN4-7842-1133-0 C3321 Printed in Japan